Der Sachbeweis in der Kriminalistik

Mit 137 Fällen und 87 Abbildungen aus der Praxis

Von

Wilhelm Polzer

Universitätsassistent und Kriminalkommissar a. D.

1938

München, Berlin und Leipzig

J. Schweitzer Verlag (Arthur Sellier)

Druck von Dr. F. P. Datterer & Cie., Freising-München.

Vorwort.

Zweck dieses Buches ist, den unschätzbar hohen Wert der Sachbeweise des Strafrechts als ganz zuverlässiger Beweismittel in wissenschaftlich geordneter Form zusammenzufassen und diese wirklich genaue Grundlage allen Rechtes den — wie im folgenden zu zeigen sein wird — höchst schwankenden, unrichtigen, ja oft falschen Zeugenaussagen entsprechend gegenüberzustellen.

Die Zahl der gerichtlichen Fehlurteile auf das Niedrigste herabzudrücken war der Leitgedanke bei der Abfassung dieser Arbeit.

Als Schüler und gewesener erster Assistent des „Vaters der Kriminalistik", Univers.-Professors Dr. Hans Groß, sah sich Verfasser berechtigt, ja verpflichtet, in seinem Sinne weiter tätig zu sein.

Das vorliegende Buch ist in erster Linie für Gerichtsärzte, Richter, Staatsanwälte, höhere Polizei- und Gendarmeriebeamte, für Polizei- und Gendarmerieschulen, dann natürlich für Gerichtschemiker, Mikroskopiker und sonstige gerichtliche Sachverständige gedacht, es soll auch Strafverteidigern, wie nicht zuletzt auch Laienrichtern (Geschworenen, Schöffen), die sich mit der oft sehr schwierigen Lösung von Kriminalfällen beruflich zu befassen haben, brauchbare Dienste leisten. Und endlich wird der Medizinstudent wie auch der junge Jurist im Ausklang seines Studiums wohl gerne nach einem Behelf greifen, der ihm das Wichtigste aus fachwissenschaftlichen Büchern, die zusammen ungezählte Tausende Seiten Text umfassen, in kurzer, übersichtlicher Form bietet.

An diesen Leserkreis richtet Verf. die Bitte, ihm Ergänzungen, Verbesserungen in Wort und Bild — am besten über den Verlag — gütigst zukommen zu lassen. Alles wird dankbar aufgenommen, geprüft und für eine nächste Auflage verwertet werden.

Schließlich erfüllt Verf. die angenehme Pflicht, allen jenen Kriminalpolizeibehörden, gerichtlich-medizinischen Universitätsinstituten usw. für die ihm im Laufe der Zeit zuteil gewordene Hilfe besten Dank zu sagen, so in erster Linie den Polizeipräsidien Berlin, Breslau, Dresden, Hamburg, Hannover, Leipzig, München, dem Polizeipräsidium Rotterdam, dann vor allem Herrn Hofrat Universitätsprofessor Dr. A. Haberda, Wien, als (früherem) Vorstand des gerichtlich-medizinischen Universitätsinstitutes, ferner Universitätsprofessor Dr. Ottolenghi, Vorstand der polizeiwissenschaftlichen Schule in Rom, und nicht zuletzt sei der so wertvollen Beihilfe des väterlichen Freundes Dr. Loock, Gerichtschemikers in Düsseldorf gedacht, ferner der Oberstadthauptmannschaft Budapest, u. a. m. — Besonderer Dank gebührt ebenso auch dem Verlage Urban & Schwarzenberg, Berlin-Wien, sowie dem Verlag Ferdinand Enke, Stuttgart, für die freundliche Überlassung von erbetenen Klischees aus Lehrbüchern der gerichtlichen Medizin (die an Ort und Stelle näher bezeichnet sind).

20. IV. 1937.

Der Verfasser.

Inhalts-Verzeichnis.

Verzeichnis der „Fälle".

Verzeichnis der Abbildungen.

Einleitung.

Anzeigen gegen unbekannte Täter auf den niedrigsten Stand herabzudrücken, d. h. „positiv" zu arbeiten, ist der Wertmesser für die Tüchtigkeit einer Kriminalbehörde.

Gleich zu Anfang sei es gesagt: nur wer den wirklich ganz gewaltigen Anforderungen, die der Kriminalberuf stellt, gewachsen und mit Leib und Seele bei der Arbeit ist, wird es hierin zu etwas bringen; alle anderen mögen die Finger davon lassen! Denn bloß die in der Anzeige genannten Personen einvernehmen, vorgedruckte Blätter ausfüllen und den Akt als aussichtslos ablegen, wenn man mit den Parteien nicht rasch zu Ende kommt, ist die Arbeit eines Pfuschers.

Jeder Kriminalfall muß für den Untersuchenden eine Aufgabe sein, deren Lösung er im voraus nicht kennt. Sich der erfolgreichen Lösung dieser Aufgabe mit allen Kräften zu widmen, ist seine Pflicht.

Höchst verworren ist der Fall im Anfang. Man muß ihn zu entwirren trachten, indem man sich den Hergang so einfach als möglich denkt, schrittweise vorgeht, sich immer wieder voll und ganz in die Sache hineindenkt und sich vergegenwärtigt, wie es gewesen sein muß. In dem vergegenwärtigten Hergang darf nichts Sprunghaftes, nichts Unmögliches vorkommen. Das Folgende muß sich aus dem Vorangehenden mit zwingender Natürlichkeit ergeben, ein Umstand muß mit dem andern ursächlich zusammenhängen, bis nach und nach ein „Gerüst", ein „Gerippe" entsteht, das immer mehr an Form gewinnt. Mühsam wird Stück für Stück der brauchbaren Bausteine herbeizuschaffen und immer wieder zu prüfen sein, ob und inwieweit sich das Neugewonnene in das bisher Gewonnene passend einfügt. Gleichsam von einer hohen Warte aus muß der Kriminalist den ganzen Hergang überblicken und immer von neuem überprüfen. Entsteht irgendwo ein Zweifel, klappt es wo nicht, dann wird man zur Vorsicht und größeren Aufmerksamkeit gemahnt und muß tiefer schürfen! Für alles muß sich eine Ursache finden lassen. Der berühmte „rote Faden", der sich durch das ganze Geschehen fortzieht, muß gefunden, erfaßt, festgehalten und weiter verfolgt werden bis zum befriedigenden Ende. Es ist dies zwar ein ungemein mühsamer Dornenweg, aber auch der einzige, auf dem man erfahrungsgemäß zum hohen Ziele kommt.

Die Kriminalfälle, deren rasche Lösung durch den berühmten „Zufall" oder die bekannte „Eine große Dummheit" u. dgl. dem Kriminalisten mühelos in den Schoß fällt, sind sehr seltene Ausnahmen; die Regel bleibt, daß sich der Kriminalist den Erfolg in zähem Kampf schrittweise erringen muß.

Für die Vergegenwärtigung des Herganges, für die Aufklärung des Falles, für die Erforschung der Wahrheit, d. h. alles dessen, was für und gegen den Beschuldigten oder Täter spricht, spielen Zeugenaussagen seit jeher eine gewaltige Rolle. Wie es mit den Zeugenaussagen aber wirklich steht, wie sie einzuschätzen, zu bewerten sind, ist in einem gesonderten Abschnitt (S. 7) behandelt, worauf hier verwiesen sei. Das Ergebnis der bezüglichen Wertprüfungen ist, daß **gut 70% aller Zeugen-**

aussagen teils unrichtig, teils ausgesprochen falsch sind. So erklären sich auch die Fehlurteile [1]), Justizirrtümer [2]).

Es ist daher nicht nur verständlich, sondern dringendst notwendig, daß dieser die gesamte Rechtspflege aufs tiefste erschütternde Zustand endlich unverschleiert ans Tageslicht gebracht wird, um sich sofort mit der Frage der erfolgreichen Gegenmaßnahmen tatkräftig zu befassen.

Turmhoch gegenüber diesen unverläßlichen, schwankenden und falschen Zeugenaussagen steht als ganz sichere Urteilsgrundlage der unanfechtbare Wert der Sachbeweise des Strafrechts, hier kurz „**Sachbeweis**" genannt. Darauf mit allem Nachdruck an Hand lehrreicher Fälle hinzuweisen, ist Aufgabe und Zweck dieses Buches. Der Sachbeweis wird die entscheidende Frage, ob schuldig oder nicht schuldig, in unanfechtbarer Weise auch ohne das (meist so sehr umworbene) „Geständnis" des Beschuldigten einwandfrei erbringen, die Beteiligten davon überzeugen, die Straftat der verdienten Sühne zuführen, wie anderseits einem unschuldig Verdächtigen den ehrlichen Namen zurückgeben, was immer das höchste Ziel jedes Kriminalisten sein soll.

Auf den besonderen Wert der Sachbeweise des Strafrechts hat schon mein Lehrer Prof. Groß in seinem (in alle Kultursprachen übersetzten) „Handbuch für Untersuchungsrichter" [3]) hingewiesen. Hier ist der Versuch unternommen worden, diese Aufgabe erstmalig in wissenschaftlicher Form darzustellen und der Rechtspflege dienstbar zu machen.

Der Sachbeweis genießt gegenüber anderen Beweismitteln — namentlich Zeugenaussagen — den unbestrittenen Wert besonderer Zuverlässigkeit. So wie bei großen Verbrechen (Mord, Totschlag usw.) die Leiche gleichsam zum Fachmann „spricht", man also auch von einer „Leichensprache" mit Recht reden kann — sie erzählt durch die Art ihrer Verletzungen und die geänderte Umgebung den Verlauf des Herganges — so ist in allen übrigen Fällen der Sachbeweis für den Fachmann ein beredter Tatzeuge; der Ablauf des Sachverhaltes erzählt sich ihm gewissermaßen von selbst, wenn er es versteht, die einzelnen Beweismittel zusammenzusuchen und richtig zu ordnen. Aber auch der Laie wird auf Grund der mit Hilfe der Sachbeweise lückenlos führbaren Indizienbeweise schließlich zu der jeden Zweifel ausschließenden einzig möglichen und richtigen Schlußfolgerung kommen müssen. Wenn man bedenkt, daß gerade der berufsmäßige Verbrecher sich — wenn überhaupt — dann nur einer lückenlosen, wuchtigen, einwandfreien Beweislast „beugt", das heißt, u. U. sich zu einem Geständnis bequemt, so ist auf den ersten Blick ein-

---

[1]) „Fehlurteile der Geschworenen", Deutsche Juristenzeitung, 1911, u. a. m.

[2]) Sello, Erich, „Justiz-Irrtümer". Berlin 1911, usw.

[3]) J. Schweitzer Verlag, München-Berlin-Leipzig.

zusehen, daß zur Urteilsgrundlage wirklich verläßliche Beweismittel herangezogen werden müssen.

Der Richter ist verpflichtet, alles „Für“ und „Wider“ herbeizuschaffen, was zur Aufklärung des gegebenen Sachverhaltes nötig erscheint. Wenn er mit seiner juristischen und guten Allgemeinbildung sein Auslangen nicht finden kann, ist er berechtigt bzw. verpflichtet, Sachverständige beizuziehen, um diese Lücke gehörig auszufüllen (vgl. auch den Abschnitt „Sachverständige“ S. 79). Die Anzahl der Fälle, in denen Sachverständigen-Gutachten der richterlichen Urteilsfällung unterlegt wurden und werden, ist ungeheuer groß. Die Sachverständigen müssen ihr Gutachten in den richterlichen Rahmen einfügen können, das heißt, die Fassung muß eine solche sein, daß sie der Richter in seiner Begründung auch verwerten kann. Der Sachverständige hat sich daher in erster Linie mit den einschlägigen gesetzlichen Bestimmungen vertraut zu machen und der Richter, in dessen Hand die Leitung der Verhandlung liegt, soll auch aus anderen Wissenszweigen und Hilfswissenschaften wenigstens so viel an Kenntnissen besitzen, daß er der Sache nützt, die Arbeit des Sachverständigen nicht erschwert oder gar durchkreuzt, wie es schon vorgekommen ist und — sich anderseits auch keine Blöße gibt. Die gesetzlichen Bestimmungen, denen sich der Sachverständige anpassen muß, kann er samt Erklärungen in den einschlägigen Gesetzbüchern finden. Jener Stoff aber, den der Jurist besonders aus dem unsagbar wichtigen Gebiete der gerichtlichen Medizin und nahestehenden Sonderwissenschaften braucht, sowie insbesondere der richtige Niederschlag dieses Wissens zeigt in dem bisherigen Schrifttum noch eine Lücke.

Die Absicht, hier Brauchbares zu schaffen, diese Lücke schließen zu helfen, ist der Zweck des nun vorliegenden Buches, vor dessen Ausarbeitung sich Verf. vollständig im klaren war, daß dies ohne hinreichende medizinische Studien und Kenntnisse nicht geschrieben werden kann, denn **der Arzt muß den Richter, der Richter den Arzt verstehen können, bedarf doch einer der Hilfe und Mitarbeit des andern, denn der Erfolg liegt erst im genauen übereinstimmenden Zusammenarbeiten beider zwecks Schaffung jener Grundlage, wie sie zur Erhebung der Anklage beziehungsweise Einstellung des Strafverfahrens nötig ist.**

An dieser Stelle seien die so treffenden Worte Prof. Haberdas eingeschaltet, welche lauten[1]): „. . . Was nützt es dem Richter, wenn ein Arzt, der herbeigerufen wird, um sich über eine Verletzung am Lebenden oder an der Leiche auszusprechen, diese vom klinisch-chirurgischen oder pathologisch-anatomischen Standpunkte aus in einwandfreier Weise erörtert, aber nicht angibt, ob die Verletzung eines jener Merkmale besitzt, auf welche es dem Gesetze und daher dem Richter ankommt, wovon ja die weitere juristische Behandlung des Rechtsfalles abhängt? Nur **der** Arzt kann sich über diese Merkmale aussprechen, der die betreffenden Unterscheidungen des Strafgesetzes kennt und sie versteht. Erwägt man

[1]) v. **Hofmann-Haberda**, Lehrbuch der gerichtl. Medizin, Verlag Urban & Schwarzenberg, Berlin-Wien.

noch die Häufigkeit der Rechtsfälle, in denen Gutachten ärztlicher Sachverständiger gefordert werden, und den Umstand, daß in vielen derartigen Fällen die ganze weitere Behandlung des Rechtsfalles, insbesondere das richterliche Urteil von der Untersuchung des Arztes, von seinem Gutachten abhängt, daß somit nicht bloß allgemein soziale Interessen von höchster Bedeutung, sondern auch Schicksal, Ehre, Freiheit, ja oft das Leben der beschuldigten Person in die Hände des Arztes gelegt sind, so bedarf es wohl keiner weiteren Worte, um die Wichtigkeit der gerichtlichen Medizin aufzuzeigen.

Auch der Jurist bedarf des Studiums der gerichtlichen Medizin, wenn er imstande sein soll, den Ausführungen des ärztlichen Sachverständigen mit Verständnis zu folgen, ihn richtig zu befragen und sich nach der ihm zustehenden freien Beweiswürdigung dahin zu entscheiden, ob er das Gutachten, das für ihn ein Beweismittel wie jedes andere ist, seinem Urteil zugrunde legen soll oder nicht. Der praktische Unterricht in der gerichtlichen Medizin darf aber den Juristen nicht verführen, sich mit einem hierbei erworbenen Halbwissen zum Schaden der Rechtspflege von dem ärztlichen Sachverständigen unabhängig machen zu wollen; er wird vielmehr die Achtung und das Verständnis für gerichtlich-medizinische Fragen fördern und Richter und Anwalt darüber belehren, wann und wie er den Arzt als Sachverständigen befragen soll und ihn auch die Grenzen der ärztlichen Sachverständigentätigkeit richtig erkennen lassen."

Auf dem für den Kriminalisten also so unendlich wichtigen Gebiete der gerichtlichen Medizin gibt es bekanntlich eine Reihe gewiß bester Lehrbücher, die ebenfalls wie andere fachwissenschaftliche Werke und Fachzeitschriften usw.[1]) bei der Bearbeitung dieses Buches gebührend berücksichtigt wurden. Unter diesen war mir für das Gebiet der gerichtlichen Medizin in erster Linie führend das eben genannte Lehrbuch v. Hofmann-Haberda, das auch in dem gesamten Fachschrifttum als anerkannt ausführlichstes Lehrbuch gewertet ist und die Gerichtsärztliche Diagnostik und Technik von Prof. Dr. Merkel und Prof. Dr. Walcher (Verlag S. Hirzel, Leipzig). Verff. erheben mit vollem Recht die (sehr begrüßenswerte) Forderung nach einem kriminalistisch geschulten Arzt. Wird aber dies — und wirklich mit Recht — verlangt, d. h. soll der Arzt auch kriminalistisch geschult sein, dann ist es nur ein selbstverständliches Echo, daß der Kriminalist, der ja die Verhandlung leitet, auch medizinisch geschult sei. Der Jurist, an den sich immer wieder besonders medizinische Fragen herandrängen, steht hilflos da, wenn er nicht auch auf medizinischem Gebiet Bescheid weiß. Wie soll er denn den Arzt fragen und vor allem richtig fragen, wenn ihm das medizinische Gebiet völlig Neuland ist?

Als Verf. vor etwa zwei Jahrzehnten seinen „Praktischen Leitfaden für kriminalistische Tatbestandsaufnahmen" schrieb, ging er von der Erkenntnis aus, daß die Miteinbeziehung grundlegender Abschnitte aus dem Gebiete der gerichtlichen Medizin nicht nur wünschenswert, sondern höchst notwendig sei und hatte sich in seiner Annahme nicht getäuscht.

---

[1]) Vgl. Schrifttumsverzeichnis S. 175.

Rasch war die hohe erste Auflage abgesetzt (besonders von Militärpolizei angeschafft), der rasch die zweite folgte. Die dritte war völlig umgeändert und wesentlich erweitert und nun steht wieder eine neue verbesserte und vermehrte Auflage dieses bereits in sechs Sprachen erschienenen Behelfes bevor. Diese ungeahnt günstige Aufnahme ist ein sichtlicher Beweis dafür, daß die entsprechende Einarbeitung eines gerichtlich-medizinischen Teiles zahlreichen Bedürfnissen im In- und auch fremdsprachigen Auslande entsprach.

Und damit kommen wir in den Brennpunkt der Sache: Wer Lehrbücher der gerichtlichen Medizin und naher Wissensgebiete sorgfältig durchgearbeitet, immer wieder auch mit Gerichtsärzten gesprochen und an einer großen Anzahl bedeutender Gerichtsverhandlungen teilgenommen hat, weiß, daß es uns Kriminalisten an medizinischen Grundlagen, ja selbst Verständnis für medizinische Fragen — offen gesagt — in den meisten Fällen mangelt. Das äußert sich darin, daß der Jurist an den Gerichtsarzt oft Fragen stellt, die dieser unmöglich beantworten kann und so ergibt sich wegen Öffentlichkeit der Verhandlung manchmal eine peinliche Lage; ein Nichtverstehen auf der einen Seite, ein Begreiflichmachen-Wollen auf der anderen Seite. Wer aber Jurist und Mediziner ist, beide Gebiete kennt, wird unbedingt beistimmen, wenn man, wo Schicksal, Ehre, Freiheit, ja selbst das Leben eines Menschen auf dem Spiele steht, die höchsten Anforderungen an Richter und Ärzte (Sachverständige) gestellt werden, auch mit vollem Recht die jetzt noch als „Ideal" hingestellte berufliche Doppelausbildung verlangen kann und soll. Wenn diese Forderung einmal erfüllt sein wird — hoffentlich ist dies schon in absehbarer Zeit der Fall! — und man den unschätzbaren Wert der Sachbeweise anerkennen und allgemein zugrunde legen wird, dann wird es um unsere Rechtspflege anders bestellt sein! Bis zu diesem Zeitpunkt aber hat man hinreichend und täglich Gelegenheit, den unabsehbaren Mangel der Wahrnehmung, Auffassung und Wiedergabe auch der ehrlichsten Zeugen einsehen und werten zu lernen. „Auch der Kampf gegen das Verbrechen ist ein Krieg" — sagte Altmeister Prof. Groß — „und erfordert daher Geld. Gebt genügend Geld und Ihr habt die beste Strafjustiz." Hat man Geld, so kann man die besten Leute für den Polizeidienst haben und diesen mit den neuesten Hilfsmitteln ausstatten. Man kann seine Staatsanwälte und Richter bestens ausbilden und deren Lage günstig stellen, dafür aber ausgesuchte Leute verlangen. Beamte, die es sich Zeit und Mühe kosten ließen, sich für ihr schwieriges, aber gut bezahltes Amt vorzubereiten. Mit Geld kann man die besten Gutachten von den besten Sachverständigen bekommen, welche Zeit und Mühe und Vorversuche darauf verwenden können, wenn sie entsprechend entlohnt werden. Mit Geld bekommt man Zeugen, denn wenn man Zeitverlust und Zureise reichlich ersetzt erhält, kommt jeder gerne, der in der Sache etwas weiß; hat er aber von seiner Vernehmung geldlichen Verlust zu erwarten, so sucht es jeder zu verheimlichen, daß er ein Zeuge ist, um nicht zu Gericht kommen zu müssen. Mit Geld lassen sich auch kostspielige Ausflüge, Versuche und Proben machen. Mit Geld kann man auch eine genügende Anzahl von Beamten, namentlich von Staatsanwälten und Richtern aufstellen, damit dann jeder von ihnen mit Muße, Fleiß und Sorgfalt, ohne Hetze, Übereilung und Schleuderhaftigkeit arbeiten kann. — Paul Lindenberg[1]) erzählt, ein Berliner Untersuchungsrichter habe sich über seine Arbeiten genaue Vormerkungen gemacht, die angaben, daß er in 16 Jahren 32656 Personen vernommen habe. Dazu kommen die Leichenöffnungen, Tatortsbesichtigungen, Vormerkungen und die gesamte Schreibarbeit!

Prof. Groß erwähnt die „unzähligen verunglückten Untersuchungen, die unsere Registraturen und Archive verwahren" und sagt dann weiter: „Den wahren Segen der Rechtspflege wird man überhaupt erst fühlen, wenn man dort Geld aufwendet, wo es wirklich notwendig ist. Ein Staat, der seinen heute auch gebildeteren und abgefeimten Gaunern nur Beamte gegenüberstellt, die allerdings die gewöhnliche oder vielleicht eine hervorragende wissenschaftliche juristische Bildung besitzen, aber der dem Richteramt nötigen besonderen Ausbildung entbehren, steht seiner Aufgabe nicht richtig vor. Ein schlechter Staat zeigt sich schwach vor seinen eigenen Verbrechern und vernachlässigt seine Pflicht gegenüber den ehrlichen Staatsbürgern, die verlangen können, daß der Kampf gegen das Verbrechertum mit allen Mitteln menschlichen Wissens und Könnens aufgenommen werde. Dem Guten muß zum Triumph verholfen werden und dies ist nur möglich durch einen Generalstab bestgeschulter Staatsanwälte und Richter."

Um einen solchen „Generalstab" geeignet heranzubilden, wird sich in erster Linie wohl jeder als Lehrer melden müssen, der selbst hervorragende Kriminalisten und Ärzte als Lehrer hatte und Erfolge auf diesem schweren Sondergebiet aufzuweisen hat. Solche Lehrer würden dann zur Abhaltung von Kursen u. dgl. eingeteilt und würden gleichsam die Brücke bilden von der alten, so bewährten kriminalistischen Schule zum jetzigen jungen Nachwuchs.

So soll nun auch das vorliegende Buch mithelfen, einen Wendepunkt in der erfolgreichen Verbrechensbekämpfung zu bilden, indem vor allem die Strafrechtspflege und damit die Sicherheit der Bürger gegenüber den bisherigen unzuverlässigen Verfahrensarten auf eine feste Grundlage gebracht wird. Dieses Buch ist demnach nicht für Anfänger bestimmt, sondern für den schon im Berufe stehenden Kriminalisten bei Gericht, Polizei, Gendarmerie, sowie insbesondere auch für den Sachverständigen, besonders den Gerichts- und Amtsarzt, der die vorliegende Arbeit für seine berufliche Tätigkeit verwenden und neue Anregungen daraus entnehmen möge. An sie alle sei die Bitte um Verbesserungen sowie Bekanntgabe weiterer Fälle aus eigener oder fremder Praxis gerichtet (am besten über den Verlag J. Schweitzer, München, Ottostr. 1a).

Wenn auch dieses Buch so günstige Aufnahme fände, wie sie seinen Vorgängern beschieden war, so ist der Wunsch des Verfassers und der Zweck der Arbeit erreicht.

20. IV. 1937. Der Verfasser.

---

[1]) „Berliner Polizei und Verbrechertum", Leipzig, Ph. Reclam.

Allgemeiner Teil.

1. Abschnitt.

Zeugenaussagen und deren Wert.

Zeugenaussagen bilden in ihrer gerechten Würdigung wohl den heikelsten Stoff. Gerade wegen der völligen Unzulänglichkeit der Zeugenaussagen wurde — als Gegenpol — das nun vorliegende Buch geschrieben.

Zeugenaussagen! Wieviel ist darüber geschrieben worden, ohne den Kern zu erfassen!

Man darf auch nicht vergessen, wieviele Zeugen (aus gesetzlich angeführten Gründen) nicht einvernommen, nicht beeidet werden dürfen, wichtige, ja vielleicht einzige Zeugen, praktisch gesprochen, also wegfallen. Und vor allem: die „Zuverlässigkeit" der Zeugenaussagen! Der gewissenhafte Kriminalist wird gerade auf dem so heiklen Gebiet der Zeugenaussagen die überaus wertvollen Anleitungen, die ihm der erfahrene Gerichtsarzt geben kann, besonders zu würdigen haben.

Den weiteren Ausführungen seien die bezüglichen klaren treffenden Worte Prof. Haberdas vorangestellt:

„Die Zuverlässigkeit der Zeugenaussage hängt wesentlich von dem seelischen Zustand des Zeugen ab und wird durch etwaige krankhafte Störung der Geistestätigkeit des Zeugen beeinträchtigt oder aufgehoben. Aber auch die Zeugenaussagen geistig gesunder Zeugen sind keineswegs immer zuverlässig.

Von welchen Umständen hängt die Zuverlässigkeit der Zeugenaussagen ab?

Die Annahme, daß ein geistig gesunder Mensch imstande sein müsse, einen von ihm wahrgenommenen Vorgang auch wahrheitsgetreu wiederzugeben, erhält durch die Erfahrung wesentliche Einschränkungen. Schon die Wahrnehmung steht unter dem Einfluß der Aufmerksamkeit und von Gemütserregungen, so daß je nach der seelischen Einstellung ein Zeuge eines Vorganges Einzelheiten wahrnimmt, die dem andern entgehen. Noch mehr aber wird die Auffassung des wahrgenommenen Vorganges durch diese Umstände bestimmt und zwar je nach Zuneigung oder Abneigung gegenüber einem Angeklagten oder einer Prozeßpartei häufig bei verschiedenen Zeugen in entgegengesetztem Sinne.

Da ferner die Zeugenaussage fast nie unmittelbar nach dem wahrgenommenen Vorgang erfolgt, sondern oft erst nach geraumer Zeit, wirken auf die Wiedergabe noch andere Umstände ein. Die Eigentümlichkeit des menschlichen Gedächtnisses bringt es mit sich, daß im Laufe der Zeit die Erinnerungsbilder an Schärfe und Vollständigkeit abnehmen, so daß Einzelheiten ausfallen oder nur mehr ungenau wiedergegeben werden können. Auch auf diese Abnützung der Erinnerungsbilder hat die Gemütserregung des einzelnen Zeugen zu dem wiederzugebenden Tatbestand Einfluß. Anderseits handelt es sich meistens um Ereignisse, die vom Beteiligten und Unbeteiligten, oft auch von der Tagespresse in der mannigfachsten Weise besprochen wurden. Und so kommt es, daß ein Zeuge nicht selten für Wahrgenommenes hält, was er sich nachträglich gedacht oder von anderen gehört hat, daß ihm seine Vermutungen und Schlüsse als Wirklichkeit erscheinen.

Es sind in der letzten Zeit über dieses Thema „Psychologie der Aussage" wertvolle Untersuchungen gemacht worden. Besonders überzeugend wirkt folgender mehrfach angestellter Versuch: Es wurde von einer Anzahl von Personen, ohne daß diese darauf vorbereitet gewesen wären, eine vorher verabredete gemütserregende Vorführung gemacht und die Zuschauer dann aufgefordert, das, was sie beobachtet hatten, sofort zu Papier zu bringen. Dabei stellte es sich nun heraus, daß auch gebildete und verständige Menschen keineswegs übereinstimmende Schilderungen des beobachteten Vorganges lieferten, sondern daß die Darstellungen in vielen und auch in wichtigen Punkten voneinander abwichen, ja, daß in manchen Darstellungen Einzelheiten berichtet wurden, die der Wirklichkeit gar nicht entsprachen.

Man wird sich daher schon gegenüber geistesgesunden Zeugen vor Augen halten müssen, daß aus der Zeugenaussage eines Menschen nur zu entnehmen ist, was er von einem Vorgang aufgefaßt und behalten hat, und was er im Augenblick der Zeugenaussage (Befangenheit, Beeinflussung durch Staatsanwalt, Richter und Anwälte) wiederzugeben imstande war, nicht aber, wie sich der Vorgang wirklich abgespielt hat. Man darf also bei Widersprüchen zwischen Zeugenaussage und Wirklichkeit nicht ohne weiteres böse Absicht annehmen. Das kann bei der Beurteilung von Meineidsfällen große Bedeutung erlangen und in manchen derartigen Fällen die Tätigkeit der Sachverständigen zur Aufklärung des Falles angezeigt erscheinen lassen[1]).

Die Zuverlässigkeit der Aussage hängt aber nicht bloß von dem Grad der Wahrnehmungs-, Auffassungs- und Erinnerungsfähigkeit ab, sondern auch von der Wahrheitsliebe der Zeugen, das heißt von der Neigung und Gewohnheit des betreffenden Menschen, die Wahrheit zu sagen. Die Wahrheitsliebe des Einzelnen ist aber keine unveränderliche Größe; sie wird vor allem durch Interessenwidersprüche oft auf harte Probe gestellt. Es gibt auch seelisch krankhafte Menschen, die einen krankhaften Hang zur Lüge haben und auch ohne einen bestimmten Zweck

[1]) Wir alle wissen aus dem täglichen Leben, daß ein und derselbe zugleich mit andern Personen erlebte Vorgang von jedem Beteiligten anders wiedergegeben wird. Es ist eigenartig, daß jeder dieser Leute seine Erzählung mit sichtlichem Nachdruck, mit voller Bestimmtheit macht, so daß kein Anlaß bestünde, ihm nicht zu glauben. Auf die Frage, warum es zu dieser unrichtigen Wiedergabe gekommen ist, finden wir immer dieselben Ursachen: Teilnahme am Ausgang der Sache, verschiedenes Alter und Geschlecht der Wahrnehmenden, Aufregung, Angst, Todesgefahr der Zeugen, Kopfverletzungen, die sie davontrugen u. dgl. m. Schließlich darf Richter und Arzt auch niemals auf die geschlechtliche Einstellung vergessen, weil sie erfahrungsgemäß zur Klärung verschiedener Umstände von ausschlaggebender Bedeutung sein kann.

lügen. In besonderem Grad wird selbstverständlich die Zuverlässigkeit der Zeugenaussage beeinträchtigt werden, wenn der Zeuge geistesgestört ist.

Die Gesetzbücher tragen den geschilderten Unsicherheiten der Zeugenaussage nur in sehr beschränktem Maße durch ausdrückliche Bestimmungen Rechnung; ein Mangel, der jedoch nur ein scheinbarer ist, da die freie Beweiswürdigung, welche dem Richter (bzw. Geschworenen) zusteht, ihn in die Lage setzt, diese Unsicherheiten zu würdigen. Anderseits wird sowohl im Strafverfahren wie im zivilgerichtlichen Verfahren eine Maßregel angewendet, welche den Zeugen bewegen soll, nach bestem Wissen und Gewissen die volle Wahrheit in seiner Aussage zu bekunden — der Eid. Der Eid, dessen Ablegung unter religiösen Förmlichkeiten sich abspielt, soll einerseits einen Aufruf an das Gewissen des Zeugen darstellen, anderseits steht er unter Strafandrohung, da die Verletzung der eidlich gelobten Wahrheit als Meineid mit schweren Strafen bedroht wird."

Um das hier Wesentliche besser herausheben und unterstreichen zu können, wird es vorteilhaft, ja notwendig sein, diesfalls folgende Möglichkeiten auseinander zu halten:

1. Der Zeuge kann die Wahrheit sagen, weil er richtig beobachtet und aufgefaßt hat; er will auch die Wahrheit sagen. Dies ist so klar, daß darüber keine Erklärung nötig ist.

Den Übergang zur nächsten Gruppe von Zeugen bilden jene, die, wie Prof. Groß auch sagt, aus irgendeinem Grunde glauben, sie sollen selbst zur Verantwortung gezogen werden, entweder weil sie befürchten, es ruhe der Verdacht der Täterschaft auch auf ihnen, oder, daß sie sich irgendeiner Unterlassung schuldig fühlen, wodurch die Tat erleichtert wurde, oder endlich, daß sie meinen, man beschuldige sie eines Einverständnisses mit dem Täter oder dergleichen mehr. — In allen diesen und hundert anderen Fällen werden sie bei allem guten Willen, doch die Wahrheit zu sagen, immer so sprechen, wie sie es ihrer Lage nach für zweckmäßig halten. Sie werden anders betonen, anders anordnen, anders verschweigen, und wenn der Untersuchungsrichter in einem solchen Fall genau aufmerkt, wie diese Zeugen gesprochen haben, so kann er sich eine Gruppe von Leuten bilden, die unrichtig aussagen: die der Ängstlichen, stets Schuldbewußten und Unsicheren.

2. In die nächste Gruppe gehören dann jene Zeugen, welche die Wahrheit sagen könnten, weil sie wohl richtig beobachtet und aufgefaßt haben, die aber gar nicht daran denken, wahrheitsgemäß auszusagen. Auch dies liegt vollkommen klar.

3. Eine weitere Gruppe bilden jene Zeugen, die nicht wahrheitsgemäß ausgesagt haben, weil sie (z. B. infolge von Aufregung, Angst, wegen einer bedeutenderen Kopfverletzung usw.) unrichtig beobachtet, also falsch aufgefaßt haben. Diese Zeugen meinen, richtig beobachtet zu haben, wollen auch aussagen, ihre Aussage ist aber, ohne daß sie dafür können, falsch.

Zur besseren Erläuterung seien hier einige Fälle aus der Praxis eingeschoben:

Prof. Groß, ein ganz verläßlicher und allseits anerkannter Gewährsmann, berichtet, daß er einmal Gelegenheit hatte, Zeugenaussagen nach einer Hinrichtung zu überprüfen.

Fall 1. Der Scharfrichter hatte es für nötig gehalten, zum Akt Handschuhe anzuziehen. Nach vollzogener Hinrichtung befragte Prof. Groß vier Personen, die amtlich bei der Hinrichtung anwesend waren, um die Farbe der Handschuhe des Henkers. Die Antworten lauteten: schwarz — hellgrau — weiß und der Vierte blieb dabei, daß der Scharfrichter überhaupt keine Handschuhe angehabt habe! Und alle vier waren in unmittelbarer Nähe gewesen, keiner zweifelte, jeder antwortete mit voller Bestimmtheit und glaubt heute noch, daß er das Richtige gesehen habe. Und sämtliche Zeugen hätten ihre Aussagen jederzeit auch beschworen!

Bei Zeugen, die mehr oder minder schwere Kopfverletzungen erlitten haben, ist große Vorsicht geboten. Solchen Zeugenaussagen kommt anderseits deshalb besondere Bedeutung zu, weil sie in der Regel eben die einzigen Zeugen sind, z. B. Überfallene.

Fall 2. Bei einer größeren Rauferei hatte der Zeuge mit einem Pfahl einen wuchtigen Hieb über den Kopf bekommen, so daß er eine Schädelverletzung erlitt und lange bewußtlos war. Bei seiner ersten Einvernahme (2 Tage nach der Tat) erzählte er mit aller Bestimmtheit, daß ihn ein auffallend großer Mann mit langem schwarzen Bart niedergeschlagen habe. Glücklicherweise war an der Rauferei kein Mann beteiligt, auf den diese Beschreibung im entferntesten gepaßt hätte. Es konnte außerdem durch mehrere Zeugen bestätigt werden, daß der Täter ein kleiner Bursche mit blondem Schnurrbart war. Hätte ein großer Mann mit langem schwarzem Bart der Täter sein können, so hätte man diesen verhaften lassen, so bestimmt und klar lauteten die Angaben des Verletzten. Als der Verletzte gesund war und wieder vernommen wurde, gab er als Täter denselben an, den die andern Zeugen bezeichnet hatten und erzählte auf Befragen, es sei ihm allerdings, als er im halbbewußten Zustande im Bette lag, stets so vorgekommen, als ob ihn ein großer Mann mit langem schwarzem Bart aus dem Bett hätte ziehen wollen. Diese Beschreibung paßte auf den Arzt, der ihm die erste Hilfe geleistet hatte. (!)

Auch der nächste Fall kennzeichnet so recht, worauf es hier ankommt.

Fall 3. Ein angesehener Beamter fuhr von einer auswärtigen Amtshandlung nach Hause. Die Pferde scheuten, der Beamte flog aus dem Wagen, verletzte sich schwer am Kopf und blieb auf einem einsamen Fahrweg bewußtlos liegen. Nach etwa einer halben Stunde kam er zu sich, ging bis zu einem in der Nähe gelegenen Landhaus einer ihm befreundeten Familie, begab sich, ohne sich bei irgend jemandem zu melden, in das Speiszimmer und blieb dort auf dem Diwan sitzen. Nach einer Stunde, es war Nachmittag, wurde er dort vom Besitzer des Landhauses gefunden, mit dem er ganz verständig sprach. Im Verlauf des Gespräches bemerkte der Hausherr, daß der Gast von der Ansicht ausging, er sei schon seit dem Morgen da und habe hier zu Mittag gespeist. Als man endlich seine Verletzung bemerkte, wollte er von dieser, überhaupt von einem Unfall, von einem Sturz aus dem Wagen, absolut nichts wissen, und blieb dabei, er sei schon seit Morgen da. Erst in der Nacht begann Wundfieber, Wahnsinnsanzeichen und langedauernde Bewußtlosigkeit.

Angenommen, es hätte sich hier um ein Verbrechen gehandelt, so hätte wohl kein Mensch einem Beschuldigten, z. B. einem bekannten Dieb geglaubt, daß er, ohne zu wissen wie, in das Haus gekommen sei. Wäre der Verunglückte aber das Opfer einer strafbaren Handlung gewesen, so hätte er von dieser wohl ebenso wenig gewußt, wie von seinem Sturz, und hätte durch seine Aussage den Vernehmenden gründlich irregeführt.

Abschließend noch einen (älteren) mehrfach belehrenden Fall, der seinerzeit großes und berechtigtes Aufsehen erregte:

Fall 4. In dem Hause des Lehrers B. in Dietkirchen (Niederbayern) wurde ein Raubmord verübt. Zwei Kinder des Lehrers waren durch Hiebe mit einer Hacke getötet, die Frau und das Hausmädchen mit der gleichen Mordwaffe lebensgefährlich verwundet und bewußtlos angetroffen. Lehrer B., welcher ein abgesondertes Zimmer bewohnte, hatte bei seinen ersten Vernehmungen in sinnloser Verwirrung so ungereimt gesprochen, daß er für den Täter gehalten und auch dann nicht sofort entlastet wurde, als seine Frau zum Bewußtsein kam und vernommen werden konnte. Sie erzählte dem Untersuchungsrichter, daß sie aus tiefem Schlafe erwacht sei und das ganze Bett naß gefunden habe. Da es bald gegen Morgen ging, nahm sie wahr, daß die Nässe von Blut herrühre, worauf ihr wieder die Sinne schwanden. Sonst wußte sie trotz eingehenden Befragens gar nichts anzugeben. Namentlich konnte sie nicht im entferntesten sagen, wann, wie und durch wen sie ihre schweren Kopfverletzungen erlitten habe, ja es wurde ihr überhaupt erst durch dritte Personen gesagt, daß sie verletzt sei. Als es zur Unterfertigung der aufgenommenen Anzeige kam, unterschrieb sie statt ihres Namens (M. B.) ohne jegliches Besinnen „Martha Guttenberger". Der Untersuchungsrichter hatte den glücklichen Gedanken, die Umgebung zu fragen, ob Frau B. etwa eine geborene Guttenberger sei, was verneint wurde, und als der Untersuchungsrichter weiter fragte, wer denn sonst den Namen Guttenberger führe, wurde ihm gesagt, so habe der *frühere Geliebte* des Hausmädchens geheißen, welchem wegen seines üblen Lebenswandels vom Lehrer B. das Betreten des Hauses verboten wurde. Der Untersuchungsrichter griff die Sache auf, Guttenberger wurde verfolgt, in München verhaftet und gestand die Tat ein (Groß).

Aus dem Gesagten ergibt sich der auch später von Frau B. bestätigte Sachverhalt dahin, daß sie den Täter zur Zeit des Angriffes auf sie bestimmt erkannt und dann den Hergang infolge ihrer schweren Kopfverletzung vergessen hatte. Aber nicht ganz. Die Vorstellung von der Täterschaft des Guttenberger war bei Frau M. B. in der Tat in eine zweite Stufe des Bewußtseins getreten, so daß ihr nur dämmerte: der Name „Guttenberger" sei im Augenblick von Bedeutung. Dieser Dämmervorstellung glaubte sie Genüge zu leisten, wenn sie die Bedeutung des Namens Guttenberger darin fand, ihn für den eigenen Namen zu halten. Es ist dies eine jener „Mischvorstellungen", die für den Kriminalisten in mehrfacher Beziehung wichtig sind (Handeln mit Abwehrbewegungen, Schlaftrunkenheit u. dgl.).

4. In einer letzten Gruppe sind noch jene Personen zu erfassen, die *sich als Zeugen aufdrängen*, die im Gegenstande aber weiter nichts wissen, dafür entweder die Absicht haben, *die Behörde irrezuführen, oder sich selbst bemerkenswert zu machen.* Jeder kennt Aussagen, die durch die Einbildungskraft des Zeugen (manchmal auch des Vernehmenden oder gar beider zusammen!) weit übers Ziel geschossen haben. Und *sehr viele Zeugen gibt es auch, die sich und anderen etwas einreden, und zum Schlusse selbst nicht mehr wissen, was sie wirklich erlebt haben und was sie sich eingebildet haben.* Sie vermögen dies und jenes nicht mehr voneinander zu trennen.

5. *Manchem Zeugen wieder ist es sehr unangenehm, daß er in eine Sache mit hineingezogen wird*; und weil solche Leute es mit ihrer Einstellung, mit Familien- oder Standesrücksichten nicht vereinbaren können, so *haben sie Dritten gegenüber einfach dies oder jenes weder gehört noch gesehen.* Die Folge davon ist, daß aus einem Zeugen, der seiner Natur nach ein Belastungszeuge wäre, ein Entlastungszeuge wird, oder umgekehrt!

Prüft man alle Zeugenaussagen mit Zugrundelegung der eben aufgezählten Tatsachen auf ihren wahren Wert, so kommt man zu dem den erfahrenen Kriminalisten nicht wundernehmenden Ergebnis, daß gut **über 70% aller Zeugenaussagen** aus den vorangeführten Gründen **unrichtig beziehungsweise geradezu falsch** sind! Diese die gesamte Zivil- und Strafrechtspflege aufs tiefste erschütternde Tatsache ist durch nichts hinwegzuleugnen oder zu beschönigen. Es gilt, die gesamte Rechtspflege auf **eine feste Grundlage** zu stellen, die der Wahrheit die Ehre gibt, das **ist die entsprechende Wertung der Sachbeweise des Strafrechts, hier kurz „Sachbeweise" genannt.**

Wenn wir, diesen Abschnitt beendend, abschließend und zusammenfassend den Wert der Zeugenaussagen nach Alter und Geschlecht beurteilen wollen, können wir ungefähr mit Altmeister Groß sagen:

1. betreffend **Kinder**: Wenn man meint, „Kinder als Zeugen sind weniger verläßlich", so mag das richtig sein, aber — wie wir gesehen haben — mit Erwachsenen ist es leider auch so! Und — in gewisser Beziehung — sind Kinder verhältnismäßig noch die besten Zeugen und zwar Kinder bis zum 7. bzw. 9. Jahr. Warum? Die Antwort ist leicht: Liebe und Haß, Ehrgeiz und Falschheit, Religion und Stand, gesellschaftliche Stellung und Geldbesitz sind ihnen noch fremd, falsche Auffassung infolge von Voreingenommenheit, nervöser Gereiztheit und langer Erfahrung kommt auch nicht vor; der Spiegel der gutgearteten Kinderseele zeigt ungetrübt und klar das, was sich vor ihm befindet. — Freilich stehen diesen großen Vorteilen bei Verwertung einer Kinderaussage auch viele Nachteile entgegen. Der wichtigste ist gewiß der, daß wir uns niemals auf den Standpunkt stellen können, auf dem das Kind sich befindet, und wenn sich das Kind auch derselben Ausdrücke bedient wie wir, so verbindet es damit andere Begriffe; ja schon bei der Aufnahme entwickeln sich die Vorstellungen dem Kinde anders als uns Erwachsenen. Sogar die Begriffe von „groß" und „klein", von „rasch" und „langsam", von „schön" und „häßlich", von „weit" und „nahe" sind im Kinderkopf anders beschaffen als in unserm Hirn. Wie nun erst ganze Vorgänge! Für uns gleichgültige Vorgänge sind oft „prächtig" oder „entsetzlich" für das Kind, und was für uns „herrlich" oder oft „betrübend" ist, berührt das Kind nicht im mindesten. Welchen Eindruck es aber wirklich auf das Kind ausübt, wissen wir nicht. Das Kind ist Einflüssen von außen am meisten ausgesetzt. Wenn also jemand weiß, daß ein Kind bei Gericht vernommen werden soll, wenn er an dessen Aussage Interesse hat und auf das Kind Einfluß nehmen kann, so wird er diesen Einfluß in den meisten Fällen doch auch wirklich ausüben. Das Kind hat noch keine Grundsätze, aber dafür um so mehr Glauben an die Worte des Erwachsenen und besonders, wenn eine Einflußnahme nicht zu bald nach der Wahrnehmung selbst, also erst, wenn das Vergessen beginnt, auf das Kind einwirkt, so wird es leicht dasjenige als beobachtet glauben, was ihm der Erwachsene vorgeredet hat. Namentlich vollzieht sich dies gut und sicher, wenn der Erwachsene vorsichtig und allmählich auf das Kind einwirkt und es durch öfteres Fragen: „War es nicht so?" — „Nicht wahr, so war es"? nach und nach dorthin bringt, wo er es haben

will. (Diese etwas breiteren Ausführungen dürften dem Vernehmenden gegebenen Falles nicht unwichtig sein).

2. **Minderjährige**: Der gescheite, gut geartete Knabe — sagt Prof. Groß aus seiner überreichen Erfahrung — ist in der Regel der beste Zeuge, den es gibt. Aber keineswegs dasselbe gilt vom gleichaltrigen Mädchen. In gewisser Beziehung ist das heranwachsende Mädchen sogar eine sehr gefährliche Zeugin, nämlich dort, wo es selbst an der Sache beteiligt oder gar deren Mittelpunkt ist. In solchen Fällen ist man vor argen Übertreibungen, ja selbst Erfindungen niemals sicher. Der echte „Backfisch", gleichgültig welchem Stande angehörend, wird mit größter Vorsicht zu behandeln sein.

3. **Die heranwachsende Jugend** gibt keineswegs die besten Zeugen ab.

4. **Der gereifte Mensch** tritt, gut veranlagt, voll und ganz für das ein, was er wahrgenommen hat. Er wird in diesem Alter (durch Leidenschaften, Übelwollen, Eigennutz, Selbstsucht usw.) aber auch zum Lügner und daher ist kein Zeuge so verhängnisvoll und schwierig zu durchschauen als der Mensch auf dem Höhepunkt seiner Kraft im Guten und Bösen. — Die Frage: ob Mann oder Frau besser ist, wer von ihnen richtiger beobachtet, klarer sieht, eher lügt usw., läßt sich nicht beantworten. Wir wissen nur, daß die Frau körperlich so wesentlich anders ist als der Mann, daher auch ihre geistigen Ausstrahlungen wesentlich anders sein müssen. Wenn also eine Frau eine Beobachtung anders wiedergibt als ein Mann, so braucht keiner der beiden Teile gelogen haben: sie sehen anders, merken anders und geben anders wieder; das ist die wichtige, vom Vernehmenden nie zu übersehende Regel!

5. **Greisenalter**. Der Greis ist wieder zum Kind geworden: es fehlt ihm das scharfe Erkennen, aber auch die Leidenschaft.

Wiederholend müssen wir nach eingehender Prüfung alles „Für" und „Wider" sagen: überall und immer wieder tritt uns die Dürftigkeit, Lückenhaftigkeit, Unsicherheit und Unrichtigkeit der Zeugenaussagen entgegen; demgegenüber gibt, wie in unzähligen gut geführten Indizienprozessen einwandfrei zutage trat, der Sachbeweis die einzige verläßliche Grundlage für gerechte Urteile ab.

2. Abschnitt.

Feststellung der Wesensgleichheit Unbekannter.

Der Behörde ist es begreiflicherweise stets besonders darum zu tun, zu wissen, wen sie gegebenen Falles vor sich hat. Natürlich wird man auch Auskunftspersonen beizuziehen trachten, die den Unbekannten kennen oder gekannt haben dürften. Wenn der Betreffende (Täter, Verdächtigter) aber jede Auskunft über seine Person verweigert, wie dies nur zu oft vorkommt, oder wenn es sich um unbekannte Leichen handelt, müssen auch Berufsmerkmale zwecks Feststellung der Wesensgleichheit herangezogen werden.

Daß die berufsmäßige Ausübung ein und derselben

Beschäftigung am Körper des Betreffenden im Laufe der Zeit gewisse eigenartige Merkmale erzeugt, ist wohl allgemein bekannt. Diese Merkmale sind fast immer ein untrügliches und daher höchst wertvolles Mittel zur Feststellung der Identität bei Lebenden wie bei Toten. Außer diesen Kennzeichen gibt es auch noch andere „Besondere Merkmale", die ziemlich häufig vorkommen und einen nahezu sichern Rückschluß vor allem auf den Beruf des Trägers gestatten. Hat man aber erst die Kreise, in denen er sich bewegt, so ist weiteres Nachforschen schon wesentlich erleichtert. — Es ist an der Tagesordnung, daß Verhaftete, von denen man noch nicht weiß, wer sie sind, jede Auskunft über ihre Person hartnäckig verweigern, oder Angaben machen, die nicht der Wahrheit entsprechen. Ursache dieses Verhaltens solcher Leute ist wohl immer der Umstand, daß sie zweifellos viel auf dem Kerbholz haben und nun auf gut Glück versuchen, die Behörde über ihre Person im Unklaren zu halten oder gar auf Irrwege zu führen, um womöglich mangels weiteren Haftgrundes wieder in Freiheit zu kommen.

Auch bezüglich fraglicher Leichen wird die Wesensgleichheit überprüft oder gar erst festgestellt werden müssen. In solchen Fällen heißt es nun, alle Anhaltspunkte, welche Körper und Kleidung des Unbekannten bieten, sorgfältig suchen und verwerten.

Im folgenden wurde zusammengestellt, was hier von Bedeutung ist oder sein kann. (Das Vorgehen bei Feststellung der Wesensgleichheit Unbekannter ist bei Lebenden und bei Toten in vielen Punkten gemeinsam. Es wurde daher zunächst das diesfalls Gemeinsame behandelt). Im voraus sei betont, daß, wenn solche Erhebungen so sorgfältig als nur möglich gemacht werden, sie wohl auch meist von Erfolg begleitet sind.

Besonderes.

A. Gemeinsames, betreffend die Feststellung der Wesensgleichheit unbekannter Lebender und Leichen.

1. **Genaueste Personenbeschreibung und -durchsuchung, Durchsuchung der Kleidungsstücke und Habseligkeiten des Betreffenden.** (Dies ist so klar, daß darüber Näheres nicht gesagt zu werden braucht). Das Durchsuchen der Kleidertaschen nach allem, was Anhaltspunkte bieten kann, insbesondere nach etwaigen Ausweispapieren, Anschriften, Vermerken u. dgl. hat sich schon in vielen Fällen sehr gelohnt. Man wird Echtheit und Verhältnis zum Träger feststellen und so manchen wertvollen Wink bekommen. Die Kleidungsstücke sind abzusuchen nach sogenannten „Märken" oder Namensanfangsbuchstaben auf Taschentüchern, Unterwäsche, Mantel- und Rockinnerem usw., ferner nach etwaigen Geschäftsanschriften (als „Aufhänger" angenäht) oder Stoffflecken, oder an der Innenseite von Krägen, Krawatten, Hüten usw. Nach sogenannten „Wäscherzeichen", d. h. einzelnen Buchstaben mit daneben stehenden Zahlen oder letzteren allein. Kleidungsstücke namentlich dort, wo der Stoff doppelt liegt, oder untergefüttert ist, sorgfältig abgreifen, da Gegenstände, die möglicherweise einen Anhaltspunkt liefern, auch eingenäht sein können.

Es gibt Leute, die sich trotz der damit für sie verbundenen großen Gefahr von schriftlichen Aufzeichnungen, Vormerken u. dgl. nicht trennen wollen. Aus einer Reihe besonderer hierher gehöriger Fälle seien zwei eingeschaltet:

Fall 5. Ein Verhafteter hatte im Hutfutter einen Streifen zusammengefaltetes Zeitungspapier eingelegt, wie es manche tun, denen der Hut zu weit ist, um ihn passend zu machen. Dieser von Fett und Schmutz strotzende Papierstreifen enthielt u. a. einen kurzen Zeitungsbericht über einen vor mehreren Jahren zur Verhandlung gebrachten Straßenraub, den zwei Männer verübt hatten. Der eine wurde laut Zeitungsbericht verhaftet und damals verurteilt; „sein Genosse ist entflohen", schloß der Zeitungsbericht, „und konnte bisher nicht zustande gebracht werden". Man war geneigt, das Ganze für bloßen Zufall zu halten, auch der Verhaftete erklärte unbefangen, er habe mit dem Täter (der verurteilt wurde), auf einer Schulbank gesessen, habe den Bericht zufällig in die Hand bekommen und zum Engermachen seines bei einem Altwarenhändler gekauften nichtpassenden Hutes verwendet. Auch habe ihn das traurige Schicksal seines ehemaligen Mitschülers, der so tief gesunken sei, ergriffen. — Für alle Fälle wurde aber Zeitungsbericht, Lichtbild und Personenbeschreibung des unbekannten Häftlings an das Gericht, welches jenen Raubmord verhandelt hatte, gesandt — der Verhaftete war tatsächlich der „bisher nicht zustande gebrachte" zweite Räuber, der dann zugab, daß er sich den Bericht „aus Interesse für seinen Fall" aufbewahrt habe (Groß).

Fall 6. In Paris wurde im September 1903 ein gewisser Lemot ermordet. Die Polizei hatte keine Kenntnis von der Person des Täters. Einige Wochen später fand ein Polizist im „Jardin des plantes" auf einer Bank einen Mann schlafend, dem eine Menge von Zeitungsausschnitten aus der Tasche gefallen war. Der Polizist las diese, alle betrafen den Fall Lemot, und als der Mann geweckt und befragt wurde, gestand er in der Schlaftrunkenheit sofort, daß er Lemots Mörder sei (!) (Groß).

Wenn augenblicklich trotzdem kein Anhaltspunkt aus der Kleidung entnommen werden kann, dann diese für den Sachverständigen (Mikroskopiker bzw. Chemiker) sicherstellen, da dieser aus dem Kleiderstaub usw. sehr oft wichtige Schlüsse ziehen kann; vgl. dazu auch den Fall 50 S. 81.

Auch nach etwaigen Schmucksachen oder sonstigen (Gebrauchs-) Gegenständen, auch Waffen usw., die einen Anhaltspunkt für die Feststellung der Wesensgleichheit bieten können, suchen und Sachverständige darüber befragen.

2. **Kleidung und Äußeres des Unbekannten dahin vergleichen, ob beides zueinander „paßt"**, weil diesfalls auch absichtliche Verwechslungen, Irreführungen, vorkommen können: der Lebende kleidet sich besser oder schlechter, dem Toten können Kleider und Papiere gestohlen oder vertauscht worden sein. „Wenn man bei Wiedererkennung einer Leiche nur auf deren Kleider und Habseligkeiten Rücksicht nehmen wollte", schreibt Prof. Haberda in seinem „Lehrbuch", „können verhängnisvolle Irrtümer unterlaufen, wie folgender in Ungarn vorgekommener Fall beweist:

Fall 7. Im April 1880 wurde im Walde bei Neusohl die verstümmelte Leiche eines Mannes gefunden, der dort ermordet worden war. Bei dem Ermordeten fanden sich Kleider und Vormerkungen des Viehhändlers G. aus Z., deshalb wurde in der Leiche die Person des abgängigen G. festgestellt. Auch G.s Frau hatte die Leiche als die ihres Mannes bezeichnet. G. hatte aber sein Leben bei zwei Pester Versicherungsgesellschaften auf hohe Summen versichert, welche nach seinem Ableben der Frau ausbezahlt werden sollten. Infolgedessen wurden genaue Nachforschungen gepflogen, durch die sich herausstellte, daß der ermordet geglaubte G. noch am Leben war. Derselbe wurde auch bald ermittelt und verhaftet. Wie nun hervorkam, hatte G. selbst im Walde bei Neusohl einen unbekannten Mann ermordet, demselben einen Teil seiner eigenen Kleider angezogen und in deren Taschen auf den Namen G. lautende Vormerkungen gesteckt, um die Behörde irre zu führen, augenscheinlich zu dem Zweck, daß seiner Frau die Lebensversicherungsbeträge anstandslos ausbezahlt werden. — Solche Fälle stehen nicht vereinzelt da.

Resten von Kleidungsstücken und Habseligkeiten kommt besonders dann große Bedeutung zu, wenn es sich um die Feststellung der Wesensgleichheit hochgradig verfaulter, verstümmelter oder anderweitig unkenntlich gemachter Leichen handelt.

3. **Untersuchung des Körpers nach etwaigen „Besonderen Kennzeichen".** Solche sind: Berufsmerkmale, Tätowierungen, Narben usw. und sonstige Merkmale (Verunstaltungen oder dergleichen).

1. Berufsmerkmale an den Händen.

1. Eigenartige, durch den Beruf bedingte **Verfärbungen der Hände.** Die schwere schwielige Hand des Arbeiters ist von der weichen Hand des Beamten leicht zu unterscheiden. Oft wird schon die sichere Unterscheidung, ob ein Mensch diesem oder jenem Stand vermutlich oder bestimmt nicht angehört, von großer Wichtigkeit und wegweisend sein. Weitere Unterscheidungen[1]):

a) weiß verfärbt sind die Hände des Müllers, Bäckers, Kalk-, Zink- und Bleiweißarbeiters,

b) blau verfärbt die des Färbers,

c) schwarz verfärbt die des Kohlenarbeiters, Kesselheizers, Schmiedes und Schlossers,

d) rot und grün sind die Hände des Anstreichers, Malers und Arbeiters in Farbenfabriken,

e) braun und gelb verfärbt sind die Fingerspitzen und Nägel bei Gerbern und Kunsttischlern (Leute, die Zigaretten ohne Mundstück rauchen, haben ähnlich verfärbte Fingerspitzen).

2. Eigenartige Hautverdickungen, „**Berufsschwielen**":

Das berufsmäßige Ausüben einer bestimmten Beschäftigung erzeugt im Laufe der Zeit eigenartige Hautverdickungen, „Berufsschwielen", die meist schon mit freiem Auge deutlich sichtbar und auch fühlbar sind, besonders aber hervortreten, wenn von der betreffenden Körperstelle ein Lichtbild angefertigt wird. Dazu nur einige Beispiele: bei Schmieden, Schlossern, Tischlern, Zimmerleuten, Gerbern und Lederzurichtern finden sich solche Schwielen in der rechten Hohlhand; bei Bürstenbindern, Steinklopfern, Schriftsetzern, Schuhmachern, Schneidern, Uhrmachern und Drechslern an den Fingern der rechten Hand; bei Stempel- und Steinschneidern, Malern, Schlossern, Drechslern, Korbmachern, Schneidern und Näherinnen an den Fingern der linken Hand; an beiden Händen bei Webern, Bortenmachern, Hutmachern, Seilern, Perlnutterarbeitern und Wäscherinnen.

[1]) Aus dem Lehrbuch der gerichtlichen Medizin von Prof. Kratter.

Neben Schwielen und rußiger Verfärbung der Hände finden sich bei allen Feuerarbeitern, also Grubenschmieden, Zeugschmieden, Schlossern, bei Steinbrechern, Steinmetzen und Steinklopfern, oft auch bei Maurern kleine Narben an der Haut des Handrückens und der Vorderarme, von Verletzungen herrührend, welche abspringende Eisen- und Steinteilchen erzeugen.

Wer beruflich schreibt oder zeichnet, bekommt dort, wo Feder oder Bleistift andrückt, eine schwielenartige Hautverdickung; die Näherin hat die linken Fingerspitzen zerstochen und wer mit der Schere arbeitet, hat an der äußeren Seite der Finger der betreffenden Hand eigenartige Hautverdickungen.

2. Berufsmerkmale an den Zähnen[1]).

Bestimmte Gewerbetreibende (wie besonders Schuhmacher, Tapezierer, Glasbläser, Schneiderinnen, Putzmacherinnen, Zuckerbäcker, Arbeiter in chemischen Fabriken usw.), welche bei Ausübung ihres Berufes die Zähne mithelfen lassen, beziehungsweise dieser beruflichen Umgebung (Staub usw.) ausgesetzt sind, bekommen dadurch im Laufe der Zeit äußerst kennzeichnende Zahnmasseverluste. In besonderen solchen Fällen ist es allein schon auf Grund dieser höchst eigenartigen Befunde mit Sicherheit möglich, auf den Beruf des Trägers zurückzuschließen. Eine solche Feststellung ist besonders bei Leichen und Menschen, die über ihren Namen, Stand, Beruf usw. jede Auskunft verweigern, von oft ausschlaggebendem Wert.

a) Schuhmacher.

Zum Spannen des Leders über den Schuhleisten sowie zum Nageln der Schuhabsätze verwenden die Schuhmacher Nägel und Drahtstifte verschiedener Größe, von welchen sie stets eine ziemliche Anzahl vor dem Gebrauch in den Mund geben, welcher ihnen als Nagelvorratskammer dient. Je nachdem nun ein Nagel oder Drahtstift erforderlich ist, wird mit Hilfe der Zungenspitze, in welcher das Tastgefühl bekanntlich sehr ausgeprägt ist, der Nagel oder Drahtstift zwischen die Schneideflächen der Zähne geschoben und dort festgehalten, bis er mit den Fingern oder mit der Zange gepackt, seinem Bestimmungsorte zugeführt wird. Deshalb finden sich bei allen Schuhmachern, welche ihr Gewerbe auf diese Weise ausüben, an den Schneidezähnen grobschartige Kanten. Wenn also diese Nägel immer wieder durch die aneinander stoßenden Ecken der oberen inneren Schneidezähne geschoben werden, entstehen kennzeichnende Zahnmasseverluste, welche vom Kopfteil des Nagels herrühren, während die aneinander stoßenden Ecken der unteren inneren Schneidezähne rinnenförmig ausgeschliffen sind (vgl. Bild 1).

b) Tapezierer.

Fast alle Arbeiten bei diesem Gewerbe werden genagelt. Um rascher arbeiten zu können, nehmen die Arbeiter aus dem Nagelbehälter soviel Nägel, als sie mit den Fingerspitzen einer Hand auf einmal fassen können, heraus und geben sie in den Mund als Nagelvorratskammer. Von dort werden — wie es die Schuhmacher tun — die Nägel mit

[1]) Im wesentlichen meinem im Archiv für Kriminalanthropologie und Kriminalistik, Band 48, seinerzeit veröffentlichten Aufsatz entnommen.

Hilfe der Zunge zwischen die Schneidekanten der Vorderzähne geschoben und dort bis zur Verwendung festgehalten (Bild 2).

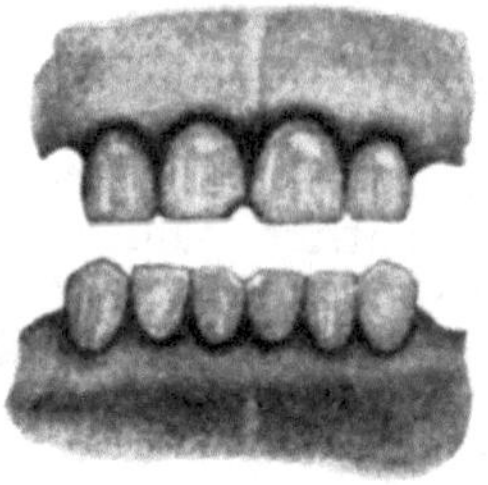

Bild 1. Charakteristische Zahnmasseverluste bei Schuhmachern. (Aus W. Polzer, Handb. für den prakt. Kriminaldienst, J. Schweitzer Verlag, München).

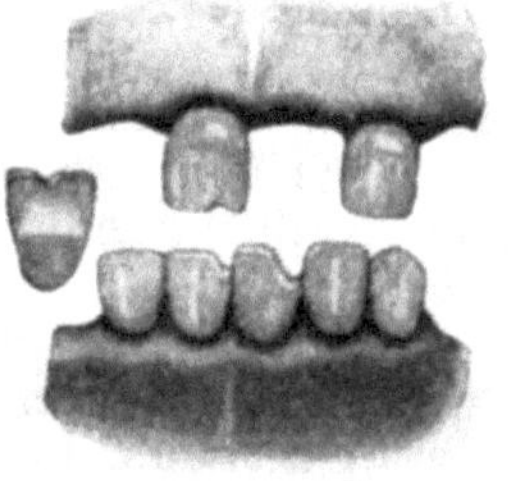

Bild 2. Charakteristische Zahnmasseverluste bei Tapezierern. (Aus W. Polzer, Handb. für den prakt. Kriminaldienst, J. Schweitzer Verlag, München).

c) Glasbläser.

Diese verwenden, um die ausgeschöpfte zähflüssige Glasmasse in eine geeignete Form zu bringen, zum Aufblasen ein langes eisernes, mit messingenem Mundstück versehenes Rohr, „Pfeife" genannt, welches zwischen Lippen und Zähne genommen und während des Blasens gedreht wird. Infolge dieser beständigen Reibung und fortwährenden Druckes dieser „Pfeife" an den mittleren Flächen der oberen großen Schneidezähne und den entgegengesetzten unteren Schneidezähnen entstehen eigenartige, markante, bogenförmige Abnützungsformen (Bild 3 und 4).

Bild 3 u. 4. Charakteristische Zahnmasseverluste bei Glasbläsern. (Aus W. Polzer, Handb. für den prakt. Kriminaldienst, J. Schweitzer Verlag, München).

d) Schneider (=innen), Putzmacherinnen.

Bei Personen, welche berufsmäßig nähen, sieht man an den Schneideflächen der Schneidezähne — je nachdem die betreffende Person Rechts= oder Linkshänder ist — von links nach rechts oder umgekehrt schräg verlaufende Schlitzflächen oder in der Mitte der Schneidekante längs der Schneidefläche verlaufende schlitzförmige Einschnitte (Bild 5). Ursache: die meisten dieser Leute reißen den Faden, bevor sie ihn durch die Öse der Nadel führen, an den Schneidezähnen ab.

e) Zuckerbäcker.

Der Zahnfraß, von dem alle Zuckerbäcker befallen werden, ist in seiner Form derart kennzeichnend, daß das Vorhandensein solcher ausgefressenen Zähne (Bild 6) fast mit Gewißheit die Behauptung recht-

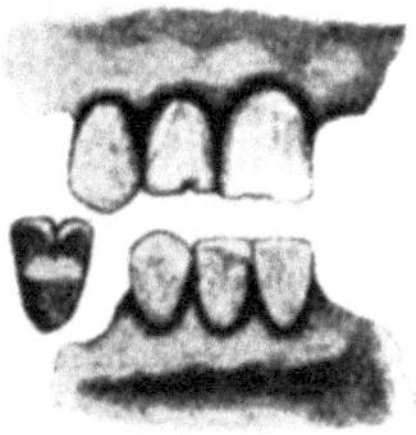

Bild 5. Charakteristische Zahnmasseverluste bei Schneiderinnen. (Aus W. Polzer, Handb. für den prakt. Kriminaldienst, J. Schweitzer Verlag, München).

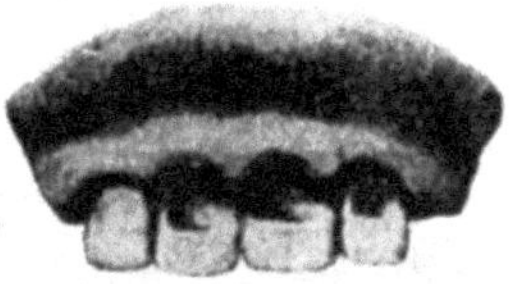

Bild 6. Charakteristische Zahnmasseverluste bei Zuckerbäckern. (Aus W. Polzer, Handb. für den prakt. Kriminaldienst, J. Schweitzer Verlag, München).

fertigt, deren Träger gehöre dem Zuckerbäckergewerbe an. Der Zahnfraß beginnt am Zahnfleischrand, breitet sich rasch aus und kann auch auf die Zahnwurzeln übergreifen. Ganz besonders sind die oberen inneren Schneidezähne ergriffen, wo nach der baldigen Zerstörung des Zahnschmelzes (härteste Substanz, die der menschliche Körper aufweist) das dann freiliegende Zahnbein sofort eine braune bis schwarze Färbung annimmt. Ursache: der in der Luft befindliche „Zuckerstaub", der während der Arbeit von den Zuckerbäckern eingeatmet wird, gelangt in die Mundhöhle und lagert sich an den Zähnen ab[1]).

f) Bei Arbeitern in chemischen Betrieben und zwar in Arbeitsräumen, in denen Salzsäure erzeugt wird, ist ein kennzeichnendes Berufsmerkmal an den Zähnen festzustellen: Absterben der Zähne durch Säureeinwirkung (Bild 7).

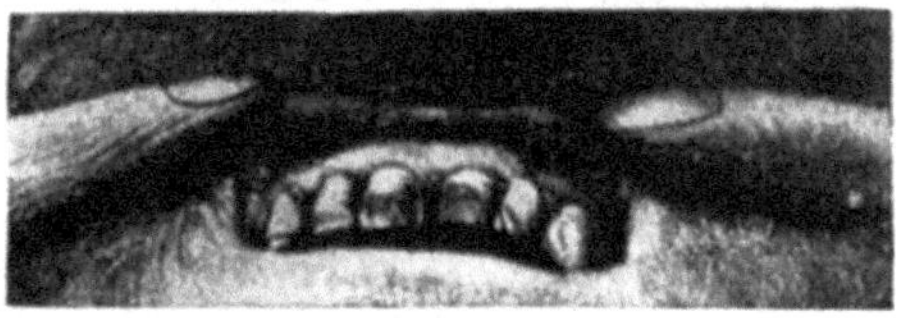

Bild 7. Charakteristische Zahnmasseverluste bei Arbeitern in chemischen Betrieben. (Aus W. Polzer, Handb. für den prakt. Kriminaldienst, J. Schweitzer Verlag, München).

Diese Aufnahme rührt von einem Arbeiter her, bei dem, obgleich er erst 6 Monate bei den Sulfatöfen beschäftigt war, von seinen oberen Vorderzähnen nur mehr morsche Reste vorhanden waren. Schon nach mehrwöchiger Tätigkeit in solchen Arbeitsräumen bemerken die Arbeiter an ihren unteren und oberen mittleren Schneidezähnen bräunliche Flecke. Die Zähne verlieren den schönen (Email-) Glanz,

[1]) Der Zuckerstaub greift die Zähne nicht unmittelbar an, sondern der chemische Prozeß, die Säure, welche durch Gärung des Zuckers entsteht, entkalkt die Zähne.

der gesunden Zähnen eigen ist, die Oberfläche wird rauh, die Zerstörung nimmt von Monat zu Monat derart rasch zu, daß nach zwei bis drei Jahren von den Zahnkronen keine Spur mehr vorhanden ist. Die Vorderzähne sind die ersten Opfer, weil sie durch ihre Lage und Stellung den schädlichen Einflüssen am ehesten ausgesetzt sind. Außer den bräunlichen Flecken an den Zähnen bemerkt man, daß das größtenteils frei liegende Zahnbein (jene Masse, die sich unter dem Email, Schmelz, befindet), von den noch vorhandenen Email-, Schmelzresten wie eingerahmt aussieht. Dieselben Zerstörungen finden sich auch an den unteren inneren Schneidezähnen (Bild 8), die nur noch Zahnstümpfe darstellen. Arbeiter in solchen Betrieben werden rasch zahnlos.

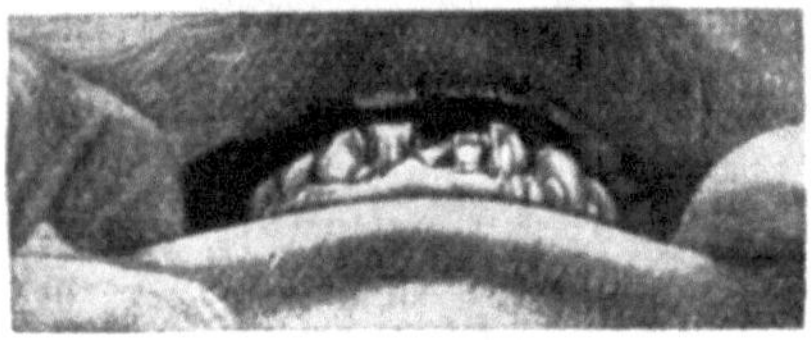

Bild 8. Charakteristische Zahnmasseverluste bei Arbeitern in chemischen Betrieben. (Aus W. Polzer, Handb. für den prakt. Kriminaldienst, J. Schweitzer Verlag, München).

g) Bei allen Metallarbeitern, welche Mund- und Zahnpflege vernachlässigen, sind die Zähne vom Zahnfleisch angefangen bis etwa zur Hälfte der Zahnfläche mit einem schmutziggrünen Belag versehen (die Arbeiter meinen, sie hätten „Grünspan" an den Zähnen). Da dieser Belag selbst nach längerem Berufswechsel noch nachweisbar ist, erscheint er gleichfalls als ein wichtiges kennzeichnendes Berufsmerkmal. Ursache: der in der Werkstätte befindliche Metallstaub lagert sich beim Atmen an den Zähnen ab, verbindet sich mit dem bei ungepflegten Zähnen stets vorhandenen Schleimbelag und oxydiert.

Aus dem Gesagten ergibt sich für den Kriminalisten, daß er in solchen Fällen insbesondere von Zahnärzten noch wertvolle Auskünfte bekommen wird. Der Sachverständige (Gerichtsarzt, Zahnarzt) wird z. B. auch aus dem Grade der Abnützung der Zähne einen Anhaltspunkt für Altersbestimmungen haben. Das Gebiß zeigt so viele bis zum letzten Dasein erhaltene Eigenartigkeiten (Zahnstellung, Zahnform, Zahnfüllungen, Krone usw.), daß daraus und mitunter nur mehr daraus eine Wiedererkennung möglich ist.

3. Tätowierungen als Berufsmerkmale[1]).

Tätowierungen sind besonders angereihte Stichnarben, welche durch eingeriebenen Farbstoff mehr oder minder dauernd gefärbt sind. Tätowierungen finden sich bei Männern viel häufiger als bei Frauen; sie sind für den Kriminalisten deshalb so wichtig, weil man aus ihnen mit nahezu vollkommener Sicherheit auf das Gewerbe, den Beruf oder den Stand des Betreffenden zurückschließen kann, sie also immer in gewisser Beziehung zum Träger stehen: Anfangsbuchstaben, fast immer des eigenen Vor- und Zunamens (mitunter sind es auch die Anfangsbuchstaben des Namens der Geliebten), bisweilen auch voller Name, Zahlen, welche wichtige Be-

[1]) Im wesentlichen aus meinem „Handbuch für den praktischen Kriminaldienst", J. Schweitzer Verlag, München.

gebenheiten im Leben des Trägers ausdrücken (z. B. Geburtsdatum) und bildliche Darstellungen des Berufes, sogenannte „Handwerkszeichen“, meist einfach dargestellt, obwohl sich mitunter auch geradezu künstlerische Darstellungen finden (vgl. Bild 9). Auch Sinnbilder der Liebe, Religion, militärische Abzeichen und unanständige Darstellungen kommen häufig vor.

Solche Tätowierungen sind gewöhnlich an der Innenseite der Unterarme, auch am Handrücken, auf Brust, Rücken, mitunter auch auf den Schenkeln und den Hinterbacken angebracht.

Was besagen diese Zeichen? Hammer und Zange bekunden den Schlosser, Säge und Axt den Zimmermann, den Wagner kennzeichnet das Rad, der Metzger trägt unter dem Tierschädel gekreuzte Beile, der Bäcker eine Bretzel, Matrosen führen häufig den Anker oder auch die Flagge ihres Staates als Sinnbild des Standes, dem sie angehören.

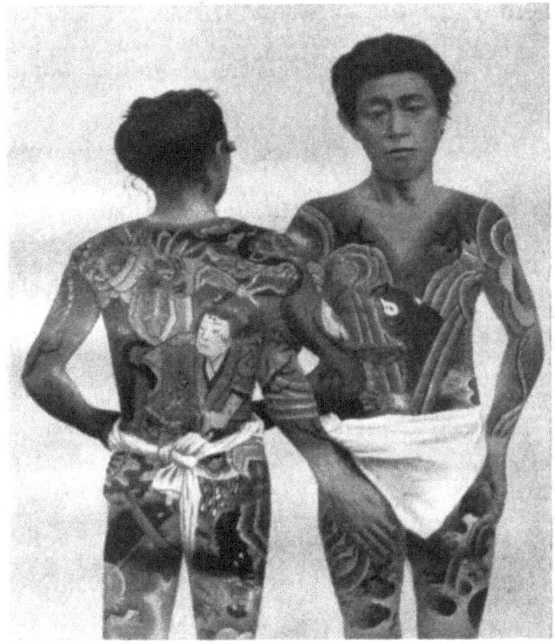

Bild 9. Künstlerische Tätowierungen.

Daß unter Tätowierten auch viele Vorbestrafte sind, kann manchmal den Erhebungen förderlich sein.

Tätowierungen halten, wenn sie gut gemacht sind, auf Lebensdauer an. Da sie unter der Verbrecherwelt als Mittel zur Feststellung der Wesensgleichheit aber auch sehr gefürchtet sind, wird ihre Beseitigung vom Träger mitunter auch künstlich versucht, was aber Narben hinterläßt, die dann auch zu beachten wären.

4. Narben.

Narben sind gleichfalls sehr wichtige Erkennungsmerkmale. Ihre Lage, Form und sonstige Beschaffenheit kann oft einen ziemlich sichern Rückschluß auf die seinerzeitige Verletzung ermöglichen. Im übrigen sei auch auf den Abschnitt „Wunden und Narben“ S. 39 verwiesen.

5. Sonstige Merkmale.

Als solche seien beispielsweise angeführt: Muttermale, Sommersprossen, Kropf, Hasenscharte, Verkrümmungen oder Verkürzungen der

Hände oder Füße bzw. einzelner Glieder derselben, sichtliche X- oder O-Beine, sogenannter „Turmschädel“, Plattschädel, Kugelschädel, Plattfüße, fehlende oder überzählige Gliedmaßen u. dgl. mehr.

B. **Weitere Anhaltspunkte für die Feststellung Lebender.**

1. Trachten, den Angehaltenen in ein Gespräch zu verwickeln; dem weichen viele aus. Wenn man aber die Eitelkeit des Betreffenden rege zu machen versteht, wird es, wie die Erfahrung lehrt, in den meisten Fällen schließlich doch gelingen, den Mann zum Sprechen zu bringen. Nach der Mundart wird es möglich sein, den Angehaltenen zunächst als In- oder Ausländer zu bezeichnen und bald eher diesem oder jenem Ursprungslande zuweisen zu können. Der Sachkundige wird dann den Unbekannten weitest ausholen, um wenigstens das Land, dem er zugehört, möglichst genau abzugrenzen. Dazu ein sehr lehrreicher Fall, den Prof. Groß in seinem „Handbuch für Untersuchungsrichter“ erzählt:

Fall 8. In einem bekannten Kurort in Steiermark hatte ein Gast Aufenthalt genommen, den der Kuranstaltsbeamte den Gendarmen als „nicht echt“ bezeichnete. Der Mann war nicht krank, schloß sich überall gerne der besten Gesellschaft an und gab unsinnig viel Geld aus. Er nannte sich „Freiherr v. B...“ aus Hannover. Am auffallendsten waren seine Geldausgaben, die nicht so beschaffen waren, daß ihm das mit dem Geld Gekaufte, sondern nur das Ausgeben selbst Vergnügen machen konnte. Dies ist aber stets das untrügliche Zeichen des ungebildeten Mannes, der das Geld mühelos bekommen hat. Ferner war es auffallend, daß dieser Mann überflüssig oft und aufdringlich seine Eigenschaft als Edelmann hervorkehrte, dabei aber doch ein unsicheres, fast ängstliches Benehmen mitten in ausgelassener Fröhlichkeit zum Ausdruck kommen ließ. Das alles hatten die Gendarmen beobachtet und eines Tages fragten sie ihn nach seinen Papieren. Er wies sie barsch ab und erklärte, daß „ein Mann seiner Qualitäten“ Ausweispapiere nicht mit sich zu tragen pflege und wollte am nächsten Tage abreisen. Die Gendarmen kamen ihm aber zuvor und verhafteten den „Freiherrn v. B.“ und führten ihn dem Gerichte vor. Der Verhaftete benahm sich entrüstet und fragte den Untersuchungsrichter — es war dies Prof. Groß selbst — was er denn eigentlich getan habe und drohte, daß er sich bei der Gesandtschaft beschweren werde u. dgl. m. Sein Vater sei hannöverischer Gutsbesitzer gewesen, seine Familie stamme direkt von Heinrich dem Löwen ab, usw. Obwohl er alles ziemlich glaubwürdig vorzubringen wußte, erregte der Umstand Auffallen, daß er niemanden nennen wollte, an welchen man sich mit einer fernschriftlichen Anfrage über seine Persönlichkeit wenden könnte. Er schäme sich, wenn an seine durchaus hochgestellten Verwandten und Bekannten eine gerichtliche Anfrage käme, dies untergrabe seine ganze Zukunft usw. Da er ja vollkommen schuldlos sei, so müsse sich dies bald herausstellen; er ziehe es vor, lieber in Haft zu bleiben als bei jemandem anzufragen. — Das stimmte nicht recht und als er über das Wappen seiner Familie, über die eigentlichen Wappenbilder trotz eingehenden Befragens nichts zu sagen wußte, seine Angaben über die einzelnen Familienmitglieder viele Unrichtigkeiten aufwiesen, wie sie ein wirkliches Familienglied nicht angegeben hätte, stand fest, daß der Mann gelogen und sich eines falschen Namens bedient hatte. Er blieb also in Haft, obwohl ein schwereres Vergehen, das dieses Vorgehen gerechtfertigt hätte, nicht einmal zu behaupten war.

Zufällig lebte in diesem Städtchen auch ein alter Drechslermeister, der ein geborener Mecklenburger war. Dieser wurde als Sachverständiger herbeigeholt und in seiner Gegenwart ein längeres Gespräch mit dem „Freiherrn“ aus Hannover geführt. Das Gutachten des braven Mecklenburgers ging dahin, der Mann spreche zwar hannöverischen Dialekt, er halte ihn aber doch für einen Hamburger, deren Sprache dem Gewährsmann aus früher Jugendzeit wohl bekannt sei. Nun wurden Lichtbilder, Beschreibungen usw. nach Hamburg, Hannover, Bremen, Lüneburg, Oldenburg usw. gesandt und innerhalb einer Woche war die Nachricht da, der Mann heiße Otto H., sei Gastwirt aus der Nähe von Hamburg und von Osnabrück wegen eines Totschlages und von Dresden wegen eines großen Diebstahles von Wertpapieren verfolgt (!). Weitere Erhebungen haben ergeben, daß seine Mutter früher Kammerzofe im Hause jener Freiherrn v. B. war, deren Namen er angenommen hatte und deren Familienverhältnisse ihm daher in Umrissen bekannt sein konnten. Sein Taufname war richtig angegeben[1]).

Spricht jemand ein Gemisch von Mundarten, so deutet dies auf ein längeres Wanderleben in diesen Gegenden hin.

2. Legt sich die fragliche Person etwa eine Adelsbezeichnung bei, so findet man sofort bezüglichen Aufschluß im sogenannten „Gothaer Almanach" (der freiherrlichen bzw. gräflichen Häuser). Von Bedeutung sind auch die den genannten Almanachen nachgebildeten „Genealogischen Taschenbücher adeliger Häuser". Sie behandeln die Ritter- und Adelsgeschlechter von Deutschland[2]) und Österreich[3]).

C. **Weitere Anhaltspunkte zur Feststellung der Wesensgleichheit von Leichen und Leichenteilen.**

In solchen Fällen wird man sich natürlich an den Sachverständigen (Gerichtsarzt) wenden, der weitere Anhaltspunkte wird geben können, selbst oft noch in ganz verzweifelten Fällen, wo die äußeren Geschlechtsunterschiede schon gänzlich verwischt sind, also fehlen (z. B. bei Verbrennung bis zur Verkohlung — vgl. Fall 135 S. 163 bzw. durch hochgradige Fäulnis). Hier kann, wie auch der folgende Fall zeigt, die Leichenöffnung noch Aufklärung bringen. In solchen Fällen ergibt nämlich, wie Prof. Haberda ausführt, die innere Untersuchung noch verwertbare Ergebnisse, so zunächst das Auffinden der Gebärmutter, welche wegen ihrer Derbheit und Festigkeit selbst dann noch erhalten sein kann, wenn die übrigen Weichteile (z. B. durch Verkohlung, Fäulnis) zur Unkenntlichkeit zerstört sind. Dazu ein sehr lehrreicher Fall:

Fall 9. Ein junges Dienstmädchen, das sehr hübsch gewesen sein soll, war plötzlich verschwunden. Alle Nachforschungen blieben vergeblich. Ein auftauchendes Gerücht, daß das Mädchen von einem ihm nahestehenden verheirateten Manne im Hause geschwängert und von diesem beseitigt worden sei, machte den Fall noch bedenklicher. Nach fast 9 Monaten wurde die Abtrittsgrube des Hauses gereinigt. Die Arbeiter fanden hierbei im Kot einen ganz und gar verwesten menschlichen Körper und es lag die Vermutung nahe, daß es der des verschwundenen Mädchens sei. Von einer eigentlichen Leichenöffnung mußte natürlich Abstand genommen werden. Doch fand sich noch die Gebärmutter. Diese war hellrot gefärbt, hart und fest anzufühlen und zu schneiden, von jungfräulicher Form und Größe und leer. Somit konnte wenigstens mit Gewißheit gesagt werden, daß die Betreffende im Augenblick ihres Todes nicht schwanger ge-

---

[1]) Eine Reihe ähnlicher, anfangs „mysteriöser" Fälle sind bekannt, die bei Gründlichkeit der Bearbeitung dann vollen Erfolg brachten. So boten die fortwährenden „mysteriösen Diebstähle" zum Nachteil eines in Steiermark liegenden Stahlwerkes zu Ende des Krieges keinerlei Anhaltspunkt; Verfasser besah sich das Werk, überlegte die Möglichkeiten und innerhalb drei Wochen hatte er 114 Diebe und Hehler in Haft genommen, überwiesen und enormes Wertgut wieder zustandegebracht!

[2]) Verlag Justus Perthes, Gotha.

[3]) Otto Maaß Söhne, Wien.

wesen sein könne, womit jenes bei der Auffindung der Leiche mit Lebendigkeit wieder aufgetauchte Gerücht in nichts zerfiel.

a) Zerstückte und verstümmelte Leichen.

Leichenzerstückung liegt vor, wenn der Leichnam in Teile zerschnitten oder zerhackt vorgefunden wird. Der Täter beabsichtigt, die Erkennung seines Opfers zu erschweren oder gar unmöglich zu machen. Er zerstört das Gesicht oder schneidet den Kopf ab und schafft ihn fort usw. Anderseits können freiliegende sowie Wasserleichen von Tieren (Ameisen, Ratten, Krebsen usw.) angefressen, ja es können Gliedmaßen von Tieren (Füchsen) verschleppt worden sein, wie Fälle aus dem Gerichtssaal bewiesen haben. Vgl. dazu auch das über „Leichenverletzungen" Seite 51 Gesagte.

b) Haare und Knochen.

Diese sind erfahrungsgemäß sehr oft das wesentliche Mittel zur Feststellung der Wesensgleichheit gewesen; diesfalls sei auf den Abschnitt S. 41 verwiesen.

3. Abschnitt.

Augenscheinsaufnahme.

Der Augenschein, dessen Leitung der Richter innehat, wird von diesem unter Zuziehung des Protokollführers und der beiden Gerichtszeugen häufig allein vorgenommen und dies dann, wenn er mit seinen juristischen und sonstigen Allgemeinkenntnissen das Auslangen zu finden glaubt. Kommt der Richter mit seinem Wissen aber nicht aus, sind also Sonderkenntnisse aus anderen Wissensgebieten usw. erforderlich, so zieht er Sachverständige bei (vgl. den bezüglichen Abschnitt S. 79). Zu diesen Sachverständigen gehört im Strafverfahren in erster Linie der Gerichtsarzt. Dieser wird der Augenscheinsaufnahme und der Hauptverhandlung zugezogen.

Gegenstand des Augenscheines kann alles das sein, was sinnlich wahrnehmbar ist und für die Untersuchung von Bedeutung sein kann, also vor allem Personen (lebende und tote) und Dinge, die mit der Straftat irgendwie im Zusammenhang stehen können. Das Schriftstück, das über den Augenschein aufgenommen wird, ist derart abzufassen, daß es das Gesehene so anschaulich als nur möglich darstellt. „Diese (strafprozessuale) Bestimmung", sagt Prof. Haberda mit vollem Recht, „kann den Gerichtsärzten nicht eindringlich genug zur Beachtung empfohlen werden. Sie haben sich bei der Untersuchung vor Augen zu halten, daß sie den Befund nicht bloß für ihr eigenes Gutachten[1]) abgeben, sondern damit ein Schriftstück lie-

[1]) Nach den Bestimmungen der in Deutschland und in Österreich geltenden StPO. ist das Gutachten der Sachverständigen weder für den gelehrten Richter, Staatsanwalt, noch für den Laienrichter (Geschworenen, Schöffen) bindend, es ist für sie ein Beweismittel wie jedes andere. Die Richter entscheiden nur aus freier, nach gewissenhafter Prüfung aller für und wider den Angeklagten vorgebrachten Beweismittel gewonnenen Überzeugung.

fern sollen, welches auch nachträglich über alle an dem untersuchten Gegenstande bestandenen Verhältnisse Aufschluß zu geben hat, so daß, wenn der Fall anderen Sachverständigen oder einer höheren fachlichen Behörde zur Begutachtung übergeben wird, diese erkennen können, welche Befunde den erstuntersuchenden Ärzten vorgelegen haben." Und weiter sagt Prof. Haberda so treffend: „Darin muß sich das richtige Verständnis und der fachmännische Blick des Gerichtsarztes äußern, **daß er in jedem Falle erfaßt, was für die weitere juristische Auffassung wichtig ist oder wichtig werden kann**; er wird aus diesem Grunde nicht bloß die vorhandenen Befunde anführen, sondern auch erforderlichen Falles noch bemerken, welche Spuren oder Merkmale, die im vorliegenden Falle vermutet werden konnten, gefehlt haben[1])." Schließlich ist nicht zu vergessen, daß das Schriftstück für das Gericht, für das es ja samt dem Gutachten bestimmt ist, möglichst verständlich sein soll, was nicht der Fall ist, wenn bei der Aufnahme desselben den Laien fremde Kunstausdrücke gebraucht werden. Letztere sollen daher, soweit tunlich, vermieden oder nur in Klammer beigesetzt werden.

Bei der Augenscheinsaufnahme kann gerade die ursprüngliche Lage eines Gegenstandes (ob an Ort und Stelle befindlich oder etwas, und wieviel, beiseite geschoben, ob auf der Vorderseite oder Rückseite gelegen, ferner, ob, wo und wie stark verstaubt usw.) von großer Wichtigkeit sein. Nun ist nur zu oft schon mancher dazu verleitet gewesen, auf dem Tatort rasch etwas anzufassen, was voraussichtlich vom Täter zurückgelassen worden sein mußte (Werkzeug, Waffe) und hat unwillkürlich darnach gegriffen, ohne die Folgen dieses Handelns in ihrer Tragweite zu überblicken. Erst später ergibt sich, daß dieser rasch angefaßte Gegenstand im vorliegenden Falle eine weniger wichtige Bedeutung hat, es dagegen von ausschlaggebendem Wert ist, wenn man wissen könnte, wie er gelegen ist! Aber leider. Niemand ist mehr imstande, dies nachträglich noch mit Sicherheit festzustellen! „Ich kann es nicht unterlassen", schreibt Prof. Groß in seinem „Handbuch für Untersuchungsrichter", „eines (wenn auch weit zurückliegenden) Falles zu gedenken, der beweist, welche Folgen es haben kann, wenn zu einem Augenschein Dinge hinzugenommen werden, die nur zufällig zu den fraglichen Sachen gekommen sind. Die Erzählung klingt unwahrscheinlich, ist aber buchstäblich wahr, allen Beteiligten in lebhafter Erinnerung und eben wegen des unglaublichen Zusammentreffens der Umstände um so lehrreicher:

Fall 10. Eine Fabrikbesitzerin hatte abends ihr Geld geordnet, daraus je 5 Päckchen zu 1000 Gulden (fl.) gemacht und diese, wie sie meinte, in ihre Kasse gelegt. Am nächsten Tage waren nur noch 4 Päckchen vorhanden, trotzdem die Kasse am Morgen genau so versperrt gefunden wurde, als sie es abends war. Die Frau meinte, ihre Magd müsse sich der Kassaschlüssel bemächtigt und in der Nacht die 1000 fl. aus der Kasse entwendet haben. Dies wäre um so leichter gewesen, als sich das Geschäftszimmer mit der Kassa ebenerdig, die Schlaf- und Wohnräume (durch eine Wendeltreppe mit dem Geschäftszimmer verbunden) im ersten

[1]) Z. B. bei einer tödlichen Verletzung wäre fast kein Blut zu sehen.

Stock befanden. Die Magd wurde verhaftet, leugnete aber und es konnte ihr Koffer erst nach den etwa eine Woche dauernden Erhebungen zustandegebracht werden. Dieser wurde im Amtszimmer des Untersuchungsrichters einer eingehenden Untersuchung unterzogen, der Inhalt, meist wertloses Gerümpel, mit dem der Koffer angefüllt war, wurde auf einem Tisch ausgebreitet, genau besehen, nichts Verdächtiges vorgefunden. Erst beim Einräumen der Sachen entdeckte man unter diesen eine Schleife aus Papier, auf welcher außer einigen Schriftzeichen gedruckt war: „1000 fl. à 1 fl.". Es war eine jener Schleifen, mit welchen die Österreichisch-ungarische Bank die von ihr ausgegebenen Geldbeträge in runden Summen einzuschlagen pflegte (z. B. 1000 fl. à 5 fl. usw.). Sofort wurde die Bestohlene befragt, ob das entwendete Bündel Banknoten von einer solchen Papierschleife zusammengehalten wurde. Sie erklärte, sie wechsle häufig Geld bei der Österreichisch-ungarischen Bank ein, bekomme oft Geld in solchen Schleifen, benütze solche dann häufig und längere Zeit in ihrer Kassa als Aufschriften für ihr abgezähltes Geld; ob aber gerade das gestohlene Bündel derart verwahrt war und eine Schleife hatte, wisse sie nicht mehr.

Glücklicherweise entdeckte der Untersuchungsrichter auf der Schleife einen sehr kleinen und unscheinbar angebrachten Vermerk: „24/8" und nun wurde festgestellt, daß dieses Datum von dem Bankbeamten beigesetzt worden war, welcher jene 1000 fl. gezahlt hatte, die in der Schleife waren. Die Beschuldigte war aber schon am 22. August verhaftet worden und es schien somit unerklärlich, wie die Schleife unter ihre Sachen gekommen sein konnte. Endlich klärte sich der Hergang auf: Die Besichtigung der Sachen der Beschuldigten hatte im Amtsraum des Untersuchungsrichters am 1. September stattgefunden und es war während dieser Arbeit der Amtsdiener erschienen, um dem Untersuchungsrichter das Monatsgehalt auszuzahlen. Er hatte nun ein von der Bank erhaltenes Bündel mit 1000 fl. mitgebracht, die verhängnisvolle Schleife entfernt und zufällig gerade auf jenen Tisch gelegt, auf dem sich die Sachen der Beschuldigten befanden! Der Untersuchungsrichter und der Schriftführer hatten dies nicht bemerkt und so war die Schleife zu einer großen Bedeutung gelangt.

Nehmen wir nun an, daß zufällig dieser Vermerk, welcher auf der Schleife war, um einige Tage älter gewesen wäre (was gerade so gut hätte sein können), so hätte jeglicher Grund entfallen müssen, um nach dem in Wirklichkeit ja recht abenteuerlichen Herkommen der Schleife zu forschen, da nichts dagegen sprach, daß die Schleife von der Bank an die Besitzerin gekommen war und bei dieser von der Beschuldigten mit den 1000 fl. gestohlen wurde. In dieser Weise hätte es u. U. zur Verurteilung einer Unschuldigen führen können, einzig durch das Nichtausscheiden eines zum Augenschein nicht gehörigen Gegenstandes. Allerdings war in diesem Falle die verhaftete Magd doch die Täterin: sie hatte das Geld vom Tisch weggenommen, während die Frau auf eine Minute auf den Abort gegangen war.

Gerade das Gegenstück kam bei einem Taschendiebstahle vor:

Fall 11. Ein berüchtigter Taschendieb war von Kriminalbeamten durchsucht worden. Dabei kam auch ein kleines Zettelchen mit handschriftlichen Vermerken in Vorschein, das für den Taschendieb äußerst belastend gewesen sein mußte. Denn kaum war es auf den Tisch gelegt, als der Verhaftete plötzlich auffallend zum Fenster hinaussah, wie wenn sich draußen etwas Besonderes ereignen würde. Unwillkürlich taten die Beamten dasselbe und als sie nach einem Augenblick zur Fortsetzung der Amtshandlung schritten, war das Zettelchen bereits verschwunden: der Verhaftete hat es verstanden, die Beamten einen Augenblick abzulenken und dieser Augenblick genügte ihm, um das Zettelchen zum Verschwinden zu bringen. Zweifellos hat er es raschest zusammengeballt und verschluckt, denn es konnte nicht mehr beigeschafft werden. — Dies soll uns allen eine gute Lehre sein!

Der besonderen Wichtigkeit des Abschnittes wegen sei es gestattet, hier mit allem Nachdruck zu wiederholen, was schon eingangs entsprechend unterstrichen wurde: Den Hergang muß man sich so einfach als möglich denken, schrittweise vorgehen, indem man sich ganz in die Sache hineindenkt und sich vergegenwärtigt, wie es gewesen sein muß. In dem vergegenwärtigten Hergang darf nichts Sprunghaftes, nichts Unmögliches vorkommen. Das Folgende muß sich aus dem Vorangehenden mit zwingender Notwendigkeit ergeben, ursächlich zusammenhängend muß sich ein Umstand an den anderen reihen.

Da dieses Buch, wie betont, nicht für Anfänger geschrieben ist, kann das Wesentliche als bekannt vorausgesetzt werden und sei im übrigen auf mein „Handbuch für den praktischen Kriminaldienst" verwiesen, worin die nötigen Anfangsgründe[1]) zu finden sind.

Für kriminalistische Tatortsaufnahmen, wobei es auf den räumlichen Aufbau der Objekte in ganz besonderem Maße ankommt, eignet sich besonders ein Apparat, der gute stereoskopische Wirkung hervorbringt. Es kann auch von ausschlaggebender Bedeutung sein, welche von zwei Schriften früher, welche später entstanden ist (vgl. auch Abschnitt: Schriftfälschungen S. 73), ferner, ob zwei Papierarten gleich oder verschieden sind usw., dann die Feinheiten insbesondere bei Banknotenfälschungen u. dgl. mehr. Hier haben sich die bekannten Stereo-Mikroskope (Optische Werke C. Reichert, Wien XVII) bestens bewährt.

4. Abschnitt.

Wer ist der Täter?

Zur Beantwortung dieser grundlegenden Frage ist im folgenden übersichtlich zusammengestellt, was mit Zugrundelegung des Schrifttums und reicher Erfahrung gesagt werden kann und wohl immer wenigstens einen richtigen Fingerzeig bieten, wenn nicht zum Erfolg führen wird.

1. Den vorliegenden Sachverhalt (z. B. Tod durch Erhängen, Erschießen usw., großen Einbruchsdiebstahl, Brandlegung usw.) immer wieder genauestens betrachten, überdenken, den Hergang sich vergegenwärtigen und ihn sich recht lebhaft vorstellen; dabei kommt man, falls er nicht „echt", d. h. vorgetäuscht war, am ehesten auf sogenannte Ungereimtheiten („Situationsfehler").

[1]) Z. B. — um etwas herauszugreifen — zur Bestimmung der Weltrichtung: Für den Fall, als man (unverantwortlicherweise) keinen Kompaß bei sich hätte, merke man: man lege die Taschenuhr flach vor sich hin, also so, daß das Zifferblatt gegen Himmel sieht, und drehe sie so lange, bis der kleine Zeiger gegen die Sonne weist; dann wird der Winkel, der vom kleinen Zeiger und der Linie zwischen Zeigerdrehpunkt und dem Zwölfer gebildet wird, halbiert — in der Verlängerung dieser Halbierungslinie ist Süden. Also z. B. um 10 Uhr ist Süden über den Elfer hinaus; um 4 Uhr über den Zweier hinaus.

2. Alles auf dem Tatort und seiner Umgebung Zurückgebliebene, insbesondere Fuß-, Fingerabdruck- und sonstige Spuren, Spuren von Werkzeugen, Waffen usw., Fingernägelschmutz am Opfer, ferner auch menschliche Ausscheidungen (Kot, Speichel, Harn usw.) sorgfältigst würdigen.
3. Aus der Art der Tatverübung sich darüber klar zu werden suchen, ob sichtlich geschickt oder ungeschickt vorgegangen wurde, d. h. ob die Täter unter den berufsmäßigen Verbrechern oder nur unter den Gelegenheitsbegehern, Pfuschern zu suchen sein werden.

A. Wenn sichtlich „zunftmäßig" gearbeitet wurde, in Sondervormerkungen nachsehen, wer von diesen in Betracht kommen kann (weil laut Strafkarte auf freiem Fuß) oder zur Zeit in Haft ist. Dabei bedenken, daß Strafzeit durch bedingten Strafnachlaß, Einzelhaft, wesentlich verkürzt oder durch Hauszusatzstrafen auch etwas verlängert sein kann; bei geringstem Zweifel sofort bei Strafanstalten, Untersuchungsgerichten, Arbeitshäusern usw. anfragen.

Zigeuner werden als Täter in Frage kommen, wenn

aa) die Tat sehr gut ausgekundschaftet und mit großer Geschicklichkeit verübt wurde.

Dazu ein sehr lehrreicher Fall:

Fall 12. In einem großen Bauernhaus wurde eingebrochen und den Leuten alles genommen, was nur zu nehmen war, so daß sie geradezu in Not versetzt waren. Alle Anzeichen wiesen darauf hin, daß Zigeuner die Täter seien und wurden die Bestohlenen eingehend in dieser Richtung befragt. Sie versicherten, daß in letzter Zeit kein Zigeuner im Hause gewesen oder mit ihrem Wissen vorbeigegangen seien. Daß Zigeuner die Täter waren, sei schon deshalb ausgeschlossen, weil man vor einiger Zeit einer kreißenden Zigeunerin, die nicht mehr weiter konnte und bei Schneesturm im Wald gefunden wurde, aus Mitleid Unterstand gegeben hatte. Die Zigeunerin entband im Hause, war lange krank und fand samt ihrem Kinde, wie auch Nachbarn versicherten, aufmerksame Pflege. Als sie endlich weiterziehen konnte, habe sie ihre Dankbarkeit in einer Weise zum Ausdruck gebracht, daß allen Umstehenden „die Tränen in den Augen standen". Beim Scheiden und schon während ihrer Krankheit habe sie oft versichert, sie werde aus Dankbarkeit bewirken, daß diesem Hause für ewige Zeiten nie von einem Zigeuner etwas geschehen werde. So etwas müsse man doch glauben. Die Gendarmen glaubten es aber nicht, ließen sich die „dankbare" Zigeunerin möglichst genau beschreiben (sie war einäugig und verhältnismäßig sehr groß) und binnen kurzem hatte man sie, ihre Bande und einen Teil der gestohlenen Sachen. Das Weib hatte einen Großteil ihrer Krankheit vorgetäuscht, um Einteilung des Hauses, Gebrauch dortselbst und sonstige Umstände zu erfahren, auch Schlüsselabdrücke hatte sie gemacht und alles so ausgekundschaftet, was dann zum Einbruch notwendig gewesen war und verwendet wurde!

bb) Türen, nach innen gehend, verspreizt, nach außen gehend, Klinke mit Sicherung verbunden, alles sehr geschickt, rasch und geräuschlos. (Wenn Türen nicht versichert waren, sind Zigeuner nicht die Täter gewesen);

cc) ihr überaus kennzeichnender Geruch (wie verbranntes Fett mit Mäuseduft);

dd) Stechapfelsamen auf dem Tatort zurückgelassen wurde (siehe „Aberglaube");

ee) eine sog. Wurfangel (bei Wäschediebstahl usw.) abgerissen ist und daher zurückgelassen werden mußte. Dies vermag dann den sonst „rätselhaften" Diebstahl aufzuklären;

ff) infolge der vielen besten Wachtposten „ruhig gearbeitet und ausgewählt wurde".

Der Zigeuner hat einen geradezu höchstentwickelten Sinn, sich raschest zurechtzufinden und ist auch als Pferdedieb sehr gefürchtet.

Unbedingt erwähnenswert ist auch das überaus rasche Abheilen von selbst schweren Wunden am Zigeunerkörper. Er kann selbst mit schweren Verletzungen weiter wandern; zumal wenn er fliehen muß, leistet er Großes.

Nicht vom Zigeuner verübt sind Straftaten in stürmischer Nacht.

B. Wenn sichtlich ungeschickt gearbeitet wurde, dann nicht vergessen auf die berühmte „Eine große Dummheit" des Täters, die selbst bei schweren Verbrechen vorkommt. Hundertmal wurden Kriminalisten vom schon betretenen richtigen Weg wieder abgelenkt, bloß weil sie sich sagten „nein, so dumm kann der Täter doch nicht gewesen sein". Aber ebenso viele Verhandlungen beweisen, daß er doch so dumm gewesen ist, weil Verwirrung, Übereilung, plötzliche Angst oder sonst etwas schuld gewesen ist.

Bei sog. Gelegenheitsverbrechern ist die Nachforschung wesentlich erschwert, weil da Leute als Täter in Betracht kommen, die noch nicht in Vormerkung sind. Hier hilft nur genaueste Nachforschung beim Geschädigten (Verletzten), in der Umgebung, bei in Betracht kommenden Kreisen usw., aus verläßlicher Vormerkung, bei geringstem Zweifel durch sofortige Anfrage in Strafanstalten, Untersuchungsgerichten usw., ob noch in Haft. Eine ständige Beziehung mit diesen Stellen ist unbedingt nötig, ja es wäre sehr zweckmäßig, wenn bevorstehende Entlassungen von dort jeweils zeitgerecht mitgeteilt würden!

4. Ob sichtlich oder vermutlich nur ein Täter oder deren mehrere in Betracht kommen.

5. Die sog. „sieben goldenen W des Kriminalisten" sollen in allen Fällen Grundlage sein; diese „7 goldenen W" sind bekanntlich: Wer, was, wie, wo, wann, womit, warum?

Dazu: **Auf wen hat der Geschädigte Verdacht?**

a) Wenn er den Täter gesehen hat, dann ist ein Wiedererkennen vielleicht aus dem Verbrecheralbum möglich (Vorsicht beim bestimmten Wiedererkennen infolge veränderter Äußerlichkeit!);

b) wenn er ihn nicht gesehen hat, nichts anzugeben weiß, fragen, ob er Feinde hat, warum und welche? (Aus früheren Prozessen, seitens entlassener früherer Angestellter usw.);

c) die Frage nach dem was?, wo? und wann? ist so einfach, daß dazu nichts gesagt werden braucht;

d) aber für das wie?, womit? und warum? ergibt sich in

den meisten Fällen ein sehr brauchbarer Fingerzeig durch den alten Erfahrungssatz „Cherchez la femme".

6. „Cherchez la femme", d. h. möglicherweise ist eine Frauensperson an dem Verbrechen schuld, hat die Tat begangen oder die Tat ist ihretwegen verübt worden, oder zumindest steht ein Weib mit der Tat irgendwie im Zusammenhang. Es muß nicht in allen Fällen so sein, aber die Erfahrung lehrt, daß in der weitaus überwiegenden Zahl der Fälle dies so war und ist. Das alte Sprichwort: „Wenn der Knecht stiehlt, kriegt die Magd ein paar neue Schuhe!" hat immer noch seinen richtunggebenden Wert.

Schließlich sei noch erwähnt, daß bei **Giftmorden** (die sehr häufig von Frauenspersonen verübt werden), erfahrungsgemäß jemand aus nächster Umgebung als Täter in Betracht kommt.

Für die Frage nach dem Täter bei **Sittlichkeitsverbrechen** sei wiederholt, was in anderem Zusammenhang betont wurde, nämlich, daß solche Verbrechen an Kindern und jungen Mädchen nicht selten von Hausgenossen, Bediensteten der Eltern, Untermietern, auch von Hauslehrern, ja auch von den Verwandten der Kinder, selbst vom Vater oder Stiefvater, Vormund oder Onkel oder vom Liebhaber der Mutter begangen werden.

Bei **Mord, Raubmord** usw. wird raschest und verläßlich auch festzustellen sein, **wann und wo das Opfer zuletzt lebend gesehen** wurde, welchen **Umgang** (Feinde) der Tote hatte u. dgl. Hat man einmal die Kreise, in denen weiter zu fahnden ist, so ist damit schon wesentlich weiter geholfen.

Daß verläßlich geführte bezügliche **Karteien** jederzeit zur Hand sein müssen, ebenso die Vormerkungen, welche berufsmäßigen Verbrecher derzeit in (Straf- oder Untersuchungs-) Haft oder auf freiem Fuß sind, sei nur vollständigkeitshalber auch hier erwähnt. Gut durchgeführte **Streifen** haben immer ihren Erfolg gebracht.

Ständige Fühlungnahme mit Pfandleihanstalten — woselbst überhaupt ständig ein gut unterrichteter Kriminalbeamter unauffällig tätig sein sollte — **mit Kraftwagenlenkern und Freimädchen**, sowie bekannten **Hehlern**, ferner brauchbare Beziehungen zu **Inhabern berüchtigter Schenken** usw. ist ein Gebot der Notwendigkeit, **da Verbrecher nach der Tat mit Pfandleihanstalten bzw. den vorgenannten Personen erfahrungsgemäß fast immer in Verbindung treten.**

Endlich kann vielleicht auch **die Art und Weise, wie etwas geknüpft ist**, einen wertvollen Fingerzeig abgeben. Leute der arbeitenden Klasse können ihre gewohnten Hantierungen nicht lassen, auch dann nicht, wenn sie eine Straftat begehen. So werden, wenn sie etwas knüpfen müssen, Weber den sog. Weberknoten schürzen, Müller werden so binden, wie sie die Mehlsäcke eigenartig zuknüpfen, Matrosen machen den Tauknoten, Fischer den Fischerknoten, Schlächter binden so, wie sie den Strick an den Hörnern des Schlachttieres befestigen und der Zigeuner, der beim Einbruch in ein

Zimmer die anderen Türen zubindet, um nicht überrascht zu werden, knüpft auch den als Knebel benützten Stock eigentümlich in den benützten Strick ein. (Art und Form dieser Knoten wechselt aber nach Zeit und Ort, und so muß man immer wieder fragen und zwar jeden, von dem man meint, daß er Bescheid wüßte, bis man auf den richtigen Sachverständigen kommt; aber in sehr vielen Fällen hat man damit wertvolle Fingerzeige).

„**Jede Richtung, an der etwas dran sein kann, gehörig besetzen**", **d. h. entsprechende Erhebungen gleichzeitig nach mehreren Seiten führen.** Und schließlich: etwa begangene Fehler sofort eingestehen!

5. Abschnitt.

Das Lichtbild im Dienste der Kriminalistik.

Über den Wert der Lichtbildnerei im Dienste der Kriminalistik braucht heutzutage wohl kein Wort mehr verloren werden. Die Lichtbildkunst ist zum Hilfs- und Beweismittel von unschätzbarem Wert geworden. Die Strafprozeßordnung kennt wohl eine Reihe von Beweismitteln, aber sie kann nicht alle anführen. Sie eröffnet dem Richter in der Herbeiziehung und Verwertung geeigneter Erkenntnisquellen den denkbar weitesten Spielraum, indem sie das Gericht anweist, über die Ergebnisse der Beweisaufnahme nach freier, aus dem Inbegriff der Verhandlung geschöpften Überzeugung zu entscheiden.

Zu den in der StPO. nicht genannten, aber heute unumgänglich nötigen Beweismitteln gehört in erster Linie das Lichtbild, das sich mit denkbar besten Erfolgen in den Dienst der Kriminaluntersuchung gestellt hat. Ein Tatbestand, der sehr genau und umständlich in allen Einzelheiten beschrieben wird, erscheint dadurch unübersichtlich; ein Bild dagegen prägt sich dem Gedächtnis schon in wenigen Augenblicken unvergleichlich besser ein, zumal bei den meisten Menschen.

In welchen Fällen kann das Lichtbild Klarheit schaffen?

Im allgemeinen kann man sagen, daß man sich in allen jenen Fällen, in welchen man Dinge mit freiem Auge nur mehr schwer oder gar nicht wahrnehmen kann, noch von der photographischen Platte Erfolg versprechen darf. Da man das Bild entsprechend vergrößern und damit verdeutlichen kann, ist es möglich, auf alle, auch die unscheinbarsten Kleinigkeiten und Einzelheiten einzugehen. Einige Fälle: wenn es sich um die Feststellung handelt, ob eine bestimmte Stelle (Schriftstück, Kleidung, Wäsche, Fußboden, Mauer usw.) ausgewaschen oder abgekratzt worden ist. Hier vermag das Lichtbild mitunter den einzigen Anhaltspunkt für weitere Feststellungen zu liefern; oder wenn es sich um die Feststellung handelt, ob eine bestimmte Körperstelle äußeren (wenn auch ganz geringfügigen) Gewaltanwendungen ausgesetzt war, wird das Lichtbild dieser Körperstelle selbst schwache solche Einwirkungen deutlich erkennen lassen. Für Schriftvergleichung ist das Lichtbild mit Vergrößerung der Schrift oft der einzig mögliche Beweis (vgl. auch den

Abschnitt „Schriftfälschungen" S. 73). Solcher Fälle gibt es eine sehr große Anzahl.

In einer Mordsache hatte die Verteidigung die Aufhebung des ergangenen Todesurteiles beantragt und den Antrag damit begründet, daß den Geschworenen Lichtbilder vorgelegen hatten. Die Verteidigung hatte die Benutzung derartiger Beweismittel als im Verfahren unzulässig erklärt. Die seitens des Reichsgerichtes bei der Revisionsverwerfung über den Wert und das Wesen des Lichtbildes gemachten Ausführungen sind derart wichtig, daß sie hier wiedergegeben sind:

„Aus dem Wesen der Photographie folgt und durch Erfahrung des täglichen Lebens wird bestätigt, daß bildliche Darstellungen nicht nur über einen dauernden Zustand einzelner Teile der Außenwelt, beispielsweise das Aussehen und die räumlichen Verhältnisse einer Örtlichkeit, sondern auch über einen vorübergehenden Befund, z. B. die Lage eines Leichnams, den bündigsten und unverrückbarsten Aufschluß erteilen, also in gewissem Umfange die ausführliche Beschreibung der Ergebnisse einer Augenscheinsaufnahme oder die Vernehmungen von Augenzeugen ersetzen kann. Während die Vollständigkeit und Genauigkeit menschlicher Beobachtungen und ihrer sprachlichen oder zeichnerischen Niederlegung einerseits durch die Unvollkommenheit der Sehwerkzeuge, anderseits durch Mangel des Erinnerungs- beziehungsweise Ausdrucksvermögens oft beeinträchtigt werden, vermag bei Beobachtung geeigneter Vorsichtsmaßregeln das Lichtbild den wirklichen äußeren Sachverhalt ohne Zusatz oder Lüge, überhaupt ohne die geringste Abweichung bis in die kleinsten Einzelheiten wiederzugeben. Sie gewährt daher im Beweisverfahren eine Stütze von hervorragender, ja oft ausschlaggebender Bedeutung, ohne welche ein unersetzliches Mittel zur Erforschung der Wahrheit verloren wäre, wenn deren Benutzung in der Hauptverhandlung wegfiele. Obgleich Lichtbilder in der Strafprozeßordnung nicht genannt sind, widerstreitet ihre Vorlegung und Benutzung in der Hauptverhandlung weder mittelbar noch unmittelbar einem dort ausgesprochenen oder stillschweigend aufgestellten Grundsatze."

Damit ist dem Werte des Lichtbildes in der Rechtspflege das denkbar beste Zeugnis ausgestellt. — Von wichtigen Tatbeständen, die lichtbildnerisch festgehalten werden, sollen so viele Aufnahmen (von verschiedenen Seiten gesehen) angefertigt werden, als es zum anschaulichen, völligen Verständnis der Sache eben nötig erscheint. Da Tatbestandsaufnahmen bekanntlich nicht im Aufnahmssaale des Lichtbildners bei bester Beleuchtung gemacht werden, sondern meist in schlecht gelegenen Räumen (auch Keller, Dachboden) und oft zu schlechtester Tagesbeleuchtung, muß der Kriminalist einen ganz erstklassigen Apparat zur Hand haben, der nie versagt. Als solche Apparate, die wirklich den höchstgestellten Anforderungen voll und ganz entsprechen, seien besonders empfohlen: „Contax"[1]) oder die „Leika"-Kamera, Modell 3[2]). Beide Apparate stehen auf der Stufe höchster Vollkommen-

---

[1]) Zeiß Ikon A.-G., Dresden.
[2]) Ernst Leitz, Wetzlar.

heit und im Preis nahezu gleich. Es wäre sehr zu wünschen, wenn für die Kriminalbehörden solche Apparate von Amts wegen umgehend angeschafft würden.

6. Abschnitt.

Vorgetäuschte Verbrechen.

Der erfahrene Arzt weiß ebenso wie der Kriminalist, daß bestimmte Verbrechen oft vorgetäuscht werden. Bei solchen Straftaten wird also doppelte Vorsicht am Platze sein, bis der Sachverhalt einwandfrei klargestellt ist.

Zu solchen häufig vorgetäuschten Verbrechen gehören von den Eigentumsvergehen: Raub, Diebstahl und Brandstiftung.

Um baldigst auf den wahren Tatbestand zu kommen, wird zunächst festzustellen sein, ob das „geraubte" bzw. „gestohlene" Geld usw. anvertraut, also fremdes Geld war, oder ob es dem Betreffenden selbst gehörte. Fast immer ist nämlich ersteres der Fall! Das Geld ist verspielt, in lustiger Gesellschaft durchgebracht worden und nun soll „Raub" oder „Diebstahl" die Vergeudung des fremden Geldes decken helfen. Mit „Brandlegung" am eigenen Haus will der (meist schon schwer verschuldete) Eigentümer sich wieder „sanieren", d. h. die in den meisten solcher Fälle erst vor kurzem eingegangene hohe Versicherung ausbezahlt erhalten; Näheres im Abschnitt „Brandlegung" S. 72. Daß Brandlegung auch verübt wird, um ein anderes schweres Verbrechen (Mord, Raubmord, großer Einbruchsdiebstahl usw.) zu verschleiern, sei hier auch angedeutet. Aus solchen Anlässen können selbst auch Körperverletzungen vorgetäuscht werden.

Nicht oft genug kann eingehämmert werden: sich immer wieder denken: der Tatbestand kann so sein, wie er vorliegt, er kann aber auch anders, d. h. vorgetäuscht sein, um aus irgendwelchem Grunde den wahren Sachverhalt zu verschleiern. Stets daher beide Möglichkeiten solange im Auge behalten, bis die eine als sicher nicht in Betracht kommend, von selbst aufhört.

Sittlichkeitsvergehen, Unzuchtsverbrechen (Notzucht[1]), Schändung) werden auch sehr oft vorgetäuscht, um die Folgen heimlichen oder unerlaubten Geschlechtsverkehres, den Verlust der Jungfräulichkeit, zu bemänteln und womöglich noch Mitleid dafür einzuheimsen. Mit Recht sagt Prof. Groß: „Leider läßt sich der Beweis der Verleumdung in solchen Fällen oft erst spät, das heißt bei der Geburt des Kindes, führen, wobei es sich zeigt, daß dieses viel früher empfangen worden sein muß, als die „Notzucht" geschah. Man versäume es daher

[1]) Laut Amos kommen in England auf einen erwiesenen Notzuchtfall zwölf falsche und in Frankreich wurde fast die Hälfte der wegen Notzucht Angeklagten freigesprochen.

in einem solchen Falle niemals, sofort bei der Geburt das Kind vom Arzt auf seine Reife untersuchen zu lassen[1]), denn zur Zeit der ‚Notzucht' war die Betreffende schon längst schwanger."

Im Bedarfsfalle siehe auch das in den besonderen Abschnitten (Raub, Diebstahl, Brandlegung, Sittlichkeitsvergehen usw.) Gesagte.

7. Abschnitt.

Unklare Todesfälle.

Unfall? Eigentötung? Fremdtötung? Mord? Selbstmord?

Eingangsweise muß erwähnt werden, daß wirkliche Unglücksfälle und wirkliche Selbstmorde mit Körperverletzungen, die durch fremde Hand gesetzt worden sind und dann schwere Gesundheitsschädigung, ja auch den Tod der angegriffenen Person zur Folge haben können, im Anfang nicht nur viel Ähnlichkeit haben, sondern sogar gleiches Aussehen bieten können. Es kann plötzlicher Todesfall aus natürlicher Ursache vorliegen und den Anschein haben, als handle es sich um ein Verbrechen und umgekehrt: es kann ein gewaltsamer Tod mehr oder minder gut verschleiert und ein anderer Tod auch derart vorgetäuscht sein, daß man zuerst mit gutem Recht annehmen könnte, der Sachverhalt sei wirklich so, wie er vorgefunden wurde.

Der Fachmann kann und wird daher nach gewonnenem Überblick über die angetroffene Situation niemals sofort mit voller Bestimmtheit angeben, ob fremdes Verschulden zweifellos ausgeschlossen ist. Man wird sich also bei solchen Fällen stets vor Augen halten müssen: der **Tatbestand kann wirklich so** sein, wie er vorgefunden wurde, **er kann aber auch verschleiert, vorgetäuscht sein.**

Ein Beispiel soll das Gesagte faßlicher machen helfen: Auf einem Bahnkörper, der sich am Fuße einer steilen Wand dahinzieht, wird ein überfahrener Leichnam gefunden. Wer wollte da beim ersten Anblick gleich Todesursache und Vorgeschichte bestimmt behaupten? Es sind doch verschiedene Möglichkeiten vorhanden: der Betreffende kann sich in Selbstmordabsicht über den steilen Abhang hinabgestürzt haben und bereits tot auf dem Bahnkörper zu liegen gekommen sein, wo er noch überfahren wurde. Er kann auch beim Klettern abgestürzt sein; er kann ferner von fremder Hand über den Abhang gestoßen und dann als Leichnam noch auf die Schienen gelegt worden sein; er kann vorher von dritter Hand erschlagen, erstochen, erschossen, erhängt, erdrosselt, erwürgt, ertränkt, vergiftet worden und dann zur Verschleierung dieses Verbrechens noch auf die Schienen gelegt worden sein, um Unfall oder Selbstmord vorzutäuschen; es kann ihn auch ein Mitreisender aus dem fahrenden Zug gestoßen oder er kann sich selbst vor die Räder der Maschine geworfen haben (Schienenselbstmord); er kann, als er von einem Wagen in den anderen gehen wollte, ausgeglitten und auf die

[1]) Näheres auf S. 100.

Schienen gefallen sein usw. usw. und schließlich kann der Betreffende auch eines natürlichen Todes gestorben sein.

Es gibt, wie sich in diesem einfachen, dem Leben entnommenen Fall ersehen läßt, eine unabsehbare Reihe von Möglichkeiten, die im voraus alle ins Auge gefaßt und verfolgt werden müssen. Erst nach und nach wird durch den einen oder anderen zweifellos sicheren Umstand die Anzahl der Annahmen für die Erklärung des vorliegenden Sachverhaltes immer kleiner, das Ziel, die vermutliche oder wirkliche Todesursache kommt immer deutlicher zum Vorschein, bis sich endlich zur eingangs gestellten Frage, ob Unfall, Eigentötung oder Fremdtötung vorliegt, die einzig mögliche Todesursache fast immer zwangsläufig ergibt.

Es ist ferner eine bekannte Erfahrungstatsache, daß einerseits von dritter Seite bei Todesfällen, wo immer möglich, als Beweggrund der Tat „Selbstmord" der Behörde gegenüber angegeben wird, andrerseits wird „Selbstmord" vielfach auch verneint.

Wenn wir fragen, warum dies so häufig geschieht, können wir uns die Antwort, wenn wir aufrichtig sein wollen, selbst geben: bei „Selbstmord" wird, wenn der Tatbestand nur halbwegs natürlich erscheint, seitens der Behörden meistens „nicht viel Wesens gemacht" und dem Einreden der an der Sachlage beteiligten Personen vielfach Gehör geschenkt. Ist aber etwas irgendwie Auffälliges vorhanden, was vielleicht Bedenken beim Beamten erwecken könnte, so heißt es dann einfach: Es war halt ein überspannter Kopf, bei dem so etwas eben vorkommen kann. So wird dann behördlicherseits einfach „zweifelloser Selbstmord" angenommen und sogar amtlich eingetragen! Die Leiche wird beerdigt und der Fall ist abgetan. Wer plagt sich da viel mit dem Gedanken, daß es kein „Selbstmord" gewesen sein soll?! Für Todesursache und Beweggrund zur Tat findet sich, wenn man will, bald eine Erklärung; im Notfall ist es halt wieder ein „fraglicher Selbstmord mit unbekannter Ursache"! Auf diese Weise und nur so ist es erklärlich, daß **von den gesamten Todesfällen über ein Drittel auf diese „fraglichen Selbstmorde mit unbekannten Ursachen" fallen! Wie viele Verbrechen mögen da als „Selbstmord" verschleiert, bis heute noch unentdeckt geblieben sein!** Wen schaudert nicht bei dem bloßen Gedanken an diese vielen ungesühnten Verbrechen! In der Nähe von Wien (Gemeinde Albern) befand sich ein „Friedhof der Namenlosen", auf welchem alle von der Donau zwischen Ebersdorf und Fischamend (nicht mehr als 10—12 km) angeschwemmten Leichen begraben wurden. Daß ein Aufgefundener als „Namenlos" bezeichnet wurde, geschah aber immer erst dann, wenn die Nachforschungen namentlich in den Polizeiblättern vergeblich waren. Dieser Friedhof wurde 1900 (weil im Überschwemmungsgebiet gelegen), aufgelassen, nachdem er 3000 (!) namenlose Leichen beherbergt hatte (Groß). Hier muß der Hebel angesetzt werden!

Dem gedeihlichen Ineinanderarbeiten des Arztes und Kriminalisten wird es zweifellos gelingen, diese gewaltig hohe Zahl solcher „Selbstmorde“ möglichst herabzudrücken, d. h. der Aufklärung zuzuführen.

Über verneinten Selbstmord vgl. auch das S. 94 Gesagte.

Noch eines Umstandes sei hier ausdrücklich gedacht. Namentlich in hochgestellten Gesellschaftskreisen wird ein plötzliches Ableben eines Familienmitgliedes gerne als „Jagdunfall“ oder „Touristenunglück mit tödlichem Ausgang“ angegeben, um die wahre Todesursache zu verschleiern. In solchen Fällen kann Selbstmord, aber auch Fremdtötung, ja sogar Mord vorliegen, was die Welt eben nicht erfahren soll. Man braucht durchaus nicht gleich ein Verbrechen anzunehmen, darf aber die Möglichkeit, daß der Tatbestand auch anders sein kann, als er vorgefunden wurde, niemals aus den Augen lassen.

Nachfolgend einige besondere Fälle:

Fall 13. In der Mitte einer über einen tiefen Fluß führenden Brücke wurde der Leichnam eines für wohlhabend geltenden Getreidehändlers M. gefunden, auf dem Gesicht liegend, mit einer Schußwunde hinter dem rechten Ohr. Die Kugel hatte das Gehirn durchdrungen und war über dem linken Auge stecken geblieben. Die Brieftasche des Mannes fehlte, die innere Brusttasche, in welcher die Brieftasche wahrscheinlich verwahrt gewesen ist, war an einer Naht aufgetrennt und hatte es den Anschein, wie wenn die Brieftasche rasch und ohne Schonung herausgerissen wurde. Ebenso fehlte Uhr und Kette, von der nur der Befestigungsring am Knopfloch der Weste hängen geblieben war, die Kette selbst war sichtlich abgerissen worden.

Nach der Gendarmeriemeldung war der Mann abends vorher in einem Gasthaus, hatte dort mäßig gezecht und um etwa ½11 Uhr nachts den Heimweg angetreten. Um nach Hause zu kommen, mußte er die fragliche Brücke, auf der er nun gefunden wurde, überschreiten. In einem in der Nähe der Brücke gelegenen Bauernhaus war der Schuß etwas vor 11 Uhr gehört worden, was mit den Erhebungen übereinstimmte. Zugleich mit M. war im Gastzimmer ein unbekannter sichtlich herabgekommener Mensch gesessen, der den ganzen Abend nur ein Stück Brot und ein Glas Schnaps zu sich genommen hatte und wenige Minuten nach 11 Uhr das Gasthaus verließ. M. hatte wiederholt seine wohlgefüllte Brieftasche herausgenommen; ob und wieviel Geld darinnen war, wußte aber niemand anzugeben, es lag also der gerechtfertigte Verdacht nahe, daß der Unbekannte sich dem M. nachgeschlichen habe und ihn auf der Brücke erschossen und beraubt hat. Ein zweiter Gendarm hatte sich zur Verfolgung des Verdächtigen aufgemacht, ihn gefunden und gefesselt an den Tatort gebracht. Der Verhaftete gab an, er habe den Rest der Nacht in einer Heuhütte (die er aber dem Gendarm auf dem Weg nicht zu zeigen vermochte), zugebracht und leugnete die Tat. Am Schlusse der Erhebungen und als der Tote eben zur Leichenöffnung fortgeschafft werden sollte, fiel es dem Untersuchungsrichter zufällig auf, daß das hölzerne und wettergraue Brückengeländer an der Stelle, wo auf dem Boden der Leichnam lag, eine kleine und sichtlich ganz frische Beschädigung aufwies, als ob man dort am oberen Rande mit einem harten, kantigen Gegenstand heftig angestoßen wäre. Der Gedanke, daß dieser Umstand mit dem Tatbestand im Zusammenhang stehe, war nicht von der Hand zu weisen. Man mußte annehmen: hier hat der Täter etwas ins Wasser geworfen und dabei das Brückengeländer beschädigt. Als sich nun gar der Verhaftete in die Sache mengte und meinte, er sei Schreinergeselle, verstehe so etwas und könne versichern, daß die Beschädigung am Brückengeländer schon älter sei, beschloß der Untersuchungsrichter erst recht, hier suchen zu lassen, zumal die Behauptung von dem älteren Datum der Beschädigung zweifellos falsch war. Ein Kahn war bald zur Stelle und am Brückenpfeiler befestigt. Nun wurde vom Kahn aus unter der fraglichen Stelle der Flußgrund mit Rechen an langen Stielen sorgfältig abgesucht. Nach kurzer Arbeit kam wirklich etwas Seltsames zutage: eine etwa

4 m lange starke Schnur, an deren einem Ende ein großer Feldstein, an derem anderen Ende eine abgeschossene Pistole befestigt war, in deren Lauf die später aus dem Schädel des M. entfernte Kugel genau paßte. Nun war die Sache klarer Selbstmord: der Getreidehändler war mit der aufgefundenen Vorrichtung auf die Brücke gegangen, hatte den Stein an der Schnur über das Brückengeländer gehängt und sich erschossen. Tödlich getroffen ließ er die Pistole infolge des durch den Stein bewirkten Zuges aus; diese wurde vom Stein an der Schnur über das Geländer rasch ins Wasser gezogen. Hiebei hatte die Pistole heftig an das Geländer angeschlagen und so die fragliche Beschädigung erzeugt. Sofort angestellte Versuche mit ähnlichen Steinen und ähnlichen Pistolen zeigten, daß die Sache gut geht und die Pistole jedesmal das Geländer beschädigt. Weitere Erhebungen haben dann ergeben, daß die vorgefundene Pistole Eigentum des M. war, daß er in mißlichen Vermögensverhältnissen, aber zugunsten seiner Familie auf sein Leben hoch versichert war, und da die betreffende Versicherungsgesellschaft im Falle eines Selbstmordes zu keiner Zahlung verpflichtet war, so suchte der Mann in der erzählten geschickten Weise einen Selbstmord zu verneinen. Das Aufreißen der Tasche, Abreißen der Kette usw. war natürlich vom Selbstmörder zur Erleichterung der Täuschung gemacht, die Brieftasche und Uhr beseitigt worden (Groß).

Ein weiterer sehr lehrreicher Fall:

Fall 14. In einem Dorf im ehemaligen zu Österreich-Ungarn gehörigen Galizien hatte sich eine junge Bäuerin in einem Anfall von Schwermut in einen offenen Ziehbrunnen gestürzt und war ertrunken. Ihr Mann war Holzarbeiter und damals im Gebirg auf eine ganze Woche in Arbeit. Ein Kind entdeckte die Ertrunkene im Brunnen und rief zwei vorübergehende fremde Bauern um Hilfe, welche sich lange vergeblich bemühten, den Leichnam zu bergen. Endlich kamen sie auf den Gedanken, der Leiche die Schlinge eines Seiles um den Hals zu legen, das andere Ende des Seiles an der Welle der Brunnenwinde zu befestigen und so die Leiche emporzuleiern. Dann legten die Männer die Leiche ins Gras, beseitigten das Seil und beauftragten das Kind, anderweitig Hilfe zu holen, da sie ihren Weg fortsetzen mußten. Die herbeigekommenen Nachbarn, dann der Gendarm, der Totenbeschauer und endlich die Gerichtsbehörde bemerkten die Halsmarke, man nahm an, der Gatte habe seine Frau erdrosselt und sie dann in den Brunnen geworfen, um Selbstmord vorzutäuschen. Der Gatte wurde verhaftet und blieb es so lange, bis sich endlich die zwei Bauern meldeten, welche auf so seltsame Weise die Leiche geborgen hatten (Groß).

Wie unendlich wertvoll es für den Fachmann ist, einzig und allein auf Grund der vorgefundenen Lage ohne jeden Zeugen den Sachverhalt mit voller Sicherheit erkennen zu können, zeigt der nächste, gleichfalls von Prof. Groß beschriebene Fall:

Fall 15. Bei einem angeblichen Selbstmord war Verdacht geschöpft und Anzeige erstattet worden, noch bevor der Erhängte abgenommen worden war. Durch Vernehmung verläßlicher und unbeteiligter Zeugen konnte sichergestellt werden, daß die Lage unverändert geblieben war. Der Leichnam hing in der Mitte des Zimmers an einem Lusterhaken, die Füße fast einen halben Meter vom Fußboden entfernt, kein Sessel oder dgl. war neben dem Leichnam. An Sitzgeräten war in dem fraglichen Zimmer (Schreibzimmer des Verstorbenen) überhaupt nur ein Schreibsessel, zwei Lehnsessel und ein Stuhl. Ersterer stand ordnungsgemäß beim Schreibtisch, die Lehnsessel standen in der Ecke neben dem Rauchtischchen, der Sessel mit Schriften und Büchern bedeckt, neben dem Schreibsessel. Prof. Groß hat den Tatbestand selbst gesehen und sagt, daß er die Sachlage lange Zeit betrachtet und Erhebungen angeordnet hat und daß ihm alles immer unverfänglicher erschien, bis ihm erst beim Protokollieren auffiel: „Wie hat sich denn der erhängt?“ Es kommt oft genug vor, daß sich Leute in stehender Stellung die Schlinge um den Hals legen und sich dann umfallen oder zusammensinken lassen, so daß sie in lehnender, knieender, selbst in fast liegender Stellung gefunden werden. Wenn aber die Füße vom Fußboden entfernt angetroffen werden, dann ist der Hergang nur so möglich, daß der Betreffende zuerst das Ende der Schlinge an einem Haken usw. befestigt hat, dann auf einen Sessel gestiegen ist, die Schlinge um den Hals nahm und vom Sessel herabgestiegen oder gesprungen ist oder ihn weggestoßen hat. Wenn aber die Füße vom Fußboden entfernt sind und kein Sessel u. dgl. in der Nähe ist, dann — muß jemand „geholfen" haben. So war es auch im vorliegenden Falle: es lag weder Selbstmord, noch Mord vor. Der alte, kränkliche Mann war von seinen Verwandten der Aufsicht seiner beiden Dienstleute überantwortet worden, die beide unerlaubterweise eine Nacht zum Ballbesuch verwendet hatten. Gerade in dieser Nacht erlitt dieser alte Mann einen Schlaganfall und war hilflos und allein gestorben. Um sich keinen Vorwürfen wegen Pflichtvergessenheit auszusetzen, hatten die Aufsichtspersonen (Diener und Köchin) beschlossen, einen Selbstmord vorzutäuschen, der auch bei bester Aufsicht in wenigen Minuten geschehen konnte. Mit Hilfe eines langen Besenstieles wurde ein Strick an dem Lusterhaken befestigt, dann hatte der Diener den Leichnam emporgehoben und die Köchin die Schlinge um den Kopf des Leichnams gelegt. Einen Sessel daneben zu stellen, haben die beiden vergessen, da sie sich beeilen mußten, den Schreibtisch des Verstorbenen ausgiebig zu bestehlen.

Bei Unfällen (Stürzen, Verschüttungen usw.) können schwere innere Verletzungen, Berstungen, aber auch ohne innere Verletzungen kann in solchen Fällen der Tod (Nervenschok) eintreten.

Fall 16. Ein Handwerksbursche bat einen vorüberfahrenden alten Bauern, ihn auf dem Wagen mitzunehmen, weil er krank sei. Der Bauer nahm den Burschen mit. Unterwegs war der alte Mann halb eingeschlummert, worauf der Bursch den Bauern erfaßte, aus dem Wagen warf, rasch davonfuhr und Pferd und Wagen in einem weit entfernten Dorf verkaufte. Der Bauer wurde geraume Zeit später tot auf derselben Stelle gefunden, wo er aus dem Wagen geworfen wurde. Er mußte mit dem Kopf vorangefallen sein, hatte dabei seinen derben Filzhut nicht verloren und war dadurch von jeder äußeren Verletzung verschont geblieben. Aber auch die Leichenöffnung ergab keine Verletzung, kein Organ war im mindesten beschädigt, da aber auch Gehirn- oder Herzschlag ausgeschlossen werden konnte, mußte Schok als Todesursache angenommen werden und die Ärzte erklärten (unter Berücksichtigung sonstiger Nebenumstände) „der Mann muß aus dem Wagen geworfen worden sein". Dies konnte behauptet werden, obwohl man damals noch nichts wußte, als daß der Bauer am Tag zuvor ein Gasthaus in der Nähe mit seinem Wagen verlassen hatte. Die Sache mit dem Handwerksburschen war noch unbekannt, wurde aber später durch das Geständnis in der erzählten Weise festgestellt (Groß).

Ob Selbstmord oder Mord z. B. durch Erschießen, Vergiften usw. vorliegt, d. h. welche Anzeichen für Selbstmord, welche für Mord sprechen, darüber wolle Näheres im betreffenden Abschnitt des Besonderen Teiles nachgelesen werden.

8. Abschnitt.

„Fliegende Mordkommissionen."

Der sorgfältigen Aufnahme des Augenscheins kommt auch für die später folgende Hauptverhandlung entscheidende Bedeutung zu. Man kann im Anfang begreiflicherweise noch nicht wissen, welchem Umstande später eine größere, ja vielleicht ausschlaggebende Bedeutung zukommen wird. Es kann im Anfang ein unwesentlicher Umstand sein, der dann plötzlich gewaltig in Erscheinung tritt. Es soll und muß daher im voraus auf alles sorgfältig Bedacht genommen werden, um nicht unwiederbringliche Beweise zu vernachlässigen. Anderseits kann Übereifer von nicht auszudenkenden nachteiligen Folgen begleitet sein!

Unter diesen Umständen ist die Tatsache, daß im Deutschen Reich auch die kriminalistische Organisation und Ausbildung in den letzten Jahren gewaltig große Fortschritte gemacht hat, ganz besonders zu begrüßen und hervorzuheben. In schweren Fällen wird also der großstädtische Erkennungsdienst auch auf dem Lande eingesetzt. Das ist das Wesentliche: raschefte fachmännische Hilfe! Der sogenannte Mordwagen mit seiner wohldurchdachten, auf den neuesten Stand gebrachten Einrichtung ist jederzeit ausfahrbereit. Er bringt die Mordkommission (bestehend aus Staatsanwalt, Gerichtsarzt und erfahrenen Kriminalpolizeibeamten) in kürzester Zeit an den Tatort.

Ganz anders z. B. in Österreich, wo in kleinen Städten und besonders auf dem Lande die Sache noch sehr im argen liegt! Dort ist es leider noch immer üblich, daß selbst bei Mord und dergleichen schweren Fällen die ersten Erhebungen, Anordnungen der Gendarm, der Ortspolizist, durchführt. Es wäre höchste Zeit im Interesse einer guten Strafrechtspflege, hier endlich einmal Wandel zu schaffen, denn gerade diesen ersten Erhebungen und Anordnungen kommt — wie solche Fälle immer wieder gezeigt haben — für den Ausgang der Strafsache grundlegende, entscheidende Bedeutung zu.

9. Abschnitt.

Wunden und Narben.

1. Wunden.

Ob eine Wunde noch zu Lebzeiten gesetzt oder erst der Leiche zugefügt wurde, kann der Gerichts- oder Amtsarzt wohl meist mit Sicherheit erkennen. Ist das im ersten Fall austretende Blut geronnen, ergibt sich ein festes Gerinnsel, so war die Wunde noch bei Lebzeiten gesetzt, denn Leichenblut gerinnt nicht mehr.

Wunden lassen durchaus nicht immer einen völlig sicheren Schluß auf das Werkzeug, die Waffe, womit sie gesetzt wurden, zu. Oft paßt Werkzeug und Form der Wunde auf den ersten Blick anscheinend gar nicht zusammen, gleichwohl können sie im ursächlichen Zusammenhang stehen.

Für die Form einer Wunde macht es oft große Unterschiede aus, ob unterhalb der verletzten Hautstelle Knochen oder Weichteile liegen (z. B. Schädelverletzung bzw. Verletzung in der Bauchgegend). Wenn unmittelbar unter der Haut Knochen liegen (z. B. Schädel, Schienbein), dann können Verletzungen durch stumpfe Gewalten auch Wunden erzeugen, deren Form Schnitt- oder scharfen Hiebwunden äußerlich ähnlich ist. Ein Rückschluß aus der gegebenen Hautwunde auf die Form des stumpfen Werkzeuges ist nur selten möglich.

Ob jemand bei einem Unfall nicht auch schwere innere Schädigungen davongetragen hat, obwohl äußerlich keine nennenswerten Verletzungen wahrnehmbar sind, läßt sich augenblicklich fast niemals sagen, wenigstens nicht verneinen.

Wäre bei einer schweren Verletzung, die erfahrungsgemäß starken Blutverlust im Gefolge hat, kein Blut vorhanden, dann müßte dieser Umstand natürlich ebenfalls aufgeklärt werden. Es kann die Wunde nach innen geblutet haben, das Blut kann durch den Verletzten oder durch Dritte weggewischt, abgewaschen oder durch ein dazugekommenes Tier (Hund) aufgeleckt worden sein, wie Fälle gezeigt haben.

In die Gruppe der Quetschwunden gehören auch die Bißwunden. Ihres häufigen Vorkommens wegen sei auch darüber hier das Nötige gesagt. Bißwunden können sowohl von Menschen gesetzt worden sein — teils als Abwehrmaßnahmen, z. B. bei Rauferei, Sittlichkeitsverbrechen und zwar besonders in Finger, Nase Ohren, teils aus abwegiger geschlechtlicher Einstellung (in Brüste, Geschlechtsteile), als anderseits von Tieren herrühren. Die Unterscheidung, ob eine Bißverletzung am Opfer von Mensch oder Tier herrührt, ist wohl immer leicht möglich, denn solche von Hunden als am meisten in Betracht kommenden Bißverletzungen sind vor allem durch die tiefen reißenden Eckzähne derselben sowie durch das größere Ausmaß der Bißverletzungen sicher als solche erkennbar.

Bißwunden durch Hunde kommen gar nicht selten vor. Prof. Habard erwähnt die Verletzungen an der Leiche eines 52jährigen Mannes,

(Fall 17) .... der im Freien mit Blut besudelt tot aufgefunden worden war. Die in Fetzen vom Leib gerissenen Kleider lagen um ihn herum. Man sah Hundespuren, die in ein benachbartes Haus führten, woselbst ein größerer Wachhund gehalten wurde. Die Schädelhaut war von der Nasenwurzel bis zum Hinterkopf abgerissen, so daß die Beinhaut, stellenweise der Knochen bloßlag. Am ganzen Körper zerstreut fanden sich Hautwunden, verschiedene oft tiefgehend, besonders zahlreich am Gesäß, woselbst das Fleisch wie zerwühlt war. Außer Bissen waren auch Kratzspuren von Hundepfoten zu sehen, in Gruppen angeordnet. Tod war durch Verblutung erfolgt.

Fall 18. Ein Bernhardinerhund hatte einem noch nicht schulpflichtigen Knaben am Kopfe schwere Bißwunden zugefügt, Teile der Kopfschwarte herausgerissen, so daß der Knochen bloßlag, teilweise auch das Gesicht und ein Ohr durch Bisse wesentlich verunstaltet.

Für die Feststellung des Täters ist der auf dem Opfer zurückgebliebene Zahnabdruck meist verwendbar; vgl. dazu den Fall 83 S. 107.

(Über Hieb-, Stich-, Schnitt-, Schußwunden und Wunden durch stumpfe Gewalt siehe den betreffenden Abschnitt im Besonderen Teil).

2. Narben.

Narben sind auch wichtige Erkennungsmerkmale zu Lebzeiten sowie an der Leiche, daher auch für die Wiedererkennung einer Person, also als Nachweis der Wesensgleichheit von besonderer Bedeutung (vgl. Bild 10).

Aus Lage, Form und sonstiger Beschaffenheit kann man meist einen ziemlich sicheren Rückschluß auf die seinerzeitige Verletzung ziehen. Doch nicht jede Narbe muß von einer Verletzung herrühren; sie kann auch von einem Geschwür zurückgeblieben sein.

Das Alter einer Narbe kann vom Arzt wenigstens annähernd festgestellt werden, so daß dann (durch entsprechende Erhebungen in Spitälern, Verlautbarungen in den Tagesblättern, in Ärztekreisen usw.) manches Stück Vorgeschichte aus dem Leben des Trägers in Erfahrung gebracht werden kann. Damit ist meistens schon sehr viel erreicht.

Narben nach Schnitt- und Stichverletzungen sind an ihrer schmalen, mehr oder minder länglichen Ausdehnung als solche zu erkennen; Schußnarben an ihrer trichterförmigen Einziehung, an deren Rändern oft noch eingesprengte Pulverkörner zu sehen sind. Narben nach Quetsch- und Rißwunden sind durch größere Breite und unregelmäßige, zackenförmige Begrenzung gekennzeichnet. Narben nach Verbrennungen durch eine verhältnismäßig große Flächenausdehnung, durch welche starre Stränge ziehen. Narben nach Erfrierungen und Verätzungen sind ähnlich gestaltet.

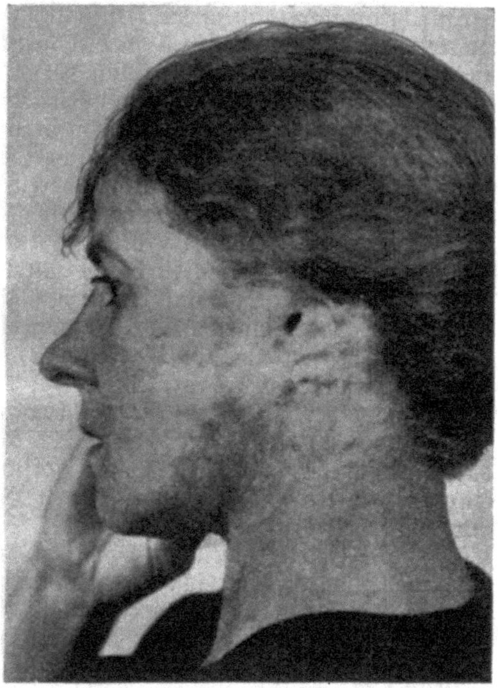

Bild 10. Narben nach Beschüttung mit Schwefelsäure, Wegätzung des linken Ohres. (Aus Hofmann-Haberda, Lehrb. d. gerichtl. Medizin, Verlag Urban & Schwarzenberg, Berlin-Wien).

Narben werden im Laufe der Zeit weiß (blutarm) und sind teils daran, teils an dem Umstand zu erkennen, daß sie haarlos bleiben. Da solche Narben mitunter nicht gleich auffindbar und als solche erkennbar sind, frottiere und schlage man die betreffende Körperstelle leicht mit einer weichen Bürste, wodurch tatsächlich vorhandene Narben deutlich hervortreten. (Näheres über bestimmte Verletzungen im einschlägigen Abschnitt).

10. Abschnitt.

Haare und Knochen.

1. Haare.

Die Feststellung der Herkunft von Haaren, die auf dem Tatort gefunden werden (z. B. in der Hand oder auf Kleidungsstücken des Opfers), haben für den betreffenden Kriminalfall meist eine entscheidende Wichtigkeit. Dies wird leider in den meisten Fällen unterschätzt. Um derartige höchst wichtige Beweisstücke nicht zu verlieren, darf die erste Untersuchung nach Haaren (z. B. in der Hand des Toten) nur der Sachverständige vornehmen.

Die Feststellung, ob es sich gegebenenfalls um Kopf- oder Schnurrbarthaare handelt oder um Haare von der Schamgegend (Sittlichkeitsverbrechen), bietet dem Sachverständigen im allgemeinen keine besondere Schwierigkeiten, da man schon mit freiem Auge — Stärke, Länge und Form der Haare — die Herkunft derselben ziemlich sicher erkennen kann. Im allgemeinen muß sich der Sachverständige darauf beschränken, durch die Feststellung der Färbung, der Stärke des Haares, des Vorhandenseins oder Fehlens der Markmasse, der Anordnung derselben, durch Ermittlung der Beschaffenheit der Rinde sowie besonderer Erscheinungen (Färbungen, besondere Spaltungen usw.) den Nachweis der Gleichheit beziehungsweise Ungleichheit der zu untersuchenden Haare zu führen. Es besteht immer die Möglichkeit, daß Haare von derselben Beschaffenheit auch bei anderen Menschen angetroffen werden können. Bestreben jedes erfahrenen und gewissenhaften Sachverständigen wird es sein, die Herkunft von Haaren womöglich mit Gewißheit bzw. mit einer an Gewißheit grenzenden Wahrscheinlichkeit nachzuweisen.

Was kann der Sachverständige bezüglich der ihm zur Untersuchung vorgelegten Haare sagen? Er kann angeben:

1. ob es sich um ein Haar oder nur um eine haarähnliche Pflanzenfaser (Grasart) handelt,
2. ob es Menschen- oder Tierhaare sind,
3. von welcher Körperstelle das Haar herstammt (doch darf man sich da nicht allzu großen Hoffnungen hingeben, da von einem einzigen zur Untersuchung vorgelegten Haar die Herkunft nicht immer mit Sicherheit bestimmt werden kann. Selbst die Übereinstimmung seltener Kennzeichen beweist noch immer nicht die Wesensgleichheit der fraglichen Haare, denn fast jeder Mensch hat auf seinem Kopf einige von den übrigen wesentlich verschiedene Haare),
4. von welchem Tier das Haar herrührt; dies wird bei widernatürlicher Unzucht mit Tieren teils richtunggebend, teils beweisend sein; Abbildungen dazu S. 44 und 45.
5. ob das Haar ausgefallen oder ausgerissen wurde, ist mikroskopisch an der anders gestalteten Haarwurzel zu erkennen, ob es abgeschnitten oder abgequetscht wurde, ist aus den Haarenden mit Sicherheit zu sagen (vgl. Bild 11). Aus solchen Merkmalen können wieder Schlüsse auf die stattgehabte Gewalteinwirkung (Kopfverletzungen!), auf das verwendete Werkzeug gezogen werden,
6. ob dieses Haar vermutlich von einem bestimmten Menschen herrührt oder nicht,
7. wie alt die Person, von der das Haar stammt, wenigstens annähernd ist,
8. ob es naturfarben oder gefärbt ist u. dgl. mehr.

Um einen Fall aus der Praxis einzufügen:

Fall 19. In einer Mordsache gelang es dem Sachverständigen, die an einem Autoreifen klebend vorgefundenen Haare als diejenigen eines totgefahrenen Nachtwächters festzustellen, obgleich der Autobesitzer zunächst leugnete, den betreffenden Ort berührt zu haben. Die geradezu verblüffende Gleichheit der am Autoreifen klebenden Haare mit jenen vom Kopf des Getöteten gaben dem Täter schließlich Veranlassung zur Ablegung eines Geständnisses (Loock).

Um das Wichtigste hier einigermaßen vor Augen zu führen, seien nachstehend einige Abbildungen von Haaren[1]) verschiedener Herkunft eingeschaltet, zumal der Zufall eintreten kann, daß der Sachverständige

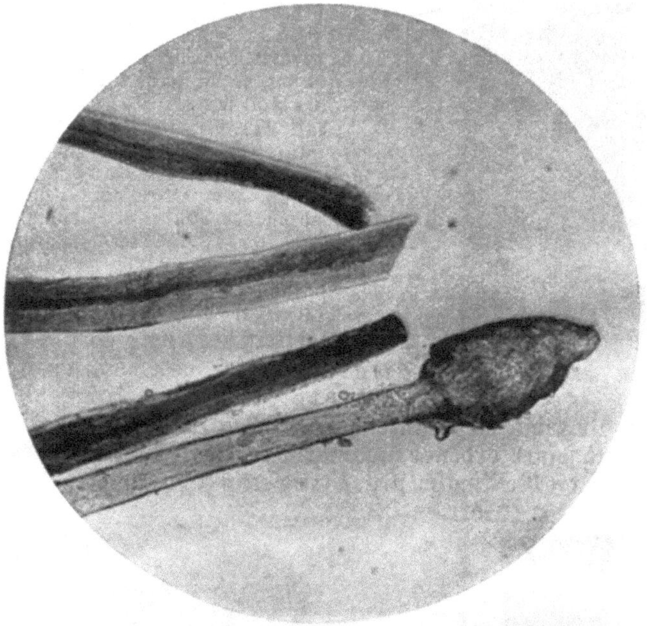

Bild 11. Ausgefallene, ausgerissene, abgeschnittene, abgequetschte Haare. (Aus F. Straßmann, Lehrb. d. gerichtl. Medizin, Verlag F. Enke, Stuttgart).

gerade kein Vergleichshaar zur Hand hat. Bild 12 zeigt ein Menschenhaar mit dem kennzeichnenden Markstrahl in der Mitte. (Es gibt auch Menschenhaare mit unterbrochenem Markstrahl.)

Die Unterscheidung zwischen Menschen- und Tierhaar bzw. zwischen Tierarten voneinander ist eine verhältnismäßig einfache, da der Aufbau der Haare der einzelnen Tiere unter sich erheblich voneinander abweichen und in der Vergrößerung ganz andere Beschaffenheit zeigen wie diejenige der Menschenhaare. Den menschlichen Haaren am ähnlichsten sind Affenhaare; auch Rinder- und

[1]) Auf den feinen Gewebsaufbau kann im Rahmen dieser Darstellung natürlich nicht eingegangen werden, sondern nur das Wesentliche hervorgehoben sein. Das sogenannte Oberhäutchen, die Rindensubstanz und die Markmasse ist Menschen- und Tierhaar gemeinsam, nur ist beim Tierhaar die Markmasse unvergleichlich breiter als beim Menschenhaar.

Hundehaare zeigen Ähnlichkeit, doch sind sie immer mit voller Bestimmtheit von diesen zu unterscheiden.

Die sichere Bestimmung, um welche Tiergattung es sich im vorliegenden Falle handelt, kann bei widernatürlicher Unzucht sowie bei Wilddiebstahl von großer Bedeutung sein.

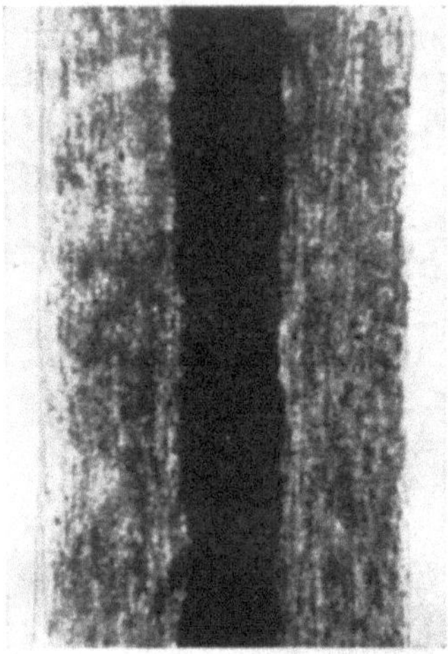

Bild 12. Menschenhaar.

Fall 20. So wurde in den Schamhaaren einer Frau, die mit einem Hunde geschlechtlich verkehrte, ein schwarzes Hundehaar zum Beweis des vermuteten Aktes gefunden. Ähnliches könnte bei einem Manne, der z. B. mit einer Hündin Verkehr hatte, der Fall sein.

Fall 21. Bei einem Knecht, der sich mit einer Stute einließ, wurde zwischen Vorhaut und Eichel ein Pferdehaar gefunden, worauf er sich zum Geständnis bequemte. (Bezeichnend ist der von Prof. Groß niedergelegte Ausspruch eines Knechtes: „Ich kann nichts dafür, aber die älteste Gais (Ziege) ist mir lieber als das schönste Mädel!").

In den Schamhaaren oder in der Unterkleidung der Vergewaltigten kann ein Schamhaar des Täters zu finden sein.

Bild 13 zeigt die kennzeichnende Beschaffenheit eines Hundehaares mit seiner ordensbandartigen breiten Markmasse. Bild 14 ein Ziegenhaar (Markmasse fleckenartig und sehr breit).

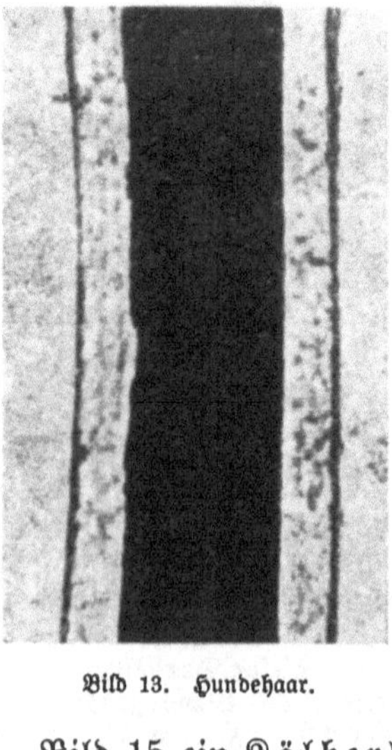

Bild 13. Hundehaar.

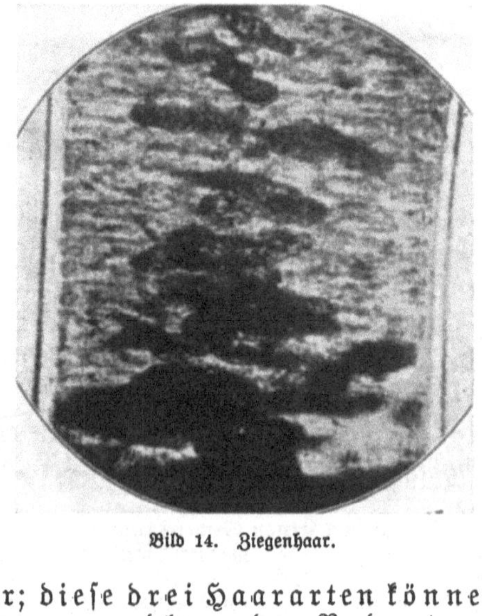

Bild 14. Ziegenhaar.

Bild 15 ein Kälberhaar; diese drei Haararten können bei **widernatürlicher Unzucht** von grundlegender Bedeutung werden. — Bild 16 zeigt ein Hasenhaar, Bild 17 ein Rehhaar, welche beide für **Wilddiebstahl** bedeutsam werden können.

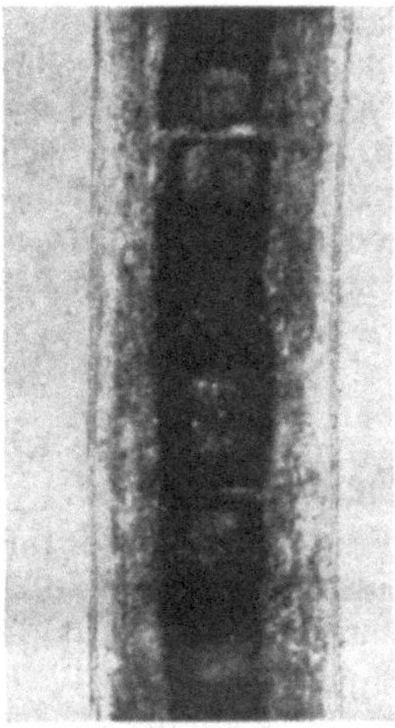

Bild 15. Kälberhaar.

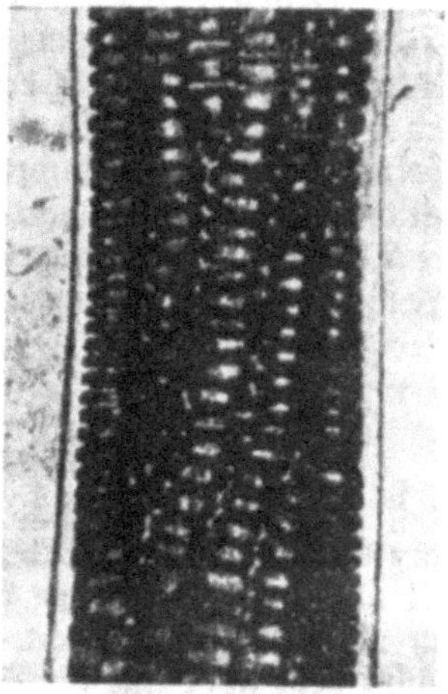

Bild 16. Hasenhaar.

Erwähnt sei schließlich auch, daß Haare der Fäulnis sehr lange widerstehen. Wenn Haare mit faulenden Massen zusammenkommen (Erdgrab), können sie ihre Farbe verändern, d. h. heller oder dunkler werden, was für den Nachweis der Wesensgleichheit sehr wichtig werden kann. So hatten sich die Haare eines 11 Jahre im Erdgrabe gelegenen Mannes derart verändert, daß ihn seine Verwandten nicht wiedererkannt hätten, wenn nicht seine falschen Zähne jeden Zweifel ausgeschlossen hätten.

Endlich sei noch gesagt, daß Haare — ebenso wie auch Kleider, Wäsche und dgl. — die Eigenschaft besitzen, Gerüche aus der Umgebung gierig aufzunehmen und längere Zeit festzuhalten. Dieser Umstand kann von Wichtigkeit dafür sein, ob ein Mensch an einem Orte gewesen ist, der bestimmten Geruch aufwies (Gasthaus, Zigarrenladen, Apotheke usw.).

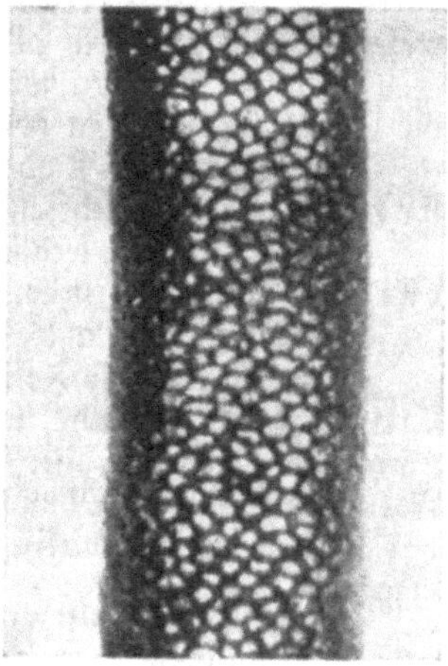

Bild 17. Rehhaar.

2. Knochen.

Nach den gesetzlichen Bestimmungen muß beim Auffinden von Knochen eine gerichtliche Beschau stattfinden.

Der Sachverständige (Arzt) kann diesfalls wichtige Anhaltspunkte geben: so kann er Menschen- von Tierknochen sicher unterscheiden, kann Alter, Geschlecht und Körperbeschaffenheit des Trägers, die Todeszeit und vielleicht auch die Todesursache wenigstens annähernd bestimmen. Hieb- und Schußverletzungen sowie Verletzungen durch stumpfe Gewalten, die den Knochen getroffen haben, sind immer und mit voller Sicherheit feststellbar.

Abschließend sei auch noch erwähnt, daß Knochen durch verschiedene Tiere auch benagt oder angefressen, auch verschleppt werden können, ferner durch eingedrungenes, dann zu Eis gewordenes Wasser usw. möglicherweise auch gesprengt worden sein können. Es muß also bei verletzten Knochen nicht immer ein Verbrechen vorliegen.

11. Abschnitt.

Todesursache.

Der § 27 der Preußischen Vorschriften für das Verfahren der Gerichtsärzte bei den gerichtlichen Leichenuntersuchungen lautet: „Auf jeden Fall ist das Gutachten zuerst auf die Todesursache und zwar nach Maßgabe desjenigen, was sich aus dem objektiven Befund ergibt, nächst dem aber auf die Frage der verbrecherischen Veranlassung zu richten. Ist die Todesursache nicht aufgefunden worden, so muß dies ausdrücklich angegeben werden. Niemals genügt es, zu sagen, der Tod sei aus innerer Ursache oder aus Krankheit erfolgt; es ist vielmehr die letztere anzugeben."

Im gleichen Sinne sagt § 129 der österr. Strafprozeßordnung: „Das Gutachten hat sich darüber auszusprechen, was in dem vorliegenden Falle die den eingetretenen Tod zunächst bewirkende Ursache gewesen ist und wodurch dieselbe erzeugt worden sei."

Der Gerichtsarzt wird zur Klarstellung des Sachverhaltes zunächst die Grundfrage zu beantworten haben:

1. Woran ist die betreffende Person zunächst gestorben? Daran schließt sich unmittelbar die weitere Frage:

2. Ist diese nächste Todesursache durch eine Verletzung entstanden und wenn ja, durch welche? Schließlich

3. Liegt fremdes Verschulden vor?

Nun ist aber die Feststellung der nächsten Ursache, d. h. die genaue Erklärung der Ursache, woran ein Mensch infolge einer Verletzung zunächst gestorben ist, für den Gerichtsarzt begreiflicherweise auf keinen Fall immer leicht. Obwohl dies eine rein medizinische Angelegenheit ist, hat auch der Kriminalist großes Interesse daran, diesfalls Einiges zu erfahren.

Nach alter Überlieferung werden unter den nächsten Todesursachen nach Verletzungen unterschieden:

a) die unmittelbaren Todesursachen,

b) die mittelbaren Todesursachen.

Eine scharfe Abgrenzung zwischen beiden besteht jedoch nicht, eine solche ist auch nicht gut möglich. „Dabei schließt die mittelbare Todesursache, sofern sie eine notwendige Folge der Verletzung ist, natürlich die

Möglichkeit nicht aus, daß die verletzende Handlung ihrer allgemeinen Natur wegen den Tod herbeigeführt hat" (Haberda).

Den Kriminalisten interessieren in erster Linie die unmittelbaren Todesursachen, zu welchen gehören:

aa) die Vernichtung oder grobe Beschädigung eines oder mehrerer lebenswichtiger Organe (z. B. Herz, Lunge, Gehirn, Rückenmark);

bb) anderweitige mechanische Störungen der Tätigkeit lebenswichtiger Organe;

cc) Verblutung[1]); wohl eine der häufigsten nächsten Todesursachen nach Verletzungen mit Werkzeugen.

Die Verblutung ist schon dem Laien erkennbar an hochgradiger Blässe der Haut und der sichtbaren Schleimhäute sowie an dem Mangel an Totenflecken; Näheres darüber S. 50;

dd) der sogenannte Schok-Tod, worunter bekanntlich der plötzliche Stillstand der Atmung und des Herzens zu verstehen ist;

ee) Lufteintritt in die Blutbahn: Venen, die durch Verletzung eröffnet sind, saugen — je näher sie dem Herzen liegen, desto gieriger — Luft an, wodurch es zur Herzlähmung kommt;

ff) Fetteintritt z. B. durch große Verletzungen, Überfahrenwerden oder dergleichen, tritt Fett auch in die feinen Lungenäste ein und verstopft sie.

12. Abschnitt.

Totenbeschau, Leichenerscheinungen, Leichenverletzungen.[2])

1. Totenbeschau.

Die Totenbeschau (Leichenschau) soll nicht nur allgemeinen gesellschaftlichen und gesundheitlichen Gründen dienen, sondern sie steht auch im Dienste der Rechtspflege, indem sie berufen ist, an der Aufdeckung verbrecherischer Handlungen mitzuwirken. Sie hat einen dreifachen Zweck:

1. den eingetretenen Tod festzustellen,
2. gewaltsame Todesarten aufzudecken,
3. ansteckende Krankheiten zur Kenntnis der Gesundheitsbehörden zu bringen.

Die (übrigens sehr verbesserungsbedürftigen) gesetzlichen Bestimmungen besagen diesfalls: „Das Begräbnis kann ausnahmslos erst nach vorgenommener Beschau auf Grund eines vom Totenbeschauer ausgestellten Beschauscheines erfolgen. Der Totenbeschauer ist in der Regel ein Arzt, darf aber (in abgelegenen Gegenden) auch ein Laie (!) sein. Er hat die Ausstellung des Toten-

[1]) Man unterscheidet eine äußere und eine innere Verblutung, je nachdem, ob das Blut sichtlich aus dem Körper austritt oder im Körper verbleibt, d. h. sich Blutbeulen bilden.

[2]) Vgl. insbesondere auch Merkel-Walcher, Gerichtsärztliche Diagnostik und Technik (Verlag S. Hirzel, Leipzig).

scheines in folgenden Fällen zu verweigern, woraufhin entweder die gerichtliche oder gesundheitspolizeiliche Beschau oder die Leichenöffnung[1]) verfügt wird:

1. Bei Verdacht auf Scheintod[2]),

2. bei wahrgenommenen Zeichen einer verübten äußeren Gewalttätigkeit,

3. bei einer offenkundigen Vergiftung oder Verdacht einer solchen,

4. wenn jemand unter Behandlung von Kurpfuschern gestorben ist,

5. wenn bei Neugeborenen eine Abtreibung der Leibesfrucht vorausgesetzt werden kann,

6. wenn überhaupt eine Verheimlichung der Geburt stattgefunden hat,

7. wenn Unmündige aus Mangel der nötigen Aufsicht ums Leben gekommen sind,

8. wenn dem Verstorbenen der nötige Ärztebeistand oder die geeignete Pflege vorenthalten oder ihm die nötigen Lebensbedürfnisse entzogen worden sind,

9. bei allen plötzlichen Todesfällen,

10. bei allen tot aufgefundenen Personen, ohne Unterschied, ob sie bekannt sind oder nicht,

---

[1]) Leichenöffnung ist, weil vom Augenblick des Todes angefangen ununterbrochen fortschreitende Verwesungsvorgänge an der Leiche eintreten, unverzüglich zu beantragen und auch durchzuführen. Die Ergebnisse der Leichenöffnung sind naturgemäß schlechtere, je weiter die Verwesung der Leiche gediehen ist und läßt sich hier Versäumtes nicht wieder nachholen!

[2]) Die Möglichkeit eines bloßen Scheintodes liegt vor:

a) in allen Fällen, wo noch, wenn auch nur sehr geringe, Lebenserscheinungen zu bemerken sind,

b) wenn der Tod ganz kurz vor der Beschau, insbesondere unerwartet und plötzlich eingetreten ist. (Besondere Beachtung verdienen: Erhängte, Erwürgte, Ertrunkene, Erstickte, Erfrorene, vom Blitz oder elektrischem Starkstrom Getroffene, totgeborene, aber noch frische Kinder, sowie Personen, welche nach heftigen Gemütsbewegungen, Ohnmacht oder Krämpfen plötzlich gestorben sind),

c) wenn, trotzdem schon einige Zeit seit dem vermuteten Eintritt des Todes verflossen ist, die Kennzeichen des Todes aber noch nicht eingetreten sind.

Bei Verdacht auf Scheintod sind unverzüglich Wiederbelebungsversuche anzustellen.

berda erwähnt einen Fall von Scheintod, betreffend eine in Grunewald bei Berlin

Daß Scheintote für tot gehalten werden, kommt nicht selten vor. Prof. Haim Oktober 1919 aufgefundene, durch Morphin und Veronal vergiftete junge Pflegerin:

(Fall 22). Am Tage nach der Gifteinnahme wurde sie bei niederer Temperatur starr und kalt im Freien aufgefunden, und starb anscheinend während der Überführung, weshalb man ihren Körper in die Leichenhalle brachte, wo sie der Arzt ohne Puls und Atmung und ohne Hautempfindlichkeit bei Auftropfen von Siegellack auf die Brusthaut fand und für tot hielt. Als tags darauf der eingesargte Körper wegen Bestimmung der Wesensgleichheit von einem Kriminalbeamten besichtigt wurde, machten sich Lebenszeichen bemerkbar. Die sofort eingeleiteten kräftigen Wiederbelebungsmaßnahmen brachten die stockende Atmung und den Puls zu regerer Tätigkeit. Die Vergiftete blieb ohne Lungenentzündung am Leben.

11. in allen Fällen, wo jemand verunglückt ist,

12. bei erwiesenem oder mutmaßlichem Selbstmord.

Liegt also einer der vorangeführten Weigerungsgründe vor, so wird das Begräbnis aufgeschoben, bis entweder die Gerichtsbehörde wegen Verdachtes eines fremden Verschuldens die gerichtliche Leichenöffnung oder die Verwaltungsbehörde wegen Feststellung der zweifelhaften Todesursache die sogenannte gesundheitspolizeiliche Leichenöffnung verfügt oder aber den Leichnam ohne Anordnung einer amtlichen Leichenöffnung freigegeben hat.

2. Leichenerscheinungen.

Obwohl dies rein gerichtlich-medizinisches Gebiet ist, wird es auch für den Juristen oft von großem Wert sein, hier wenigstens das Wichtigste zu wissen, um sich bis zur Ankunft des Arztes ein Bild über den Hergang zu machen.

Ob das Leben in einem Körper bereits erloschen ist, ist Sache des Arztes festzustellen, der wenigstens ungefähr wird auch den Zeitpunkt angeben können, wann dies geschehen ist.

Ein Mensch ist tot, wenn Atem- und Herztätigkeit dauernd zum Stillstand gekommen sind. Ist dies sicher festgestellt, so wären Wiederbelebungsversuche natürlich zwecklos (vgl. dazu den Fall 22 auf S. 48). Was der Kriminalist aber wissen soll, ist die Tatsache, daß mit dem Eintritt des Todes oder wenige Stunden nachher gewisse äußere Veränderungen, Kennzeichen an der Leiche, auftreten, die nach der Zeit ihres Entstehens „Sterbezeichen" bzw. „Sichere Todeszeichen" genannt werden.

A. Sterbezeichen.

Beim Sterben oder gleich nach dem Tode entstehende Erscheinungen sind:

1. Aufhören des Pulses, des Herzschlages und der Herztöne,
2. Aufhören der Atembewegungen sowie aller willkürlichen und unwillkürlichen Bewegungen überhaupt,
3. allgemeine Erschlaffung,
4. Unempfindlichkeit der Haut gegen Reize, des Augapfels gegen Berührung, der Augensterne gegen Licht.

B. Sichere Todeszeichen.

Diese treten erst bzw. schon 8 bis 16 Stunden nach dem Tode auf. Es sind dies:

1. Erkalten des Körpers, die sog. „Marmorkälte". Den Zeitpunkt des eingetretenen Todes allein aus dem Erkalten des Körpers feststellen zu wollen, ist unsicher. Das mehr oder minder rasch auftretende Erkalten der Leiche hängt begreiflicherweise auch von der Umgebungstemperatur ab, ferner davon, ob die Leiche bekleidet oder unbekleidet war, zugedeckt oder bloßgelegen ist, ebenso wie davon, ob der Tote von sehr magerer bzw. sehr fetter Körperbeschaffenheit war.

2. „Totenflecke"[1]). Diese sind ein untrügliches Kennzeichen des bereits eingetretenen Todes. Die Totenflecke werden durch das Abfließen des Blutes in die tiefer gelegenen Körperstellen erzeugt, wodurch eine weitere Blässe der oberen Hautstellen deutlich merklich ist.

Bei Totenflecken ist zu unterscheiden: die Zeit ihres Auftretens, ihre Lage und ihre Farbe.

Durch **Lageveränderung** können die Totenflecke in den ersten Stunden zum Schwinden gebracht werden und an anderen Stellen erscheinen. **Bilden sich Totenflecke trotz Lageveränderung nicht mehr von neuem, so kann man mit Recht annehmen, daß 24 bis 30 Stunden seit dem eingetretenen Tode verstrichen sind.** Dies ist oft ein wertvoller Hinweis. Die Lage der Totenflecke weist auf die Lage (Stellung) der Leiche nach erfolgtem Tod. Das sind auch für den Kriminalisten sehr wichtige Tatsachen. Ist die verlorene Blutmenge eine bedeutende, dann werden Totenflecke kaum in Erscheinung treten.

a) **Entstehungszeit:** Totenflecke treten in der Regel 3 bis 4 Stunden[2]) nach dem Tode zuerst in Form von kleinen rundlichen oder streifenförmig zerstreuten Flecken auf, die allmählich zusammenfließen und dann bei gewöhnlicher Rückenlage über Nacken, Schultern, Rücken, Gesäß, Oberschenkel und Oberarme ausgebreitet dunkelblaurote bis violette Färbungen der Haut darstellen.

b) **Lage der Totenflecke:** Diese ist deshalb von Bedeutung, weil sie die Stellung der Leiche nach dem Tode anzeigt. So sind bei Erhängten (und in dieser Stellung belassenen) die Totenflecke an den tiefsten Körperstellen (Füßen und Händen) am stärksten entwickelt; bei am Bauche gelegenen Leichen sind sie vorne gelegen und fehlen daher am Rücken.

c) **Farbe der Totenflecke.** Diese ist bedingt durch die Farbe des Leichenblutes und mehr oder weniger gesättigt blaurot oder violett, auch hellrot (z. B. bei Kohlenoxydgasvergiftungen, bei Erfrorenen oder in ungeheiztem Raum aufbewahrten Winterleichen und bei winterlichen Wasserleichen; rauchgrau bis braun sind die Totenflecke bei bestimmten Vergiftungen (vgl. das S. 144 Gesagte).

Während kleine, schwach entwickelte Totenflecke wohl auch ganz zum Schwinden gebracht werden können (durch Lageveränderung), verschwinden stark entwickelte Totenflecke niemals vollständig, sie blassen nur bei etwaiger nachträglicher Lageveränderung etwas ab. An Hautstellen, welche dem Druck ausgesetzt sind, kommen Totenflecke nicht zur Entwicklung (so an Schulterblättern, Gesäß und an den Waden bei gewöhnlicher Rücken-

---

[1]) Hier ist nur von den äußeren Totenflecken die Rede, weil diese für den Kriminalisten besonders in Betracht kommen.

[2]) Ausnahmsweise treten Totenflecke sehr früh — schon 1 bis $1^1/_2$ Stunden nach dem Ableben — oder auffallend verspätet, nach 4, 6, 10, ja selbst nach 15 Stunden auf. Es ist daher eine gewisse Vorsicht geboten bei der Beurteilung der Zeit, welche vom Eintritt des Todes verstrichen ist.

lage, am Hals durch Hemdkragen, aber auch an verschiedenen anderen Körperstellen durch den Druck enganliegender Kleider, deren Faltungen oft abgeprägt sind).

3. „**Totenstarre.**“ Diese ist, wie schon eingangs gesagt, das unfehlbarste Kennzeichen des eingetretenen Todes. Sie beginnt zuerst am Unterkiefer und Nacken, entwickelt sich dann an den Armen und zuletzt an den Beinen. 4 bis 6 Stunden nach Beginn, also durchschnittlich 6, 8 bis 10 Stunden nach dem Tode ist sie bereits allgemein. Sie setzt bei Erwachsenen bedeutend später ein als bei Kindern, wo sie nicht selten schon nach 10 bis 30 Minuten beginnt; dafür hält sie bei Kindern viel kürzer an. Sie kann daher bei Neugeborenen oft auch ganz übersehen werden. Wärme kürzt die Dauer der Totenstarre ab, Kälte verlängert sie. Einmal gelöste Totenstarre (nach 1 bis 3 Tagen) tritt nicht wieder auf.

4. Bald nach eingetretenem Tode zeigen sich bisweilen auch Vertrocknungen der Haut, die sich um so rascher entwickeln, je mehr Luftzutritt und je weniger Feuchtigkeit vorhanden ist.

5. Leichenfäulnis tritt je nach Umständen früher oder später auf, die Totenflecken verfärben sich, die Haut wird schmutzig-grün, läßt sich leicht ablösen, der Körper wird (durch Gas bildende Bazillen) aufgetrieben.

3. Leichenverletzungen.

Wenn an einer Leiche Verletzungen gefunden werden, so können diese entweder noch zu Lebzeiten gesetzt worden sein, vielleicht sogar den Tod herbeigeführt haben, oder erst nach dem Tode entstanden sein, vgl. Bild 19. Die Frage, ob es sich gegebenenfalls um diese oder um jene Verletzungen handelt, wird natürlich nur vom Gerichtsarzt zu beantworten sein, doch soll auch der Kriminalist hier Bescheid wissen.

Die noch zu Lebzeiten gesetzten Verletzungen zeigen die sogenannten „vitalen Reaktionen“, d. h. Verletzungen, welche noch zu Lebzeiten gesetzt worden sind, können stets und mit Sicherheit an Hand einer Reihe von Merkmalen von solchen unterschieden werden, die erst nach dem Tode zugefügt wurden.

Eine zu Lebzeiten zugefügte Verletzung ist als solche an folgenden Merkmalen zu erkennen:

1. an dem Klaffen der Wundränder (die Haut des lebenden Körpers ist für Verletzungen viel mehr empfindlich als die des Leichnams),
2. an der Blutung,
3. an Blutunterlaufungen,
4. an Schwellung und Entzündung.

Schwierig ist die Frage nach der Entstehungsart solcher Verletzungen nur dann zu lösen, wenn diese Verletzungen unmittelbar vor dem Tode gesetzt wurden.

Verletzungen, die erst nach dem Tode zugefügt wurden, fehlen diese deutlichen Kennzeichen.

Bekanntlich finden sich besonders bei Wasserleichen oft sehr starke Verletzungen. Dafür sind u. a. folgende Möglichkeiten gegeben:

1. Die Verletzung hat sich der Ertrunkene, Selbstmörder, um ja sicher aus dem Leben zu scheiden, selbst beigebracht (sog. mehrfacher Selbstmord; Näheres S. 93).

2. Die Verletzungen können auch erst nach dem Tode beigebracht worden sein und zwar entweder absichtlich durch fremde Hand, oder dadurch, daß der Selbstmörder beim Ins-Wasser-Springen bzw. die Leiche beim Ins-Wasser-Werfen auf feste Gegenstände (Steine, Balken usw.) auffiel oder an harte Gegenstände (Brückenpfeiler, Steine usw.) angeschleudert wurde (vgl. Fall 24 S. 52), die Verletzungen können ferner auch bei Bergungsarbeiten durch ungeschicktes Zufassen (mit Haken usw.) oder beim Wiederbelebungsversuch durch ungestümes Zugreifen, bei der künstlichen Atmung oder bei der Leichenöffnung zugefügt (wodurch auch Knochenbrüche, Muskelzerreißungen entstanden sein können), oder durch Benagen von Tieren (Ratten, Mäuse usw.) — vgl. Fall 28 S. 56 — zu erklären sein; dabei kann es zur Verschleppung ganzer Gliedmaßen (z. B. durch Füchse) kommen.

Fall 23. In der Obersteiermark, hoch im Gebirge, wo die Leute oft monatelang völlig eingeschneit bleiben, hat sich nachstehender Fall zugetragen: Die Leiche einer alten Frau konnte deshalb nicht beerdigt werden und so wurde sie im Freien in der Nähe des Wohnhauses hingelegt, wo sie steinhart fror. Als sie im Frühjahr zum Begräbnis gebracht und die Totenbeschau vorgenommen wurde, entdeckte man eine Menge von Schrotverletzungen an der Leiche: es hatten sich nämlich nachts Füchse an die Leiche geschlichen, die Hausbewohner hielten Wache, schossen auf die Füchse und „hiebei mag die Leiche einige Schrote abgekriegt haben" (!) (Groß).

Die Amtshandlung mit angeschwemmten sichtlich verletzten Wasserleichen kann mehrfache Schwierigkeiten mit sich bringen. Prof. Groß berichtet über einen solchen vielfach sehr lehrreichen folgenden Fall:

Fall 24. In einem Fluß wurde der vollkommen nackte Leichnam eines Bauernmädchens gefunden. Die Annahme der Leute ging dahin, daß das Mädchen — es war Hochsommer — beim Baden ertrunken sein wird. Die trotzdem veranlaßte Leichenöffnung ergab, daß die Ertrunkene im 4. Monate schwanger war, und nun behaupteten die Leute ebenso rasch, daß sich das Mädchen aus diesem Grunde ertränkt habe. Nun trug die Leiche aber längs des ganzen Rückens und über das Gesäß auffallende, gleichmäßig nebeneinander verlaufende dunkelrote Streifen, die beim Einschnitt „vitale Reaktion" gezeigt haben, das heißt, diese Verletzungen wurden noch zu Lebzeiten gesetzt! Hiedurch war klar, daß das Mädchen über einen Gegenstand gestreift worden sein mußte, der in gleichen Abständen Hervorragungen hatte. Weiters haben aber die vitalen Reaktionen dargetan, daß die Ertrunkene jenen Gegenstand durchschwommen haben mußte, als sie noch am Leben war. Man maß und zeichnete jene Streifen, ließ den Leichnam (zwecks etwa nötiger neuer Vergleiche) einstweilen nicht beerdigen und unternahm eine Wanderung längs des Flusses in die Richtung, aus welcher der Leichnam gekommen war. Ein fortwährendes genaues Besichtigen des Flußbettes und aller Umstände, die in und an diesem irgendwie auffällig waren, ließ an einer im Wasser liegenden Baumwurzel einen Kleiderfetzen und später mehrere solche an anderen Hervorragungen entdecken. Inzwischen hatte ein Gendarm die Wesensgleichheit der Verstorbenen feststellen können und kam den Gerichtsbeamten mit der Mutter der Ertrunkenen entgegen. Es war nun leicht, festzustellen, daß die aufgefundenen Fetzen von deren Kleidern herrührten, es war das Mädchen also keineswegs nackt ins Wasser gekommen, sondern Kleider und Wäsche sind erst im rasch strömenden und mit vielen Baumwurzeln u. dgl. versehenen Wasser vom Leichnam gerissen worden. Fußbekleidung hatte die Ertrunkene keine getragen, sie war barfuß gegangen[1]). Nach langer mühsamer Wanderung, auf der noch Reste der Kleider und Wäsche aufgefischt wurden, kam die Behörde an der Behausung der Verunglückten (etwa 1500 Schritte seitwärts vom Fluß) vorbei, ohne das Hindernis entdeckt zu haben, das jene striemenartigen Streifen am Körper des Mädchens erzeugt haben konnte. Mittlerweile hatte man von der Mutter der Toten erfahren, daß sie einen Geliebten hatte, der in einer Lohstampfe[2]) bedienstet sei. Diese Lohstampfe liege noch etwas stromaufwärts. Nun war wohl zu vermuten, daß die Beamten nicht weiter zu wandern hätten als bis zur Lohstampfe und in der Tat war unterhalb dieser das sogenannte Mühlfluder durch einen großen hölzernen Rechen durchquert, bei dem die Querstäbe einige Zentimeter über den Hauptbalken emporragten, während dieser etwa eine Spanne hoch vom Wasser überflutet wurde. Vorgenommene Messungen ergaben, daß die Entfernung jener überragenden Querstäbe genau mit der Entfernung der kratzerartigen Streifen auf dem Rücken der Toten übereinstimmten. Zweifellos war also, daß diese oberhalb des Rechens ins Wasser geraten war und daß dies nicht weit über diesem gewesen sein konnte, denn, wie die vitalen Reaktionen bewiesen, hatte das Mädchen noch gelebt, als es über den Rechen geschwemmt wurde. Nahe ober diesem war aber die alte Lohstampfe, wo der Liebhaber des Mädchens wohnte, der auch der Vater des zu gewärtigenden Kindes war. Es wurde erhoben, daß er vor zwei Tagen abends seine Geliebte zu sich bestellt und daß niemand seitdem das Mädchen lebend gesehen hatte. In der Mühle war der Bursch nicht mehr, er war und blieb seit dem Augenblicke verschwunden, als er vernommen hat, daß der Leichnam seiner Geliebten gefunden worden ist. Es war kaum zu zweifeln, daß er diese ins Wasser gestoßen hat, offenbar, weil er für das zu erwartende Kind nicht sorgen wollte und vielleicht auch eine andere zu heiraten beabsichtigte.

In ähnlicher Weise wie im vorliegenden Falle wird die Stelle, wo das Opfer ins Wasser gekommen ist, nicht selten durch andere Zufälligkeiten festzustellen sein, z. B. durch Verletzungen und andere Umstände, die freilich nur durch genaue Beobachtung, Erhebung und Berechnung festgestellt werden können.

So fand sich an den Kleidern einer Wasserleiche Ölfarbe — **Fall 25** — die nur von einem meilenweit stromaufwärts gelegenen frisch gestrichenen Brückengeländer herrühren konnte; in diesem Falle gab dieser Umstand den Anhaltspunkt zur Ermittlung des Mörders.

Ein weiterer **Fall (26)**, wenn leider auch erfolglos auslaufend, betraf einen Amtsdiener, der, wie vermutet wurde, durch ein vorgetäuschtes Stelldichein an einen bestimmten Ort bei einem Mühlenlauf gelockt und dann offenbar aus Rache für irgendeine Amtshandlung[3]) ins Wasser geworfen worden war. Allerdings konnte man nicht mehr feststellen als den Ort, wo dies geschehen sein mußte. Der genannte Mühlgang führte zu einer großen Papierfabrik, wo der Nachtwächter den Körper des Ermordeten auf dem Wasser dahertreibend kommen gesehen hatte. Der Nachtwächter mußte nämlich in der Papierfabrik jede Viertel-

---

[1]) Fußbekleidung verliert eine Leiche durch die Gewalt des Wassers allein wohl niemals, denn der Fuß schwillt an, das Schuhleder schrumpft und so sitzen die Schuhe vollkommen fest.

[2]) Das ist eine mühlenartige Einrichtung zur Erzeugung von Gerberlohe.

[3]) Wenn man die in Betracht kommenden Akten, Amtshandlungen usw. auf den Fingerzeig „cui prodest?“ = wem zum Vorteil? durchgenommen und die Personen, mit welchen dieser Amtsdiener in Berührung war, ebenso ferner die beim Begräbnis anwesenden Personen, vielleicht auch Wirtshausgespräche usw. entsprechend beachtet hätte, hätte sich doch sicherlich irgendein Anhaltspunkt für die Beantwortung der Frage nach dem Täter ergeben müssen!

stunde ausrufen und wartete eben, bei einem Gangfenster stehend und auf das Wasser blickend, bis die Fabriksuhr ¾10 Uhr schlagen werde, damit er rufen könne. Er sah also den Körper kommen und half ihn bergen. So konnte allerdings nur durch diesen Zufall festgestellt werden, daß der Körper punkt ¾10 Uhr bei der Papierfabrik angelangt war. Die Taschenuhr des Toten stand natürlich und zeigte ½10 Uhr. — Nun begann eine Reihe von sehr wichtigen Versuchen, die zwei als Sachverständige berufene verständige Uhrmacher in Gegenwart des Untersuchungsrichters vornahmen. Der eine von ihnen, vorläufig befragt, hatte behauptet, eine gute Uhr (d. h. eine Uhr mit gut schließendem, sorgfältig gearbeitetem Gehäuse) müsse stundenlang im Wasser fortgehen, ohne stehen zu bleiben. Der zweite behauptete, es könne nur kurz dauern, wenn das Uhrgehäuse nicht etwa besonders „gedichtet", d. h. durch Kautschuk- oder Lederstreifen abgeschlossen sei. Es wurden nun verschiedene Uhren genommen, die Werke entfernt und statt dieser alte, minderwertige, zur Not noch gehende Werke eingefügt und das Ganze in ein Wasserglas getaucht; es zeigte sich, daß fast immer nach wenigen Augenblicken die Uhr zum Stillstand kam. Nur bei einer englischen Chronometeruhr und bei einem Bauernuhrgehäuse dauerte es 12 bis 15 Minuten. Das letztere hatte nämlich ein sogenanntes Übergehäuse aus Neusilber, welches überdies innen mit Leder sorgfältig ausgefüttert war und nur vorne ein Loch in Pfenniggröße freiließ, um das Zifferblatt teilweise sehen zu können. Die Aufziehvorrichtung war mit Fett wasserdicht gemacht worden. Wie erwähnt: diese Uhr und die englische widerstanden dem Eindringen von Wasser länger; alle anderen nur wenige Augenblicke. Schließlich wurde die bei dem Ertrunkenen gefundene Uhr auseinander genommen, gereinigt, geölt, wieder in Gang gesetzt und dann unter Wasser gebracht: auch diese Uhr blieb nach wenigen Augenblicken stehen. Es war also zweifellos, daß ihr Besitzer wenige Augenblicke vor ½10 Uhr ins Wasser geraten ist, daß er also eine Viertelstunde lang geschwommen war. (Der Mann hatte nur einen sehr leichten Sommeranzug am Leib, der dem Eindringen des Wassers keinen Widerstand leisten konnte).

Nun wurde ein großer Sack mit Heu und soviel Sand angefüllt, daß er sowohl an Inhalt als auch an Gewicht mit einem menschlichen Körper Ähnlichkeit hatte. Dieser Sack wurde in den Mühlgang geworfen und eine Viertelstunde lang schwimmen gelassen. Der Versuch war um so sicherer, als der Mühlgang durchaus senkrechte mit Holz ausgezimmerte Ufer hatte, so daß ein Hängenbleiben an Wurzeln, an seichten Stellen sowohl bei dem menschlichen Körper als bei dem Versuchsgegenstand nicht vorkommen konnte. Die Strecke, welche der Sack in einer Viertelstunde durchschwommen hatte, wurde von der Papierfabrik stromaufwärts aufgetragen und nun war zu vermuten, daß der Verunglückte dort ins Wasser gekommen sei. Genau an der so ermittelten Stelle fand sich allerdings nichts Auffälliges, wohl aber war eine unbedeutende Strecke stromaufwärts das Gras neben dem Wasser stark zertreten, so daß es schien, als habe dort ein Kampf stattgefunden. Außerdem fand sich dort bei genauem Suchen ein Rockknopf, der vom Rock der Leiche fehlte. In Verbindung mit anderen Umständen durfte also mit Sicherheit angenommen werden, daß der Betreffende hier absichtlich ins Wasser geworfen wurde. Der Täter konnte aber niemals festgestellt werden.

Wie schon vorhin kurz erwähnt, kommt es sehr oft vor, daß **Tiere die Leiche angefressen haben** (vgl. Bild 18, 19).

Wenn Ameisen oder Küchenungeziefer (Schwaben, Russen usw.) leicht Zugang hatten und die Leiche benagten (Gesicht, Hals, Hände), können mitunter **Masseverluste entstehen, welche Verätzungen recht ähnlich sind und mit solchen daher schon verwechselt wurden.**

Zu welch schwerwiegenden Täuschungen solche Befunde Veranlassung geben können, zeigt — wie Prof. Haberda in seinem Lehrbuch der gerichtlichen Medizin ausführt — der bemerkenswerte Fall Harbaum (**Fall 27**), der wegen angeblicher Schwefelsäure-Vergiftung seines unehelichen Kindes verurteilt wurde und 8 Jahre(!) im Kerker verbracht hatte, bis sich herausstellte, daß Magenerweichung

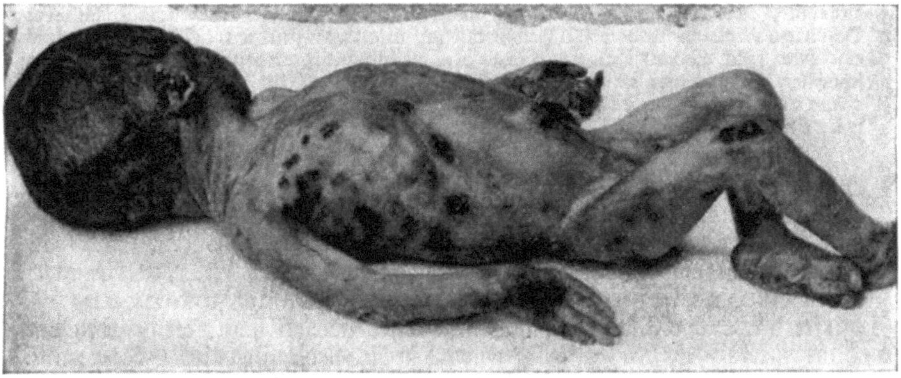

Bild 18. Verletzungen an der Leiche durch Ameisenbisse. (Aus F. Straßmann, Lehrb. d. gerichtl. Medizin, Verlag F. Enke, Stuttgart).

nach dem Tode vorgelegen war und daß gewisse, teils rundliche, teils streifige pergamentartige Vertrocknungen am Kinn, am Hals usw., welche die Leichenöffner von Schwefelsäurewirkungen hergeleitet hatten, von Benagung der Leiche durch Ameisen herstammten, von denen einige noch bei

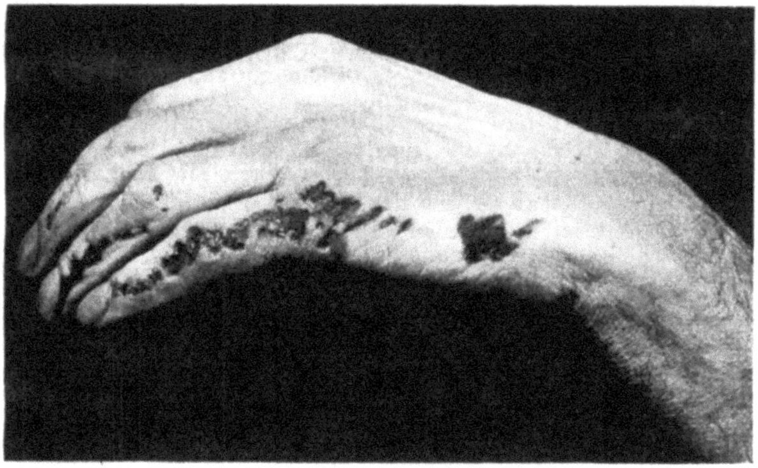

Bild 19. Rattenbenagungen an der Leiche. (Aus Hofmann-Haberda, Lehrb. d. gerichtl. Medizin, Verlag Urban & Schwarzenberg, Berlin-Wien).

der Leichenöffnung im Mund gefunden worden waren! Die Aufdeckung dieses Justizirrtumes wurde durch einen ähnlichen Fall veranlaßt, in welchem ebenfalls verschiedene im Gesicht und am Hals einer Kindesleiche gefundene, zum Teil schwärzlich aussehende und sauer-empfindliche Hautabschürfungen auf Schwefelsäurewirkung bezogen wurden, während sie, wie die Erwägung der Umstände, die

Auffindung einer toten Ameise im Mund und der Nachweis von Ameisensäure in den zur Untersuchung überschickten Hautstücken erwies, von Ameisen hergerührt haben.

Prof. Groß berichtet auch folgenden Fall (**Fall 28**): Ein verläßlicher Gerichtsbeamter hatte einmal den Augenschein an der Leiche eines Ermordeten vorzunehmen, die auf einer allerdings sehr sumpfigen Wiese, aber einige hundert Schritte von einem kleinen Fluß entfernt lag und schon faul war. Die Behörde kam erst sehr spät abends hin und fand den Leichnam geradezu angefüllt mit den schönsten Solokrebsen[1]). Die Zerstörungen, welche die Krebse angerichtet hatten, wären am Tage, wenn sie wieder abgezogen waren, kaum zu erklären gewesen.

Die Frage, wie lange eine Leiche im Wasser gelegen sein dürfte (um für Abgängigkeitsanzeigen und weitere Erhebungen einen Anhaltspunkt zu haben), kann vom Arzt auf Grund der sogenannten Quellungserscheinungen der Haut an Händen und Füßen[2]) nur annähernd festgestellt werden. Im allgemeinen läßt sich sagen: wenn die Haut der inneren Hand, Hohlhand, weißlich und runzelig ist, dürfte die Leiche 3 bis 5 Tage im Wasser gelegen sein; wenn auch der Handrücken weiß und runzelig geworden ist, dürfte sie 5 bis 6 Tage, und wenn sich die Haut mit den Nägeln abstreifen läßt (sog. „Handschuhfinger") dürfte die Leiche etwa 2 bis 3 Wochen im Wasser gelegen sein.

Während Leichen im Winter wochen- und monatelang im Wasser bleiben können, tauchen sie im Sommer im allgemeinen schon nach 2 bis 3 Tagen auf. Im Frühjahr tauchen viele Leichen auf, die im Wasser überwintert haben.

Über die Feststellung der Wesensgleichheit von Wasserleichen siehe Näheres auf S. 52.

Auf die oft ganz furchtbaren Verletzungen, wie solche „im Blutrausch" oder im Aberglauben usw. dem Opfer teils zu Lebzeiten, teils als Leiche zugefügt werden, sei in diesem Zusammenhang auch kurz hingewiesen.

---

[1]) Trotzdem versicherten die Leute, daß es noch nie jemandem eingefallen wäre, in dem Flüßchen nach Krebsen zu suchen, „weil dort keine seien".

[2]) Die Haut ist dann weißlich und runzelig.

Besonderer Teil.

13. Abschnitt.

Fußspuren.

An die Spitze dieses besonders wichtigen Abschnittes seien die prächtigen Worte von Prof. Groß gestellt: „Was sieht und hört nicht der Jäger alles in Wald und Feld, was für den anderen alles tot ist, was sieht nicht der Künstler in einem Bild, in dem der Unkundige nur ein paar farbige Figuren erblickt — für den Laien ein langweiliges Wirrwarr, eine Welt voll Leben und Ideen für den Kenner!" Fürwahr, wer beizeiten sich an scharfes Sehen gewöhnt hat, Fußspuren zu suchen, sie als solche zu erkennen und daraus zu lesen, der ist gegenüber dem diesfalls nicht Geschulten mächtig im Vorteil, denn einerseits wird er sich in schwierigen Fällen selbst zu helfen wissen, dadurch Zeit und Mühe sparen, anderseits aber das Wichtige gleich aufgreifen und ausarbeiten, woran der Laie achtlos vorübergeht.

Was alles aus Spuren herauszulesen ist, kann aus Büchern allein nicht gelehrt werden, dazu muß jeder selbst Versuche machen und in der freien Natur beobachten.

Gleichsam als „Blickfänger" zwei Abbildungen, die so recht veranschaulichen, worauf es hier z. T. ankommt:

1. Beschuhte Füße (Bild 20). Selbst der Laie muß sofort den

Bild 20. Besondere Schuhsohlen. (Aus W. Polzer, Handb. f. d. prakt. Kriminaldienst, J. Schweitzer Verlag, München).

grundlegenden Unterschied der Schuhsohlen erkennen. Werden nun in einem aufnahmsfähigen Boden (z. B. Schnee, Lehm, Kot usw.) solche Sohlen ab- bzw. eingedrückt, so wird ein *Spiegelbild* erzeugt, das im Ernstfall zum unschätzbar wertvollen Beweismittel (auch Entlastung) werden kann. Ob der Schuh benagelt oder unbenagelt ist, wie viele Nägel vorhanden, wie sie geformt und angeordnet sind, wie Absatz und Sohle beschaffen ist (abgetreten, zerrissen) usw. — *auf alle diese Einzelheiten kommt es in der Fußspurenvergleichung besonders an.*

Dann das sogenannte „*Gangbild*": ob die Füße beim Gehen auswärts, gerade oder einwärts gestellt erscheinen, ob die Entfernung der einzelnen Abdrücke voneinander sichtlich groß oder aber klein ist, oder eine Mittelstellung einnimmt usw.

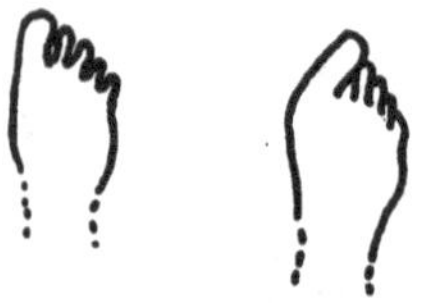

Bild 21. Abdruck nackter Füße. (Aus H. Groß, Handb. f. UR., J. Schweitzer Verlag, München).

2. *Nackte Füße* (Bild 21). Ob einer einen richtig gebauten Fuß oder aber einen *Plattfuß* hat, oder ob es eine Übergangsform ist, läßt sich im Fußabdruck sofort und mit Sicherheit erkennen. Daraus lassen sich *Rückschlüsse auf die Wesensgleichheit oder Nicht-Wesensgleichheit ziehen.* So brachte der sichtliche Abdruck eines Plattfußes die Lösung auf die Frage der Täterschaft:

Fall 29. Auf dem Tatort eines großen Kasseneinbruches (Wien) fand sich der Abdruck eines rechten Plattfußes auf der staubigen Tapetenwand. Der Täter hatte seine Schuhe, um „ruhiger arbeiten" zu können, abgelegt und mit dem rechten Plattfuß sich gegen die Wand gestemmt, um die Kassa wegzurücken. Dieser Abdruck wurde — in der Kartei ausgewertet — zu seinem Verhängnis. Seine Mithelfer waren damit auch bekannt.

Das sichtlich feste, kräftige Auftreten unterscheidet sich auch in der Fußspur gar sehr von dem behutsamen, leichten, vorsichtigen Auftreten. Nirgends so wie hier ist es nötig, *Versuche* zu machen, d. h. einerseits immer wieder Leute zu beobachten, wie sie gehen, sich zuerst die Person ansehen und dann die von ihr erzeugte Fußspur; dann aber auch selbst Versuche machen und daran lernen!

Bild 22. „Schablonen-Verfahren". (Aus W. Polzer, Handb. f. d. prakt. Kriminaldienst, J. Schweitzer Verlag, München).

Auch das längere Stehen auf verhältnismäßig sehr geringer Bodenfläche erzeugt durch das fortwährende Zertreten der eigenen Spur ein sonderbares Wirrwarr von Fußein- bzw. -abdrücken. Es kann im Ernstfall die Frage wichtig sein, dieses Durcheinander von Fußspuren verläßlich zu deuten. Darüber habe ich schon vor fast drei Dezennien ein sog. „*Schablonen-Verfahren*" (Bild 22) ausgearbeitet[1]). Man schneidet aus einem hinreichend großen Hartpapier die Form einer sog. „einballigen" Schuhsohle heraus und sucht die fragliche Spur durch Darüberhalten dieses Ausschnittes als rechte bzw. linke zu

[1]) „Archiv für Kriminalanthropologie und Kriminalistik", Band XL.

erklären und so in die Fußspurengesamtheit eine Erklärung zu bringen. (Durch Umwenden ist der Ausschnitt sowohl für die Spur eines rechten wie eines linken Fußes brauchbar). So einfach dieses Hilfsmittel ist, hat es schon in vielen Fällen die benötigte Klarheit gebracht. Das Bestreben, diese Idee noch weiter auszubauen, hat zu folgendem geführt, was für das Spurensuchen und -verwerten am Tatort eine sehr willkommene Neuerung ist: um das so gefürchtete Herumtreten, womit oft schon die wertvollsten unwiederbringlichen Spuren statt erhalten, zertreten worden sind, auf ein Mindestmaß zu bringen, sei dem Kriminalisten und seinen Gehilfen am Tatort ausschließlich die Benutzung von (Sport-) Sprung- bzw. **Fußballschuhen** empfohlen. Der Vorteil ist ein gewaltiger: durch die auf den Sohlen dieser (jedermann bekannten) Sportschuhe befindlichen Erhebungen, „Nägel" bzw. „Stöpsel" wird die zu sichernde Fußspur (falls man im dunklen Raum unversehens draufgetreten ist) 1. nur zu einem verschwindend kleinen Teil beschädigt, wenn sie überhaupt verletzt wurde, und 2. ist der Schuh des Beamten durch diese „Nägel", „Stöpsel" als solcher sofort kenntlich, kann also keine zeitraubende Verwirrung stiften, wie dies bisher leider so oft der Fall war. Nach vielen Versuchen, die alle glänzend gelangen, sei diese Neuerung allen Kriminalbehörden nunmehr bestens empfohlen!

Bild 23. Fußballschuhe, links „Stöpsel", rechts „Nägel".

Fußspuren, die zur Irreführung hinterlassen werden, müssen hier auch erwähnt werden. Sie sind für den Täter von geringem praktischen Wert: der sichtlich kräftige Mann (Täter) bindet kleine Frauenschuhe auf sein Schuhwerk auf (da er sie nicht anziehen kann), um den Verdacht von sich ab- und auf eine Frau hinzulenken. Umgekehrt ist es auch schon vorgekommen, daß die Täterin Männerschuhe übergezogen hat, um den Verdacht auf einen Mann zu lenken. Absicht des Täters ist es in einem solchen Fall, daß die gefälschten Spuren von der Behörde ja sicher bemerkt werden sollen, sie werden daher an gut sichtbarer Stelle und „aufdringlich" erscheinen. Zudem wird man oft auch noch die Tatsache erkennen können, daß es sich um aufgebundenes Schuhwerk handelt, weil das Bindemittel (Schnur) im aufnahmefähigen Boden mit eingedrückt erscheint.

3. Sonstige Spuren.

Bei der Aufklärung eines Tatbestandes können auch andere Spuren, welche zweifellos oder möglicherweise mit der Tat zusammenhängen, wichtig, sogar Beweismittel werden. Dazu gehören:

Spuren von verschiedenen Fahrzeugen (Fahrräder, Karren, Wagen, Personen-, Lasten-, Kraftfahrzeug usw.). Dabei sei gleich bemerkt, daß man die Schnelligkeit, mit der ein mit Zugtieren bespannter Wagen gefahren ist, an den Spuren der Hufe ersehen kann: Je größer die Schrittweite, desto größer die Geschwindigkeit.

Spuren verwendeter Werkzeuge (z. B. bei Einbrüchen u. dgl.), Spuren, die entstehen, wenn ein Gegenstand mit einem andern absichtlich oder zufällig zusammentrifft (Spuren vom Stechen, Hauen, Schießen, Anstoßen, Werfen usw., ferner Kratz-, Biß-, Würgespuren usw. usw.).

Sehr oft ist aus der zurückgebliebenen Spur u. a. auch die Richtung, Stärke usw. der Gewalteinwirkung zu erkennen, und damit ist in vielen Fällen schon viel gesagt.

4. Spuren von Haustieren.

Zur Aufklärung von Kriminalfällen kann es mitunter wichtig sein, solche Spuren zu kennen (z. B. Diebstahl von Haustieren, welche lebend gestohlen und fortgetrieben wurden usw.):

Bei Pferden sind die Vorderhufe etwas größer als die Hinterhufe, daher dementsprechend auch die Hufeisen. Geht das Pferd langsam, so greift es mit dem linken Vorderfuß aus, dann folgt der rechte Hinterfuß, dann wird der linke Hinterfuß nahe dort aufgesetzt, wo der linke Vorderfuß einen Augenblick war, dann drückt sich der rechte Hinterfuß in der Nähe des rechten Vorderfußes ab (Schrittweite 80 cm). Ist das Pferd im Trab, so ist die Hufspur ähnlich, nur ist die Schrittweite um mehr als die Hälfte länger (130 cm), auch etwas Staub oder dgl. wird nach vorne aufgeworfen. Galoppiert das Pferd, dann greifen die Hinterfüße vor die vorderen, was auch in der Spur ersichtlich wird. Auch wird dadurch mehr Erdreich aufgeworfen (Schrittweite 220 cm). Das schwer ziehende Pferd stemmt die Vorderkante der Hufe fest ein.

Die Spuren von Rindern, Ziegen, Schafen haben, da diese Tiere Zweihufer sind, Ähnlichkeit, sie zeigen die bezeichnenden zwei Eindrücke. Sinken die Tiere in weichem Boden tiefer ein, sieht man auch die Eindrücke der höher befindlichen viel kleineren Afterhufe. Die Spuren der Rinder unterscheiden sich durch ihre bedeutende Größe von jenen der Ziegen und Schafe. Rinder, welche viel im Stalle stehen, haben längere, vorne aufgebogene Hufe und erzeugen beim Gehen daher längere Spuren.

Spuren von Hunden und Katzen: Hunde haben sichtlich größere und längere Fußspuren, auch drücken sie, da sie ihre stumpfen Krallen nicht zurückziehen können, dieselben ein; Katzen dagegen erzeugen einen mehr kreisförmigen Abdruck der Füße ohne sichtbare Krallenspuren.

Nochmals sei betont: Versuche machen und lernen, wo immer es möglich ist, um im Ernstfall gerüstet zu sein!

5. Das Abformen von Fußspuren.

Diesbezüglich sei auf die genauen Schilderungen in meinem „Handbuch für den praktischen Kriminaldienst" verwiesen, woselbst das Abformen von Fuß- und sonstigen Spuren mit allen Einzelheiten angegeben ist.

14. Abschnitt.

Blutspuren.

Dieser Abschnitt ist im Rahmen dieser Darstellung von solcher Wichtigkeit, daß hier etwas weiter ausgeholt werden muß.

Wer beizeiten gelernt und sich geübt hat, möglichst scharf zu sehen, Blutspuren zu suchen, zu verfolgen und zu deuten, der wird auch im Ernstfall gerüstet sein, die Sache richtig anfassen — darauf kommt es gerade an! Es ist gewiß keine so einfache Angelegenheit, Blutspuren als solche sicher und sofort zu erkennen, da sie durch Zeitablauf, Verschiedenheit der Unterlage, Witterungseinwirkungen usw. mitunter ganz wesentlichen Form- und Farbveränderungen unterworfen sind, so daß sie von Laien nie für Blut gehalten würden. So kann ein Blutfleck fast farblos sein, aber auch in den verschiedensten Schattierungen von braun oder grün auftreten usw. — Solchen Schwierigkeiten der Erkennung kann man größtenteils aus dem Wege gehen, indem man rechtzeitig Versuche macht und dabei etwa so vorgeht, wie Verfasser es seinerzeit für Studienzwecke am Kriminalistischen Universitätsinstitut getan hat: Stückchen der verschiedensten Unterlagen[1]), mit denen Blut möglicherweise in Berührung kommen kann, wurden mit frischem (Rinder-) Blut (Schlachthaus) bespritzt und dann teils im Freien belassen, so daß Kälte, Hitze, Regen, Sonne einwirken konnten, teils in einer großen, in viele kleinere Fächer unterteilten Schachtel verwahrt, um den Zutritt von Staub u. dgl. abzuwehren. So einfach dieser Versuch war, so geradezu überraschend war das Ergebnis, worüber in einem Aufsatz: „Form- und Farbveränderungen des Bluttropfens"[2]) berichtet wurde.

Es ist selbstverständlich, daß am Tatort, wo Blutspuren vorhanden sein können oder sichtlich vorhanden sind, besonders sorgfältig vorgegangen werden muß, da sie für den Hergang der Tat und für die Entdeckung des Täters (vielleicht auch dessen Überführung) von größter Bedeutung sind.

Wie treffend sagt doch Prof. Haberda: „Da sich Blutspuren und andere verdächtige Befunde nicht selten am Tatort ergeben und das Verhalten dieser mitunter von großer Bedeutung ist, wird die Anwesenheit des Gerichtsarztes auch bei der Vornahme des sog. Augenscheines in Anspruch genommen. Die Lage, in welcher eine

---

[1]) Von bekannten Gewerbetreibenden (Schuhmacher, Schneider, Buchbinder, Papierhändler, Schreiner, Klempner, Schlosser usw.) bekommt man gerne die gewünschten Abfälle, von einem Spaziergang bringt man sich Staub, Erde, frische und dürre Blätter, Moos, Baumrinde usw. usw. mit und kann schon mit den Versuchen beginnen.

[2]) „Archiv für Kriminalanthropologie und Kriminalistik", Bd. XLIV (1909).

Leiche gefunden wird, die Anordnung der Kleider und verschiedener in der Nähe befindlicher Gegenstände, insbesondere Form und Verteilung von abgeflossenem oder verspritztem Blut können wichtige Anhaltspunkte bezüglich der Art und Weise, wie, und der Umstände, unter welchen eine Tat verübt wurde, geben, wenn sie, noch bevor Veränderungen vorgenommen wurden, genau untersucht und von einem kriminalistisch geschulten Arzt gewürdigt werden. Oft wird bei Aufdeckung von Todesfällen zuerst ein benachbarter Arzt herbeigeholt. Er hüte sich, eine Veränderung an dem gegebenen Zustand eines Körpers und seiner Umgebung vorzunehmen, es sei denn, daß etwa die Möglichkeit ärztlicher Hilfe dies erfordert, trete ja nicht in Blutspuren hinein, um sie nicht zu vertragen, da die nachkommende behördliche Kommission sonst irregeführt werden könnte."

Blutspuren können auch vom Verletzten (Getöteten) selbst erzeugt, aber auch von Leuten hinterlassen worden sein, die nachträglich zur Leiche hinzukamen.

Um zu sagen, wie man es nicht machen darf, sei als warnendes Beispiel hiefür der von Prof. Haberda zitierte Fall (**Fall 30**) übernommen, in welchem durch den zuerst hinzugerufenen Arzt, der in das Blut getreten war, Blutspuren von dem Zimmer, in welchem die Leiche lag, in ein Nachbarzimmer getragen wurden, wodurch der Bewohner des letzteren nachträglich in den Verdacht geriet, die Tat begangen zu haben.

Fall 31. In einem Wiener Fall war die Deutung der Blutspuren dadurch erschwert worden, daß die zur Hilfeleistung gerufenen Ärzte, welche den durch Hammerhiebe zu Boden gestreckten Beraubten in seinem kleinen Geschäftsladen noch lebend antrafen, mehrere beim Reinigen der Wunden verwendete blutige Wattebauschen zu Boden geworfen hatten (Haberda). Ferner:

Fall 32. Ein andermal hatte der vor der behördlichen Kommission erschienene Arzt dem infolge von Hieben gegen den Kopf in tiefer Bewußtlosigkeit befindlichen Mann die Schuhe ausgezogen, sich bei der Hilfeleistung an den Händen blutig gemacht und diese in einem am Tatort befindlichen Waschbecken gewaschen. Die Gerichtsbehörde war geneigt, das blutige Wasser im Waschbecken darauf zu beziehen, daß der Raubmörder sich vor dem Verlassen des Tatortes von Blut gereinigt habe. Sie wußte sich auch nicht zu erklären, warum der sonst völlig bekleidete Mann in seiner Kanzlei die Schuhe abgelegt habe, bis ein Zeuge den wahren Sachverhalt aufklärte. (Haberda [1]).)

Blutspuren können vorhanden sein: auf dem Tatort, Täter (Verdächtigten), sowie auf Gegenständen verschiedener Art (besonders Waffen, Kleidern usw.).

Blutspuren können am Tatort in verschiedener Form zu finden sein: als Blutlache, Blutspritzer, abgetropftes Blut, als verwischtes oder verschmiertes Blut.

Die Blutlache bekundet unter allen Umständen einen größeren Blutverlust, vielfach eine tödliche Verletzung [2]); Blutspritzer

---

[1]) Damit soll wahrhaftig nicht gegen den Arzt Stellung genommen sein, im Gegenteil, aber nur aus ehrlich einbekannten Fehlern kann man lernen und auch der Jurist hat, wie aus der Tätigkeit von Berufskollegen und einschlägigem — z. T. a. a. O. gebrachtem — Schrifttum bekannt ist, manchmal gründlich daneben gehauen!

[2]) Verlust der Hälfte der Blutmenge kann bei gesunden Personen lebensgefährlich werden, besonders dann, wenn das Blut, wie es bei großen Verletzungen geschieht, rasch verloren wird. Kranke überleben den Verlust der halben Blutmenge nicht. 70% Blutverlust wirkt unbedingt tödlich.

können entweder von spritzenden Blutgefäßen, also verletzten Schlagadern herrühren[1]) (sie sind dann nicht selten durch ihre in einem Bogen angeordnete Stellung, Größe und Vielheit, sowie durch die dicke Blutschichte erkennbar), oder sie können aus einer Wunde oder von einem blutbefleckten Werkzeug abgetropft sein. Verschmiertes oder verwischtes Blut ist an der dünnen meist deutliche Streifung zeigenden Schichte zu erkennen.

Bezüglich der Formveränderung des Bluttropfens ist noch zu sagen:

1. Ist der Tropfen kreisrund und strahlenförmig allseits ziemlich regelmäßig von kleinen Spritzern umgeben (Bild 24 a), dann deutet dies darauf hin, daß er von einem im Augenblick des Abtropfens im Zustande der Ruhe befindlichen Körper auf die wagrechte Unterlage gefallen ist. War die Unterlage schief oder senkrecht, so nimmt er längliche, keilförmige Form an (Bild 24 b).

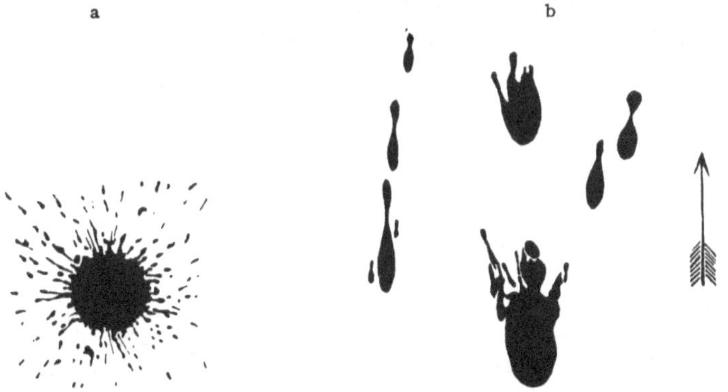

Bild 24. Tropfen-Form. (Aus W. Polzer, Handb. f. d. prakt. Kriminaldienst, J. Schweitzer Verlag, München).

2. Ist der Tropfen länglich, flaschenförmig (Bild 24 b), so weist dies darauf hin, daß er von einem im Augenblick des Abtropfens im Zustande der Bewegung befindlichen Körper herstammt, oder auf eine mehr oder weniger senkrechte Unterlage aufgefallen ist, von der er ablief; (diese Formen bleiben dauernd im Gedächtnis, wenn man sich die Mühe nimmt, bezügliche Versuche zu machen).

3. Verwischten oder verschmierten Blutflecken fehlt jede ausgesprochene Form, während Bluttropfen und Blutflecke eine scharf ausgeprägte Gestalt besitzen.

---

[1]) Dazu ein lehrreicher **Fall (33)**: Ein Weib wurde am Fuße einer Kellertreppe tot aufgefunden. Die Leichenöffnung ergab, daß sie infolge des Sturzes an einem Bruch des Schädels und der Wirbelsäule gestorben war. Beim Augenschein fanden sich an der obersten Stufe der Treppe in einer Höhe von etwas über 1 Meter über dieser frische Blutspuren an der Zimmerwand, die anscheinend von einer spritzenden Arterie herrührten. Da die Leiche eine Wunde in der rechten Schläfengegend zeigte, welche die rechte Schläfe-Arterie durchtrennt hatte, lag es nahe, zu erklären, daß das Weib diese Wunde oben auf der Stiege erhalten hat und dann erst in den Keller hinabgestoßen worden ist, welche Annahme durch die weiteren Erhebungen bestätigt wurde (Haberda).

Aus dem Gesagten (und bezüglichen Versuchen) ergibt sich, daß der triefende Körper sich in jene Richtung fortbewegt hat, wohin beim länglichen Tropfen die stets nach einer Richtung gelagerten Spritzer (gleichsam wegweisend) zeigen, (das so entstandene Tropfenbild gleicht den Fingern einer Hand, wenn wir uns den Handteller als Tropfen und die Finger als Spritzer denken).

Je länger ein Spritzer (Tropfen) ist, desto rascher war die Bewegung des Körpers, von dem er erzeugt wurde.

Auch blutigen Fingerabdruckspuren und Fußspuren kommt auf dem Tatort besondere Bedeutung zu; es sei daher auch auf die Abschnitte S. 68 und S. 57 verwiesen.

Dieser Abschnitt ist von so grundlegender Bedeutung, daß sowohl über das Aufsuchen wie über das Sichern der Blutspuren im folgenden das Wesentlichste gesagt sei.

a) Das Aufsuchen von Blutspuren.

Wenn man sich nach wiederholten Versuchen über die Form- und Farbveränderungen des Blutes hinreichend im klaren ist, wird man auch mit ziemlicher Sicherheit Blutspuren als solche erkennen können. Dabei ist zu erwähnen, daß manche Flecke oft täuschend Blut ähnlich aussehen, ohne jedoch Blut zu sein. So sehen Rost- und Tabakflecke, ferner Tropfen bestimmter Fruchtsäfte und Säuren usw., dann gewisse Moosarten, Pilze usw. auf den ersten Blick wie Blut aus. Diesfalls steht dem Kriminalisten helfend der Sachverständige (Gerichtsarzt, Chemiker, Mikroskopiker) zur Seite, welcher mit Sicherheit sagen kann, ob ein Fleck wirklich Blut ist oder nicht[1]), ob Menschen-[2]) oder Tierblut[3]) und von welchem Tier stammend. Der Gerichtsarzt wird auch sagen können, ob der Verletzte solche Blutspuren noch selbst erzeugt haben konnte oder nicht (vgl. auch das über Hieb-, Stich-, Schußverletzungen, über Verletzungen mit stumpfen Werkzeugen Gesagte). Auch über das Alter einer Blutspur wird der Sachverständige wenigstens annähernd Angaben machen können.

Fall 36. In einer Mordsache konnte festgestellt werden, daß das in einem Hühnerstall vorhandene Blut nicht Menschenblut war, sondern tatsächlich Hühnerblut; damit wurde der Verdacht, daß der Mord im Hühnerstall ausgeführt worden sei, widerlegt. In einem andern Fall (**Fall 37**) war von dem Beschuldigten behauptet worden, daß die Blutflecke auf dem vorderen Teil seines Hemdes von Schweineblut herrühren, während tatsächlich Menschenblut

---

[1]) Dazu **Fall 34.** In einem Fall wurde ein Papier mit Flecken übergeben, die größtenteils gelblich, teilweise verwaschen rötlich aussahen und für Blut gehalten wurden. Der Beschuldigte gab an, daß er auf diesem Papier geräuchertes Fleisch verzehrt habe, wovon die Flecken herrühren. Die mikroskopische Untersuchung bestätigte diese Angaben, da sie viel Fett sowie Fett von Bindegewebe und quergestreiften Muskelfasern ergaben (Haberda).

[2]) Derartige Untersuchungen können immer und verläßlich durchgeführt werden.

[3]) Dazu ein Fall (**Fall 35**), den Prof. Haberda erwähnt: Der Besitzer eines Messers gab an, daß die darauf befindlichen Blutspuren dadurch entstanden seien, daß er einige Tage zuvor eine Pferdeleber zerschnitten habe. In der Tat waren außer Blutkörperchen deutlich Leberzellen nachweisbar.

in Frage kam. Eine völlige Widerlegung fanden durch die wissenschaftliche Blutuntersuchung die Behauptungen eines Wilddiebes (**Fall 38**), wonach die Flecke in einem bei ihm vorgefundenen Sack von Menschenblut stammen sollten, während es sich tatsächlich um Hasenblut handelte.

Blutuntersuchungen sind wie die übrigen gerichtlich-chemischen Aufgaben Sonderuntersuchungen, die nur auf Grund großer Erfahrungen zuverlässig und ohne Nachteil für den Beschuldigten erledigt werden können. Zu welchen Auswirkungen mangelhafte Beherrschung

Bild 25. Blutflecken an einem Handtuch. (Loock).

dieses Gebietes führen können, zeigte eine Mordsache, in der von einem Chemiker Flecke auf den Kleidern des mutmaßlichen Mörders unter genauer Angabe des Untersuchungsverfahrens mit aller Bestimmtheit als Blutflecke bezeichnet wurden, während diese bei der Überprüfung als aus roter, stark eisenhaltiger Farbe bestehend ermittelt wurden. Damit konnten die Angaben des Beschuldigten, daß die Flecke aus sog. Torgament, einem ausgesprochen rotgefärbten, stark eisen- und magnesiahaltigen Material und nicht aus Blut bestünden, in vollem Umfange bestätigt werden (Loock).

Ein weiterer lehrreicher Fall (**Fall 39**): Eine Frau hatte ihren Stiefsohn in geradezu tierischer Roheit zu Tode geprügelt. Sie bestritt ganz entschieden ihre Schuld und führte die an dem Körper des Verstorbenen vorgefundenen Verletzungen auf Zufälligkeiten zurück. Durch eine eingehende Untersuchung der in dem Haushalt der beschuldigten Frau von ihr gebrauchten Gegenstände auf Blut konnte ihre Schuld in vollem Umfange nachgewiesen werden: es fanden sich auf einem Stocheisen und einem Besenstiel Blutflecke, an einem Eßgeschirr wurden Blutflecke mit Haaren des Verstorbenen ermittelt. Die als Zeugen eidlich vernommenen Mitbewohner des Hauses gaben an, daß die Beschuldigte ihren Stiefsohn wiederholt mit Stocheisen und Eßgeschirr mißhandelt hatte; so fand die chemische Untersuchung ihre Bestätigung.

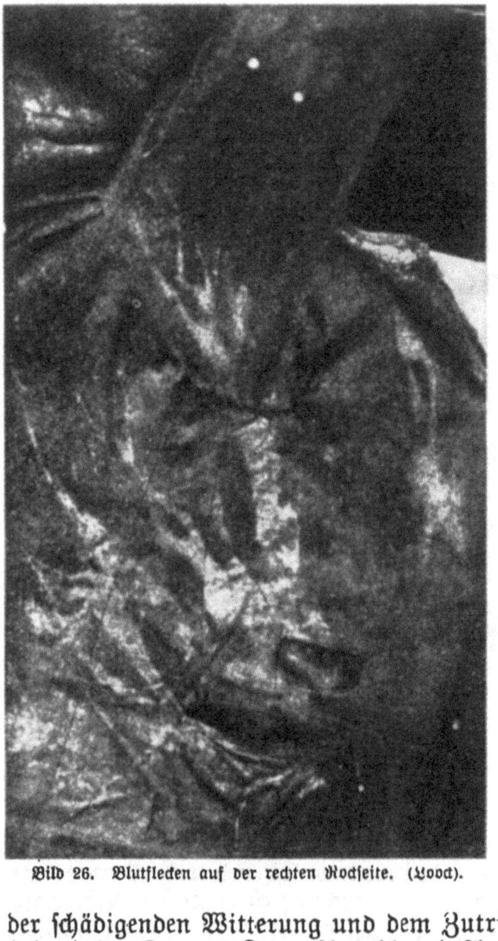
Bild 26. Blutflecken auf der rechten Rockseite. (Lood).

Bild 25 gibt Blutflecken wieder, wie sie durch Abwischen blutiger Finger in einem Handtuch entstanden sind. Die Form der Finger tritt deutlich hervor. Dieses blutbefleckte Handtuch gehörte zu den wichtigsten Belegen in einer Mordsache; Bild 26: Blutflecke auf der rechten Rockseite[1]).

Was muß beim Aufsuchen von Blutspuren der Reihe nach geschehen?

1. Erstdazugekommene fragen, ob und wie sie vielleicht Blutspuren gefunden haben, ob und von wem etwa schon der Tatort betreten wurde, warum dies geschah, und ob dort etwas angerührt wurde (z. B. Wiederbelebungsversuche, den Toten „ins Bett legen" usw.).

2. Nicht unnütz herumtreten!

3. Sind Blutspuren im Freien und unter Dach vorhanden, dann zuerst die im Freien befindlichen Spuren — weil der schädigenden Witterung und dem Zutritt Unberufener ausgesetzt — behandeln. Da aus Lage, Anzahl und Anordnung von Blutspuren oft sehr wichtige Schlüsse zur Aufklärung des Herganges gezogen werden können, müssen diese stets sogleich und so gut als möglich vor Schaden bewahrt werden.

[1]) Zum Nachweis von Blutspuren auf Kleidern, Flecken auf Stoffen u. dgl. mehr wurden mit dem Spektralokular von C. Reichert, Optische Werke, Wien XVII, ganz vorzügliche Ergebnisse erzielt. — Zur Feststellung von Blutspuren auf Metallen hat sich das Reichert-Metall-Mikroskop bestens bewährt.

4. Sind Fußspuren und Blutspuren vorhanden, dann zuerst die Fußspuren behandeln, damit man dann nicht fürchten muß, eine Blutspur zu zertreten.

5. Tatort in möglichst großem Umkreis absperren!

6. Nach Überblicken des gegebenen Sachverhaltes überlegen, wo überall Blutspuren sein können und dann planmäßig und sorgfältigst suchen; dabei nicht vergessen, daß Blutspuren auch an Stellen, die das Auge nicht sofort sieht (z. B. an der Unterseite des Tisches, im Innern von Rocktaschen usw.), wo sich der Täter in der Eile oder gedankenlos („Eine große Dummheit!") die Finger abgewischt hat, vorhanden sein können.

7. Wenn möglich, dem Sachverständigen (Arzt) suchen helfen — vier Augen sehen mehr als zwei! —, damit man einerseits nichts übersieht, was wirklich Blut ist, anderseits sich mit dem Betrachten von Flecken nicht unnütz aufhält, die zweifellos nicht Blut sind.

8. Genauestens und der Reihe nach suchen, dabei so wenig als möglich anrühren, was aber angefaßt werden muß, soll nur mit Handschuhen geschehen, um nicht noch verwirrende eigene Fingerabdruckspuren zu hinterlassen!

9. Beim Suchen künstliches Licht (elektrische Taschenlampe, Kerze) und Lupe auch bei Tag zu Hilfe nehmen, da man so Blutspuren als solche viel besser erkennt.

10. Im Zweifel darüber, ob etwas eine Blutspur ist, oder sein kann, lieber mehr als „Blutspur" betrachten und als solche behandeln, als sie mit der Beruhigung „Ich glaube, das wird keine Blutspur sein", einfach zu übergehen. Gegenstände, die auch nur möglicherweise mit Blut befleckt waren und dann vielleicht oder sichtlich gereinigt worden sind (für die spätere Verwertung durch den Sachverständigen) unbedingt beschlagnahmen (z. B. Kleidung, Werkzeug, Waffe usw.) oder durch Absperren sichern. Trotz versuchter Reinigung bleibt im Schmutz hinter den Fingernägeln und im Nagelfalz, im Falz des Taschenmessers, in früher blutbefleckter Kleidung, im benutzten Waschwasser, Ausguß usw. für den Sachverständigen (Mikroskopiker, Chemiker) noch hinreichend Material zurück. Oft wird schon die Tatsache allein, daß etwas auffällig und sichtlich in letzter Zeit gereinigt worden ist, bedenklich erscheinen und aufzuklären sein.

11. Wenn man sich scheinbar nicht zurechtfinden kann, dann sich den Hergang schrittweise, wie er sich folgerichtig abgespielt haben wird, vorstellen.

12. Wegen Nichtvorhandenseins von Blutspuren auf Körper und Kleidung des Verdächtigten sich vom gegründeten Verdachte der Täterschaft weder abbringen noch irgendwie irremachen lassen, denn der Täter kann die blutbefleckte Kleidung auch versteckt oder vernichtet haben, er kann vielleicht fremde oder möglicherweise auch absichtlich gar keine Kleidung angehabt haben, wie Fälle aus der Praxis zeigen.

13. Wenn bei einer großen (tödlichen) Verletzung, die erfahrungs-

gemäß bedeutenden Blutverlust zur Folge haben mußte, wenig oder gar kein Blut auf dem Tatorte vorhanden wäre, ist dieser Umstand unbedingt aufzuklären.

14. Bezüglich Lage, Anzahl usw. der gefundenen Blutspuren eine sorgfältige Erklärung verfassen[1]).

15. Das Abnehmen der Blutspuren darf nur der Sachverständige besorgen!

b) Das Sichern von Blutspuren.

Spuren, welche zweifellos oder möglicherweise von Blut herrühren, müssen vor Beschädigung oder Vernichtung geschützt werden.

aa) Sind die Blutspuren auf dem Fußboden (Erde), so sind sie vorerst mit (früher ausgeklopften) Kisten, Körben, Töpfen u. dgl. zu überdecken;

bb) sind Blutflecke (Spritzer) auf der Wand, so ist die betreffende Stelle durch sichtliche Papierstücke, welche unterhalb vorläufig befestigt werden können, vorderhand gut ersichtlich zu machen;

cc) sind Blutspuren auf Einrichtungsgegenstücken, dann sind diese, nachdem der Tatort hinreichend photographiert worden ist, mit der blutbefleckten Seite vorsichtig zunächst gegen die Wand zu stellen, um Beschädigungen zu verhindern.

Schließlich sei bemerkt, daß man mit Hilfe des Lichtbildes Blutflecke (auf Wäsche, Mauer usw.), auch wenn sie nur kaum sichtbar sind oder überhaupt nur vermutet werden, deutlich erkennbar machen kann; dasselbe gilt z. B. auch für schwache Blutunterlaufungen (Würgespuren usw.).

c) Das Abnehmen von Blutspuren

ist ausnahmslos Aufgabe des Sachverständigen (Arztes).

15. Abschnitt.

Fingerabdruckspuren.

Es ist einerseits selbstverständlich, daß auch dieser Abschnitt wegen seiner grundlegenden Wichtigkeit im Rahmen dieser Ausführungen Behandlung finden muß, anderseits kann man sich diesfalls ganz kurz halten, weil man das Wesentliche in einem Buch für Fortgeschrittene voraussetzen kann. Daß ein auf dem Tatort zurückgebliebener verwendbarer Fingerabdruck von der Hand des Täters herrührend und dadurch auf diesen hinweisend, ein, manchmal vielleicht auch das einzige schlagende Beweismittel ist, haben Fälle aus der Praxis zur Genüge gezeigt.

[1]) Z. B.: Auf dem Schreibtisch im Herrenzimmer sind deutlich sichtbare Abdrücke von blutigen Fingern vorhanden, anscheinend von der linken Hand herrührend, und zwar am vorderen unteren Rand der Tischplatte, über dem Ladenschloß und ein deutlich sichtbarer Abdruck von drei Fingern, anscheinend von der rechten Hand herrührend, auf der untern vordern Leiste der Schublade unmittelbar unterhalb des Schlüsselloches. Allem Anschein nach wollte der Täter die Schreibtischlade, in der er bestimmt Wertsachen vermutet hat, aufkriegen. Dabei hat er zweifellos mit der linken (blutigen) die Tischplatte hochgehoben, während er mit der rechten blutigen Hand an der untern Schubladenseite anzog, usw.

Die auf der Innenseite der Fingerbeere vorhandenen Linien, die am zweckmäßigsten in vier Grundformen eingeteilt werden (vgl. Bild 27), haben in ihrer feinen Gestaltung bekanntlich derart viele Eigentümlichkeiten (vgl. Bild 27 a), daß sie seit altersher als ganz sicherer Beweis der Wesensgleichheit gewertet wurden und noch heute werden. Wir wissen einerseits, daß es nicht zwei in allen Einzelheiten gleiche Fingerabdrücke gibt und anderseits, daß diese feinen Linien von ihrem Entstehen bis zur Auflösung des Körpers in ihrer Eigenart erhalten bleiben. Darauf beruht eben der ausschlaggebende Wert für solche Nachweise. Die Polizei führt Fingerabdrucksammlungen (z. B. „Bayerische Landeszentrale für FA. in München" — zusammenfassend ist eine Reichszentrale in Berlin gedacht —) und ist bezüglich ihr eingesandter Fingerabdrücke in der Lage,

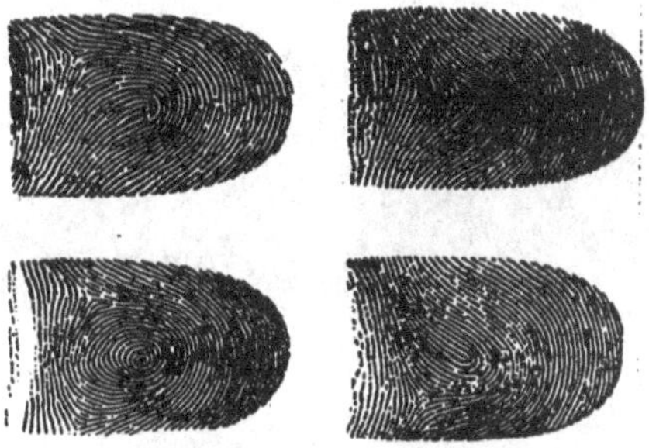

Bild 27. Die 4 Grundformen der Papillarlinien. (Aus H. Groß, Handb. f. UR., J. Schweitzer Verlag, München).

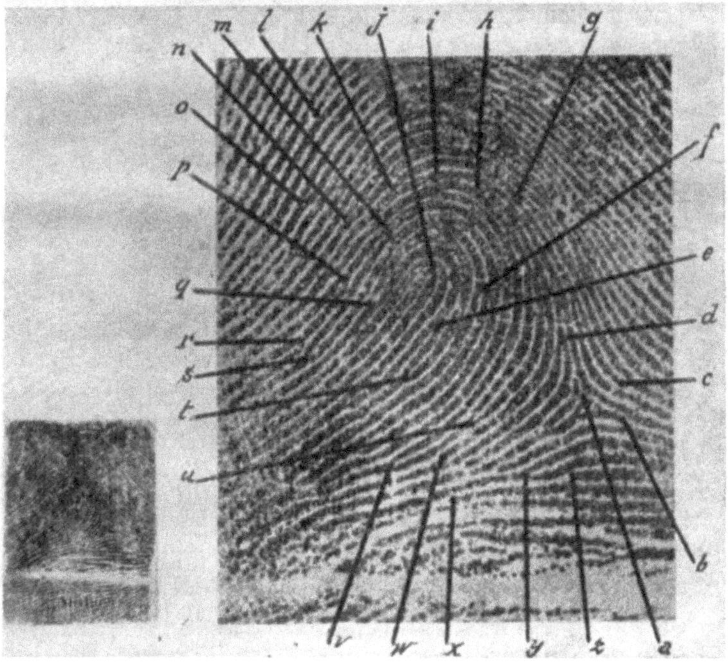

Bild 27 a.

zu sagen, ob gegebenenfalls Gleichheit oder Ungleichheit vorliegt und wer der Träger dieser Abdrücke ist.

Ein Arbeiter war von drei Brüdern in bestialischer Weise ermordet worden. Am Tatort wurde ein Stocheisen und zwei Messer gefunden. Für die Schuldfrage war es von großer Bedeutung festzustellen, welcher

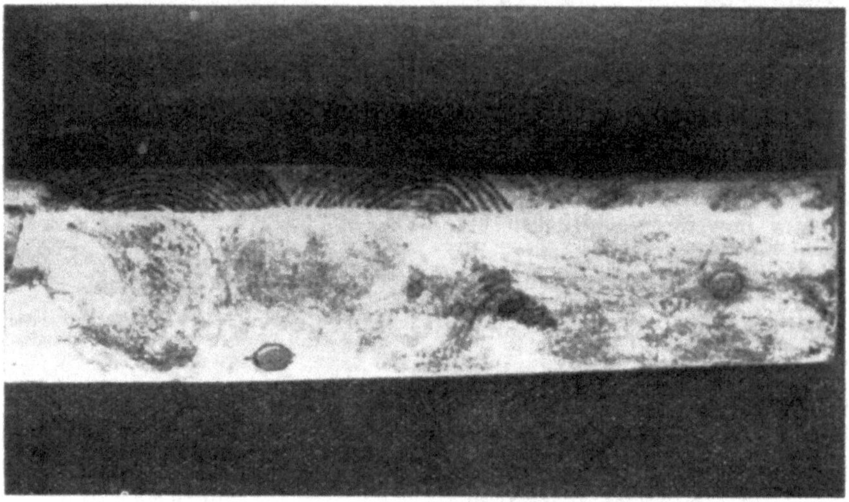

Bild 28. Messergriff mit blutiger Fingerabdruckspur. (Loock).

Bild 29. Fragliche Fingerabdrücke vergrößert.

der drei Brüder dem Ermordeten die große Anzahl tödlicher Verletzungen beigebracht hatte. Das eine Messer war vom Blut frei, das andere mit Blut stark befleckt. An der schmalen Seite des Griffes befanden sich zwei kaum sichtbare, von blutigen Fingern herrührende Abdrücke (Bild 28). Diese konnten festgehalten und vergrößert werden. Es waren Abdrücke der mittleren Partie des oberen Teiles zweier Mittelfinger. Der Vergleich der Fingerabdrücke ergab eine vollständige Übereinstimmung mit den Linien des Fingers des Bruders Gustav G. (Bild 29), der das Messer seines Bruders Otto zum Mord benützt hatte (Loock).

Über den Vorgang beim Abnehmen von Fingerabdrücken Lebender und Toter sei auf mein früher genanntes „Handbuch" verwiesen.

16. Abschnitt.

Einbruchdiebstahl.

Wie schon a. a. O. näher ausgeführt, gehört unter den Eigentumsverbrechen auch der Diebstahl zu jenen Taten, die sehr oft vorgetäuscht werden; vgl. daher auch den Abschnitt „Vorgetäuschte Verbrechen" S. 33. Es ist also vom Anfang an besondere Vorsicht geboten und immer zu bedenken: der vorgefundene Tatbestand kann so sein, wie er gefunden wurde, er kann aber auch vorgetäuscht sein. Bis zur Klarstellung darüber, ob das

Bild 30. „Zunftmäßige Arbeit".

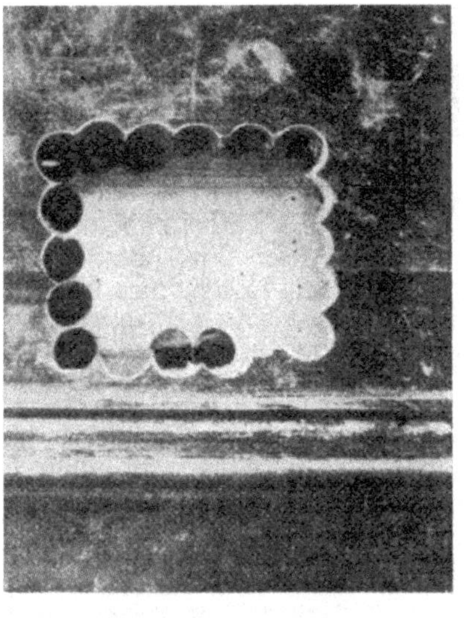

Bild 31. „Lewone".

eine oder andere der Fall ist, sind „beide Richtungen zu besetzen", d. h. nach beiden Richtungen Erhebungen zu pflegen, bis die eine Richtung als sicher nicht in Betracht kommend von selbst aufhört.

Wir haben uns hier, dem Titel des Buches folgend, in erster Linie mit jenen Diebstählen zu befassen, bei deren Verübung auf dem Tatort Sachbeweise zurückgeblieben sind, also nicht nur Fuß- und Fingerabdruckspuren und sonstige Spuren, sondern hauptsächlich die Art der Verübung, die Technik auszuwerten ist. Die Frage, ob gegebenen Falles ein berufsmäßiger Einbrecher „gearbeitet" hat oder nur ein Pfuscher sich versuchte, oder ob das Ganze überhaupt nur vorgetäuscht ist, wird der geschulte Fachmann wohl immer mit Sicherheit lösen können. Waren z. B. Zigeuner die Täter, so ist das an ihrem kennzeichnenden Vorgehen sogleich klar (vgl. Näheres S. 28, 30). Bild 30 wird auch wohl der Nichtfachmann dahin deuten können, daß hier berufsmäßige Einbrecher „gearbeitet" haben, also ein richtiger „Schränker" an der Arbeit gewesen sein muß. Das sog. „Lewone legen"[1]), d. h. Löcher in bestimmter Reihe bohren (Bild 31), ist nur dem berufsmäßigen Einbrecher eigen. Der Kriminalist hat bekanntlich nicht bloß damit, sondern auch mit den vielen Arten des Diebstahles zu tun; in allen Fällen hat der Täter seine „Visitkarte zurückgelassen", die mehr oder minder offen zutage liegt bzw. nach der erst gesucht werden muß. Zu finden wird sie aber vom geschulten, sorgfältig arbeitenden, berufsfreudigen Kriminalisten wohl immer sein.

17. Abschnitt.

Brandstiftung.

Brandstiftungen zu bekämpfen gehört im Deutschen Reich mit zu den Aufgaben der Landeskriminalpolizei. In der richtigen Erkenntnis der Tatsache, daß die Ermittlung in Brandfällen, d. h. die Klarstellung der Brandursache in den meisten Fällen sehr schwierig ist, hat man besonders geeignete Beamte in einer sog. „Brandfahndung" zusammengestellt. Diese Brandfahnder sind in allen einschlägigen Fragen (wie z. B. Tatbestandsaufnahme, Tatortspurenverwertung, Brandursachen aller Art, Bauwesen, Versicherungsbetrug usw.) vorbildlich unterrichtet, so daß ihre Einsetzung den bestmöglichen Erfolg verbürgt.

Zu den hier wichtigsten Fragen gehören insbesondere folgende:

1. Wo ist das Feuer ausgebrochen? Hat es ursprünglich — soweit es noch feststellbar ist — sichtlich schwach oder gleich sehr kräftig gebrannt, was an verrußten bzw. stark verbrannten Balken, Türstöcken usw. noch feststellbar ist. War der Brandherd hinsichtlich Einäscherung günstig gelegen, genügend Brennstoff vorhanden? u. dgl. mehr.

2. Wie ist das Feuer entstanden? Brandursache? Ist Selbstentzündung durch chemische oder physikalische Ursachen anzunehmen?

---

[1]) Hinsichtlich Ausdrücke aus dem Gebiet der Verbrechersprache verweise ich auf mein „Gaunerwörterbuch für den Kriminalpraktiker" (J. Schweitzer Verlag, München). Über einen solchen Gaunerbrief, der in einem Einbruchsdiebstah: Wien-Linz a. D. eine entscheidende Rolle spielte und dann vollen Erfolg brachte, berichtete ich u. a. in der „Deutschen Strafrechtszeitung", Berlin, 1918, Heft 1/2 usw. (**Fall 40**).

Blitzschlag? Bestimmte Stoffe, eng aneinander gelagert, gepreßt, können sich bei plötzlicher Frischluftzuführung bekanntlich entzünden. Kurzschluß, ungenügende Sicherung elektrischer Leitungen, schadhafte, nicht gefegte, überheizte Kamine u. dgl. Ursachen sind neben einer oft unglaublichen Unvorsichtigkeit mit brennenden oder glühenden Gegenständen (offenes Licht, glühende Rauchwaren) in explosionsfähiger Umgebung erfahrungsgemäß in vielen Fällen Brandursache gewesen.

3. Wann ist der Brand ausgebrochen? Was sagen Eigentümer (Pächter), Nachbarn und sonstige Auskunftspersonen? Leumund und wirtschaftliche Lage des Eigentümers (Pächters)?

Ferner: Brandplatz und Brandherd sind stets nach etwaigen Spuren, Resten von Zündanlagen u. dgl. sorgfältig abzusuchen. Bei gelegten Bränden bleibt manchmal eine solche Anlage erhalten. Täter macht sich auf dem Brandplatz oft verdächtig (Erster oder sehr eifrig beim Feuerlöschen), ihn zu ermitteln trachten (vgl. auch den Abschnitt: Wer ist der Täter? S. 27). Kommen vielleicht feindlich gesinnte Personen aus Neid, Rache, Heimweh, Eifersucht oder dergleichen) oder Kinder (aus Freude am Feuer oder an der Tätigkeit der Feuerwehr) oder schwachsinnige Personen als Brandstifter in Frage? Liegt vielleicht Versicherungsbetrug vor? War das Haus erst vor kurzem und hoch versichert? usw.

Schließlich nicht außer acht lassen, daß der Brand auch gelegt worden sein kann, um ein anderes Verbrechen (Mord, Einbruch usw.) zu verdecken.

Wo Brandfachmann und Kriminalpolizei gut zusammenarbeiten, wird auch in schwierigen Fällen voller Erfolg zu erwarten sein.

18. Abschnitt.

Schriftfälschungen.

Diese kommen ungemein häufig vor. Ihnen wirksam zu begegnen, gehört mit zu den Pflichten des Kriminalisten. Die Frage, ob ein Schriftstück gefälscht ist und wie man Fälschungen entdeckt, ist in der überwiegenden Anzahl der Fälle verhältnismäßig leicht zu beantworten. Schon mit freiem Auge wird man bei entsprechender Übung gröbere Fälschungen als solche erkennen können. Wenn man solche fraglichen Stellen teils aus unmittelbarer Nähe betrachtet, teils etwas weiter weggehalten, ferner bei gutem Licht und gegen das Licht wird sich schon Manches sagen lassen. Noch besser sieht man, wenn man seine Lupe (die immer zur Hand sein muß), verwendet und sowohl bei auffallendem Licht, wie bei seitlich einfallendem die betreffende Stelle betrachtet. Ausgekratzte Stellen erscheinen dabei sichtlich dünner und aufgerauht.

Schon diese ganz einfachen Verfahrensweisen werden in sehr vielen Fällen Klarheit bringen. Für die heikleren Fälle steht uns ja auch das Lichtbild zur Verfügung, das in der Hand des geübten Fachmannes Ungeahntes leisten kann. Wenn die fraglichen Stellen dann entsprechend vergrößert werden, sind auch ganz gerissene Fälschungen als solche erkennbar[1]).

Einen einfachen Fall **(41)** zeigt Bild 32, wobei die Ziffer 6 in eine 8 gefälscht wurde.

Fall 42. Es kam bei einem großen Diebstahl an einem Nachlaß auch ein Mietvertrag vor, bei welchem die Echtheit einer Unterschrift in Zweifel gezogen wurde. Nachstehend der Inhalt des Schriftgutachtens:

Bild 32. Unterschrift-Fälschung. „6" in „8" gefälscht.

Unter dem Maschinenschriftwort: „Hauseigentümer" steht handschriftlich mit zitternder Linienführung „Cilli Pirk", wobei der Familienname kaum leserlich ist und einen einfachen Schnörkel aufweist (Bild 33). Auf Bild 34 heißt es: „Für Cilli Pirker: Marx"; diese Schriftzüge sind verläßlich von der Hand des Marx herrührend, also echt. Der Aufstrich, mit dem das „C" in Bild 33 und 34 beginnt, zeigt auch für den Nichtsachkundigen, daß die Handführung in beiden Fällen dieselbe ist, nur daß in Bild 33 ein sichtliches Zittern mitspielt. Dies ist leicht zu erklären; die Handschrift auf Bild 34 ist sozusagen in einem Zug, also rasch geschrieben; die Handschrift auf Bild 33 dagegen wurde sichtlich mühsam und langsam daraufgesetzt, der allererste Ansatz, ein „C" mit einem Aufstrich mißlang überhaupt, es wurde daher neu angesetzt und endlich der Vorname „Cilli" niedergeschrieben. So schrieb die Verstorbene aber niemals. Der Schriftzug des Familiennamens „Pirker" zeigt namentlich nach den Anfangsbuchstaben „P" eine starke Ähnlichkeit mit dem zitternden Namenszug, nur daß der Schnörkel fehlt. Die ganze Angelegenheit rückt in ein anderes Licht, wenn man Bild 35 (mit 3 Unterschriften) betrachtet. Die beiden oberen sind verläßlich echt von der Hand der Verstorbenen, wenn

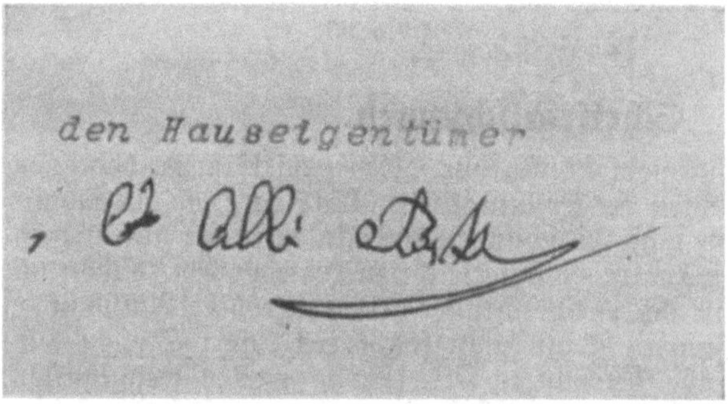

Bild 33. Unterschrift-Fälschung.

[1]) Zur Ermittlung von überkleckſten und chemisch getilgten Tintenschriftzügen hat man — wie Dr. R. M. Mayer aus dem Institut für gerichtliche und soziale Medizin in der Universität Königsberg, im Archiv für Kriminologie berichtet — mit einer von den Optischen Werken C. Reichert, Wien XVII, neuerdings herausgebrachten sehr intensiven ultravioletten Bogenlampe (nach Haitinger) selbst bei Überkleckſung mit Tusche u. dgl. noch immer die Möglichkeit, ohne das Schriftstück irgendwie anzugreifen, sehr günstige Ergebnisse zu erreichen. Diese neue Verfahrensweise ist außerdem wesentlich kürzer und einfacher wie die bisherige.

auch aus früheren Jahren stammend. Der größere, unten stehende Namenszug ist aber von dritter Hand nachgezeichnet worden, was auch seitens der Erben einwandfrei feststeht. Es hat da jemand aus Zeitvertreib oder sonstigen Interessen

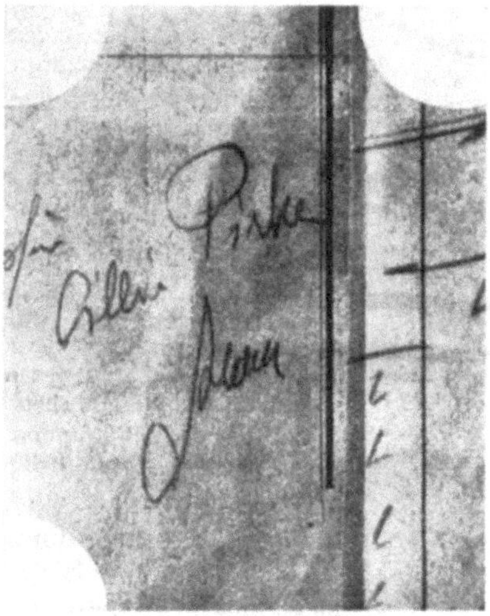

Bild 34. Unterschrift-Fälschung.

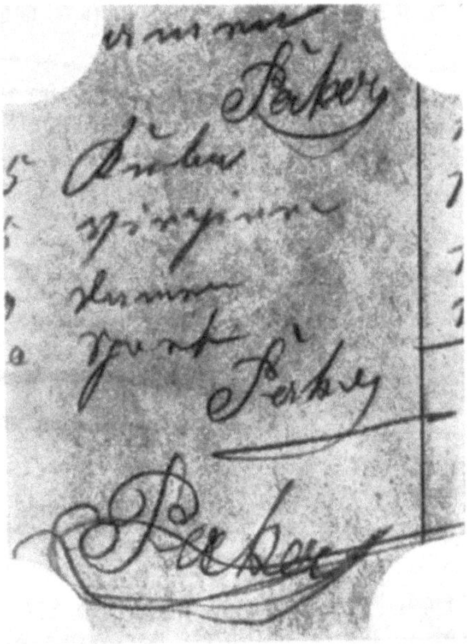

Bild 35. Unterschrift-Fälschung.

ihre Unterschrift nachgeahmt, dabei aber den hervorstechenden, losen kleinen Strich — wie eine Betonung oberhalb des „P", „die persönliche Note", wenn man so sagen will — vergessen, wodurch die Nachahmung als solche gekennzeichnet erscheint. Bei der zitternden fraglichen Unterschrift fehlt dieser lose kleine Strich. Der echte Namenszug zeigt beim Schnörkel einen oberen kräftigen Schenkel und unteren haarförmigen, gebauchten Schenkel. Die fragliche und zitternde Unterschrift zeigt jedoch gleich starke Schenkel.

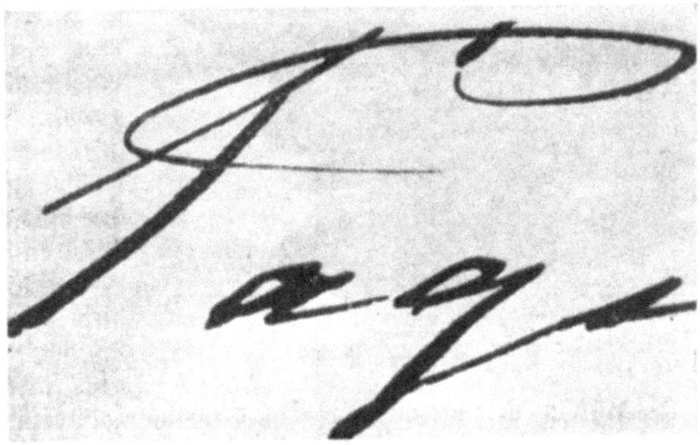

Bild 36. Schriftfälschung.

Aus den vorstehend angeführten Umständen ergibt sich daher die sichere Schlußfolgerung, daß der zitternde Namenszug auf Bild 33 wegen fehlender kennzeichnenden Merkmale nicht von der Hand der Verstorbenen herrührt.

Fall 43. Mit Hilfe des Lichtbildes ist man auch imstande, nachzuweisen, welcher von zwei sich kreuzenden Schriftzügen der obere und welcher der untere

Teil ist. Bild 36 zeigt deutlich, daß der Träger des betreffenden Namens den Buchstaben „P" mit dem Haarstrich beginnt (wie die Ziffer „1"), dann im spitzen Winkel zum Grundstrich übergeht und dann den Schnörkel aufsetzt, wobei der erste Teil des Buchstabens (wie die Ziffer „1") deutlich an drei Stellen gekreuzt wird. An den Schnittlinien ist deutlich sichtbar, daß der bogenförmige zweite Teil des Buchstabens auf dem ersten Teile liegt und somit später geschrieben worden sein muß. Bild 37 zeigt die in der Vergrößerung erfolgte Aufnahme derselben aber gefälschten Unterschrift auf einem Wechsel über 60000 Mark. Ganz entgegengesetzt der Schreibweise des echten Namenszuges liegt hier der Haarstrich des ersten Teiles des „P" auf dem zweiten Teil. Der Fälscher wußte sichtlich nicht, wie das „P" zustande gekommen ist und hat den Haarstrich nach Fertigstellung des Buchstabens angesetzt.

Bild 37. Schriftfälschung.

Abschließend sei noch angefügt, daß es bei Hausdurchsuchungen vorkommen kann, daß man im Ofen verkohltes Papier findet. Auf diese Möglichkeit darf man nie vergessen, weil, wenn es gelingt, vom Täter der Vernichtung übergebene Schriftstücke nach Möglichkeit zu retten, d. h. sie vielleicht, wenn auch nur teilweise, lesbar zu machen, damit u. U. Grundlegendes geleistet sein kann. Im Ernstfall ist natürlich größte Vorsicht geboten. Nur wer schon früher hinreichend bezügliche Versuche gemacht hat und über die nötige Erfahrung verfügt, wird sich im Ernstfall an die so überaus schwierige Aufgabe mit größter Vorsicht heranwagen können. Besonders wird ihn auch hier das Lichtbild unterstützen, mit dessen Hilfe Schriftzeichen, die sich auf verbranntem und verkohltem Papier befinden, wird entdecken, entziffern und festhalten können. Dazu einen Hinweis auf eine Mordsache.

Bild 38. Verkohltes Papier.

Fall 44. Der Techniker M. in Trier hat seinen Freund im Eisenbahnzug ermordet und beraubt. Im Ofen in der Wohnung des Mörders wurden verkohlte Papierreste gefunden, die sich als Reste eines Schuldscheines und eines Fahrplanes erwiesen. Mit besonderem Verfahren konnte die Schrift sichtbar gemacht und festgehalten werden (vgl. Bild 38 und 39). Angesichts dieser Beweise gestand der Mörder seine Tat ein.

Auch zerrissene Schriftstücke, die den Täter belasten, sind schon oft ausschlaggebende Beweismittel gewesen, wenn es gelingt, sie möglichst vollständig aufzufinden, zusammenzusetzen und praktisch auswerten (vgl. W. Polzer im „Archiv für Kriminalanthropologie und Kriminalistik", Band 43).

19. Abschnitt.

Aberglaube.

Daß der Aberglaube noch heute auf viele Menschen — gleichgültig ob hoch oder niedrig — eine mehr oder minder starke Wirkung ausübt, kann niemand leugnen. Es muß daher im Rahmen dieser Darstellung wenigstens einiges darüber gesagt werden, weil manche sonst „unerklärliche" Handlungen erst ihre Erklärung gefunden haben, als man rechtzeitig an Aberglauben gedacht hat.

Bild 39. Verkohltes Papier.

Auch große Verbrechen können ihre Ursache im Aberglauben haben. „Gerade hier würde man oft weit fehlgehen", sagt Prof. Groß, „wenn man irgendeinen scheußlichen Vorgang auf krankhafte Geistesveranlagung zurückführen wollte; der Täter ist geistig gesund, aber von finsterem Aberglauben befangen. Daß das Herz eines ungeborenen Kindes, wenn warm verzehrt, übernatürliche Kraft, Unsichtbarkeit und das Vermögen, zu fliegen, verleiht, wurde zu allen Zeiten geglaubt. Daß man mit dem Blute unschuldiger Kinder Schätze heben könne, wird namentlich in Italien (Sizilien) geglaubt, wo 1894 einmal 24 und einmal 20 Kinder zu diesem Zwecke ermordet wurden. Dieser Aberglaube wurde dann auch nach Deutschland gebracht.

Fall 45. Im Jahre 1900 schlug ein Soldat dem andern verabredetermaßen den Kopf ab, weil beide fest geglaubt hatten, der Überlebende könne den abgeschlagenen Kopf durch gewisse Zaubersprüche wieder „anheilen". Der so Operierte könne dann große Schätze heben. Genau dieselbe Geschichte wird von zwei namentlich genannten Artilleriesoldaten erzählt (welcher Vorgang sich am 14. April 1892 in Semendria [Serbien] zutrug).

Welche Bedeutung der Glaube hat, daß die Juden Blut von Christenkindern zu gottesdienstlichen Zwecken brauchen, das zeigen Gerichtsverfahren unserer Tage zur Genüge.

Auch Sittlichkeitsverbrechen, die sonst unverständlich sind, können aus abergläubischen Ursachen ihre Erklärung finden. So ist es ein fast überall verbreiteter Aberglaube, man könne Geschlechtskrankheiten dadurch heilen, daß sich der damit Behaftete an einem noch nicht 7jährigen oder überhaupt unberührten Mädchen geschlechtlich vergeht!

Und wieder ist es der „Sachbeweis", welcher Hinweise und Aufklärung gibt bezüglich der am Tatort vom Täter zurückgelassenen Gegenstände.

Fall 46. Die Geliebte eines berüchtigten Einbrechers hatte ihr zehn Monate altes Kind in kalter Winternacht ausgesetzt und ihre eigenen Schuhe, welche kurz vorher ein Schuhmacher für sie angefertigt hatte, daneben gestellt, um — nicht entdeckt zu werden.

Fall 47. Aus demselben Grunde hat ein Raubmörder (der schon 18 Jahre Zuchthaus wegen Mordes hinter sich hatte), auf dem Tatorte neben dem Ermordeten die große Notdurft verrichtet.

Wird Menschenkot auf dem Tatort gefunden, so kann man mit Sicherheit annehmen, daß es sich um berufsmäßige Täter handelt (also keine Neulinge). Manchmal kann der Arzt aus solchen Kotmassen einen Rückschluß auf die Person des Täters ziehen (z. B. aus deren besonders großem Ausmaß auf einen sichtlich sehr kräftigen Mann), oder andere Umstände: z. B. in dem Kot würden sich Würmer finden, so kann, wenn man dann den Täter hat, die Wesensgleichheit aus seinen Kotmassen bestimmt werden. Namentlich in Norddeutschland ist der Glaube verbreitet, daß der Täter nicht entdeckt wird, solange sein Kot warm bleibt. Um die Entdeckung der Tat und des Täters nun möglichst hinaus zu schieben, werden die Kotmassen daher sorgfältig zugedeckt (Topf, Hut, Fetzen u. dgl.) oder der Täter wäscht sich die Hände, läßt absichtlich eine auffallende Fußspur zurück, in der sicheren Meinung, dadurch nicht entdeckt zu werden.

Fall 48. Bei einem größeren Einbruchdiebstahl — berichtet Prof. Groß — wurde an einem Schrank der blutige Abdruck einer Männerhand gefunden, woran man die weitestgehenden Vermutungen knüpfte. Man glaubte, der Einbrecher müsse sich bei der „Arbeit" stark verletzt haben, oder es wären zwei Täter gewesen, die bei der Teilung der Beute in blutigen Streit gekommen wären usw. Erst nach Entdeckung des Täters fand man, daß er sich selbst eine kleinere Verletzung absichtlich beigebracht, mit dem dadurch gewonnenen Blute seine Hand bestrichen und den Abdruck gemacht hatte, um durch Zurücklassung seines Blutes und Handzeichens nicht entdeckt zu werden.

Der unter Mördern verbreitete Aberglaube, daß das Blut des Ermordeten den Täter an den Tatort zurückzieht, hat durch geeignete Überwachung des Tatortes nicht selten zur Ermittlung und Verhaftung des Täters geführt.

Schließlich noch einige vielleicht manchmal Ausschlag gebende Hinweise: der Wilddieb verrät sich oft durch den Besitz einer Farnkrautwurzel, sog. „Johannishändchen"; eine Alraunenwurzel, auch „Springwurzel" oder „Galgenmännchen" genannt, hat der berufsmäßige Einbrecher in seinem Besitz, denn wer eine solche Wurzel hat, kann damit „versperrte Schlösser öffnen"; eine (geweihte) Hostie besitzt der gefährliche Verbrecher, denn wer eine solche Hostie sein Eigen nennt, „dem können die Behörden nicht an"! Wird Stechapfelsamen am Tatort gefunden, so kann man erfahrungsgemäß auf Zigeuner als Täter schließen u. a. m.; vgl. auch das zur Frage: Wer ist der Täter? S. 27 Gesagte.

20. Abschnitt.

Sachverständige und deren Verwendung.

Im Ermittlungsverfahren bestimmt den Sachverständigen der Staatsanwalt, bei Voruntersuchungen der Untersuchungsrichter.

Sachverständige in Mordsachen sind im Reich die sog. „Medizinalkomitees" (d. h. das Gerichtlich-medizinische Institut und die Gerichtlich-chemische Untersuchungsstelle des Laboratoriums für angewandte Chemie). Diese Medizinalkomitees sind auch zur Beantwortung von Fragen zuständig, z. B. ob gegebenenfalls ein bestimmter Fleck von Blut herrührt oder nicht, ob es Menschen- oder Tierblut ist usw. (vgl. auch das auf S. 64 Gesagte), ob es sich um einen Samenfleck handelt, was bei Sittlichkeitsverbrechen von ausschlaggebendem Wert sein kann (vgl. S. 104), ferner wenn z. B. Kotmassen untersucht werden sollen, um wichtige Aufschlüsse, die damit zusammenhängen, zu geben (vgl. auch das auf S. 78 Gesagte), ferner vielleicht Haare dahin bestimmt werden sollen, was sich aus ihnen sagen läßt (vgl. das auf S. 42 Gesagte), Knochen, Urin usw. usw.

Der Kriminalist muß vor allem wissen, welche Sachverständige gegebenenfalls in erster Linie in Betracht kommen. Daß er über hinreichende Allgemeinbildung sowie auch über entsprechende Kenntnisse aus anderen Wissensgebieten verfügen soll, wird vorausgesetzt. Kein Arzt wird dzt. vom Kriminalisten ein gründliches medizinisches Wissen erwarten oder verlangen, er kann aber mit Recht voraussetzen, daß er nicht kindisch gefragt wird, wodurch sich der Jurist nur lächerlich machen würde. So erwähnt Prof. Groß die Tatsache, daß „anläßlich eines Falles, in welchem es zweifelhaft war, ob Wurstvergiftung oder Arsenvergiftung vorliege, ein Richter den Gerichtsarzt fragte, ob das Arsen nicht ‚von selbst' in der Leiche oder gar in der Wurst entstanden sein konnte"! In einem anderen Falle „ließ ein Untersuchungsrichter einen Ofen abreißen und sandte ihn wohlverpackt an die Gerichtschemiker der Landeshauptstadt mit der Frage, ob darin Banknoten verbrannt wurden"! (Gleichfalls von Prof. Groß mitgeteilt). Andrerseits, wenn der Kriminalist den Sachverständigen (im Bewußtsein des nötigen Eigenwissens oder aus Ängstlichkeit) zu wenig fragt, so kann ihm oft ein wichtiges Beweismittel entgehen.

Der Kriminalist soll mit den (ständig bestellten bzw. öffentlich angestellten) Sachverständigen auf bestem, ja freundschaftlichem Fuße stehen, denn nur im gedeihlichen Zusammenarbeiten liegt der Erfolg. Der Kriminalist soll den Sachverständigen über alle Begleitumstände entsprechend aufklären, über den ganzen Hergang, damit der Sachverständige im Bilde ist und weiß, worauf es hier ankommt.

Fall 49. Einem Mann, der schimpfend und betrunken bei einem Gastgarten vorbeigekommen war, wurde von einem der dort anwesenden Dragoner der Schädel durch einen Säbelhieb gespalten. Über Verlangen des Untersuchungsrichters wurden am nächsten Morgen allen Dragonern der Garnison, die am Abend zuvor Ausgang gehabt hatten, die Säbel abgenommen und einer mikroskopischen Untersuchung auf Blutspuren unterzogen. Auf keinem Säbel fand sich die mindeste Spur von Blut, wohl aber hatte ein Säbel in der scharf geschliffenen Schneide eine haarfeine Scharte und in dieser war ein nur unter stärkerer Vergrößerung wahrnehmbares Teilchen eines Grashalmes. Da die Untersuchung sehr rasch vorgenommen wurde und weil das Grasstückchen in der Säbelscharte durch die Säbelscheide vor dem Vertrocknen ziemlich geschützt war, so konnte nachgewiesen werden, daß das Grasstückchen noch nicht lange auf dem Säbel geklebt haben konnte, weil es sich frisch erhalten hatte. Der Dragoner, dem der Säbel gehörte, hatte also — wie er es dann auch auf Grund der ihm vorgehaltenen Beweise gestand — nach dem geführten Hieb den Säbel im taufeuchten Gras vom Blut gereinigt und dann abgewischt, wobei aber das Grasteilchen, das hiebei in die Scharte gekommen war, nicht entfernt wurde.

Dieser Fall ist auch insoferne lehrreich, als er zeigt, wie die Untersuchung eines Gegenstandes nicht auf den einzigen vermuteten Gegenstand, hier Blutspuren, beschränkt werden darf, sondern sich auf alles erstrecken muß, was auffallend oder nicht gewöhnlich an der Sache ist. In dieser Richtung kann der Sachverständige aber nur dann ersprießlich wirken, wenn er den **Sachverhalt in allen seinen Einzelheiten kennt**, und vom Staatsanwalt so genau als möglich über den ganzen Hergang unterrichtet wurde. Hätte der Sachverständige in unserem Falle lediglich die Weisung gehabt, nach Blut auf den Säbeln zu suchen, so wäre seine Aufgabe erfüllt gewesen, wenn er einfach verneinenden Bericht erstattet hätte. So war er aber mit dem ganzen Hergang vertraut und konnte beim ersten Anblick des Grasteilchens sofort annehmen, wie es dahingekommen sein mußte und daß es von Wichtigkeit sein werde.

In ähnlicher Weise können Schmutz, Staub, Spuren von Erde, Fasern, angetrocknete Flüssigkeiten usw. wichtige Anhaltspunkte geben.

Schmutz und Staub unter dem Mikroskop [1]).

Hier kann man mit Prof. Groß sagen: Weder Schmutz noch Staub sind besondere Körper, sondern Schmutz besteht aus kleinen Körpern, mit denen ein Gegenstand in Berührung gekommen ist, und die durch irgendein Bindemittel (Feuchtigkeit, Fett usw.) an ihm festgehalten werden; Staub besteht aus kleinen, zerriebenen Körpern, die sich auf ihm niedergelassen haben. Staub wird meistens aus der nächsten

[1]) Für Gerichtschemiker und Ärzte, für kriminologische Untersuchungsstätten eignet sich infolge vielfacher Vorteile das Mikroskop RD (Optische Werke C. Reichert, Wien XVII) ganz ausgezeichnet. — Verf. hat seine sämtlichen mikroskopischen Untersuchungen mit diesem Apparat durchgeführt und kann ihn allseits bestens empfehlen. Ein wirklich gutes Mikroskop ist heutzutage für derartige Untersuchungen nicht mehr wegzudenken.

Umgebung stammen, so daß man bei Kenntnis der Bestandteile des Staubes auf einem Gegenstand ungefähr sagen kann, welche Körper sich um ihn herum befunden haben. Der Staub auf einem Blatt inmitten der einsamen Steppe wird kaum viel anderes enthalten als gepulverte Erde und Sand sowie feine Pflanzenbestandteile; der Staub in einem gefüllten Ballsaal wird größtenteils aus fein zerriebenen Fasern herstammen, die von den Kleidern der Tanzenden abgewetzt wurden; der Staub in einer Maschinenwerkstätte ist zumeist feines Metallpulver und im Staub auf den Büchern der Gelehrtenstube wird nebst erdigen Bestandteilen, die man an den Schuhen hereinbrachte, hauptsächlich fein zerriebenes Papier zu entdecken sein. Daraus ergibt sich, daß selbstverständlich der Arbeitsrock eines Schlossers anderen Staub enthalten wird als der des Müllers, daß der Staub, der in der Tasche eines Schulknaben angesammelt wird, sich wesentlich unterscheidet von dem Staub eines Apothekers und daß man im Klingenfalz des Taschenmessers eines englischen Modenarren anderen Staub finden wird als im Taschenmesser eines Landstreichers. Das sind alles Beispiele aus dem Leben. **Die mikroskopische Prüfung des Staubes ergibt jedesmal zumindest einen Anhaltspunkt zur weiteren Forschung.**

Fall 50. So wurde einmal auf dem Tatort ein Arbeitsrock gefunden, der äußerlich keinen Anhaltspunkt für die Person des Besitzers bot. Der Rock wurde nun in einen gut geklebten Sack aus starkem weißen Papier gegeben und das Ganze so lange und so stark mit Stäben geklopft, als es das Papier gestattete, ohne zu zerreißen. Den Pack ließ man dann eine Zeit ruhig liegen, damit sich der Staub setze, dann wurde der Sack geöffnet, der Staub sorgfältig gesammelt und dem Mikroskopiker übergeben. Die Untersuchung ergab, daß der Staub, der reichlich aus dem Rock herausgefallen war, hauptsächlich aus fein zerriebenen Holzfasern bestand, so daß man annehmen durfte, der Rock gehöre einem Schreiner, Zimmermann, Sägemüller oder dgl. Da sich aber im Staub auch viel zermahlene Gallerte, d. h. Leim vorfand, mit dem der Zimmermann und Sägemüller nicht arbeitet, so mußte der Rock einem Schreiner gehört haben, wie es auch richtig der Fall war.

Der „Sachbeweis" hat auch hier wieder den richtigen Weg gezeigt.

Mikroskopiker werden oft auch den **Schmutz hinter den Fingernägeln des Täters (Verdächtigten) sowohl wie des Opfers** zu untersuchen haben. Dieser Schmutz ist daher sobald als möglich geeignet abzunehmen, sicherzustellen und raschest dem Sachverständigen zur Prüfung zu überweisen.

Fall 51. Eine Frau war mittels eines Strickes erdrosselt worden. Sie stand mit dem mutmaßlichen Mörder in näheren Beziehungen, die diesem anscheinend lästig waren. Gegen Mitternacht noch waren beide zusammen gesehen worden. Nach der bei der Ermordeten gefundenen Uhr, die wohl infolge des Stoßes beim Niederstürzen auf die Erde stehen geblieben war, mußte der Mord 10 Minuten nach Mitternacht geschehen sein. Von dem zur Tat verwendeten Strick waren die Enden abgeschnitten und auf dem Wege, den der Beschuldigte benutzte, gefunden worden. Abgesehen von einer Äußerung, nach welcher der Beschuldigte sich dieser Frau entledigen wollte und dem anfänglichen Leugnen, weder mit der Ermordeten ein Verhältnis gehabt zu haben, noch mit ihr um Mitternacht zusammen gewesen zu sein, lagen besondere Belastungsmomente nicht vor. Die Untersuchung der Leiche, der Kleider der Ermordeten und des mutmaßlichen Mörders blieben ergebnislos.

Bei der mikroskopischen Prüfung des Schmutzes hinter den

Fingernägeln des Beschuldigten wurden ganz auffallend weinrot gefärbte Fasern von sogenannter Kunstwolle gefunden. Verschiedene dieser Fasern waren unten blauschwarz und oben weinrot gefärbt. Die gleichen Fasern zeigte die Unterjacke und der Schmutz hinter den Fingernägeln der Ermordeten!

Nach der Lage der Sache konnte es keinem Zweifel unterliegen, daß die gefundenen bezeichnenden Fasern von der Unterjacke dieser Frau stammten. Als der Mörder den Strick um den Hals seines Opfers legte, war er mit dem genannten Kleidungsstück in Berührung gekommen. Da der Stoff der fraglichen Unterjacke nicht sehr fest gewebt und auf der Rückseite mit roten wolligen Fasern bedeckt war, so mußten bei der zweifellos stattgefundenen Gewaltanwendung einige dieser leicht ablösbaren Fasern hinter die Fingernägel des Täters geraten. Das Vorhandensein der Fasern hinter den Nägeln der Ermordeten erklärte sich aus dem Gebrauch des genannten Kleidungsstückes. Vermutlich hat das Opfer auch versucht, den Strick zu entfernen, wodurch wieder Fasern hinter ihre Fingernägel gelangten.

Die gefundenen Fasern bildeten das wesentlichste und belastendste Glied in der Kette des Sachbeweises. In einer Anzahl von Lichtbildern wurde dies auch dem Auge des Laien sichtbar gemacht. Der Mörder wurde zum Tode verurteilt, aber zu lebenslänglichem Zuchthaus begnadigt. Kurz vor seinem Tode hat er die Tat eingestanden.

Die Gleichheit oder Nichtgleichheit von Fäden (Bindfaden, Zwirn u. dgl.) ist oft von Wichtigkeit und vom Mikroskopiker zu mindest mit großer Wahrscheinlichkeit zu beweisen. Es darf nicht übersehen werden, daß er für seine Zwecke nur verschwindend kleine Endchen braucht, die häufig zur Untersuchung vorliegen, wenn am Tatort irgendein Gegenstand zurückgeblieben ist[1]).

Fall 52. Der Faden, mit dem der Saum einer Schürze genäht worden war, die bei einem Einbruch zurückgelassen wurde, war wegweisend; die Schürze selbst war von selten blauem Leinenstoff, wie unzählige andere blaue Männerschürzen; der Faden aus dem Saum war aber zweifellos derselbe, der als einziges Nähmittel im Hause des Verdächtigten gefunden wurde. — Ein weiterer **Fall (53)**: Der Faden, mit welchem das Schulheft eines Knaben genäht war, diente zur Feststellung der Wesensgleichheit der Leiche eines Kindes. An diesem war ein Lustmord verübt worden, die Leiche wurde entkleidet im Walde unter Reisig fast verwest gefunden. Die Schulbücher des Knaben fehlten, nur in einiger Entfernung vor der Leiche, verhältnismäßig gut erhalten, fand sich ein Schulheft; der Umschlag und die beschriebenen Seiten waren weggerissen, jedes Kennzeichen fehlte. Nur die Mutter des verschwundenen Knaben wußte, mit welchem Zwirn sie das letzte Schreibheft ihres Kindes genäht hatte und brachte davon zu Gericht; die mikroskopische Untersuchung bewies die Gleichheit (Groß).

Dazu noch einige wichtige Fälle:

Fall 54. Ein Bauer hatte die Verpflichtung übernommen, für einen geistesschwachen Jungen bis zu dessen Lebensende zu sorgen, wofür ihm dann dessen Besitz zufallen sollte. Das dauerte aber dem Bauer zu lange und so mißhan-

[1]) Für die Mikrophotographie hatte man bisher zwei Arten in Verwendung: die großen mikrophotographischen Apparate und die kleinen am Mikroskop selbst anzubringenden Aufsatzkameras. Die Vorteile dieser beiden vereinigt die neue Romeis-Kamera (Mikrophotographische Apparatur nach Romeis, Optische Werke C. Reichert, Wien XVII).

delte er den Burschen immer wieder, was auch die Nachbarschaft wußte. Als eines Tages bekannt wurde, daß der Junge sich erhängt haben sollte, verbreitete sich schnell die Ansicht, daß ein Verbrechen vorliegen müsse, weil Hilferufe des Jungen gehört worden waren. Der Bursche war zuerst erdrosselt und dann, um Selbstmord vorzutäuschen, noch aufgehängt worden. Das Untersuchungsergebnis in Verbindung mit dem Ergebnis des Augenscheines gestaltete sich außerordentlich belastend für den Pfleger. Der Boden unter dem Dachstuhl, wo die Tat verübt wurde, war mit Häcksel bedeckt. Von dem Fenster aus, wo der Notschrei gehört worden war, bis zur Stelle des Querbalkens, an welchem der Verstorbene gehangen, war der Häcksel mannsbreit verschoben, so daß eine stattgefundene Schleifung eines menschlichen Körpers von dem Fenster bis zu dem Querbalken angenommen werden konnte. Die Untersuchung durch den Sachverständigen bestätigte diesen Verdacht. Auffallenderweise befanden sich nur auf der rechten hinteren Seite der Hose des Verstorbenen und ferner nach dem Rücken zu und auf der Querfalte des oberen linken Bundes Schmutzflecken, welche die gleiche mikroskopische Beschaffenheit zeigten wie der Boden des Dachstuhles. An der letztgenannten Stelle sowie an dem unteren Teil des für den Durchzug der Schnalle bestimmten Stoffteiles auf der rechten Seite der Hose konnten Verletzungen des Gewebes nachgewiesen werden, die in Verbindung mit den zum Abstrich genommenen Schmutzmengen die Annahme einer stattgefundenen Schleifung rechtfertigten (Bild 40).

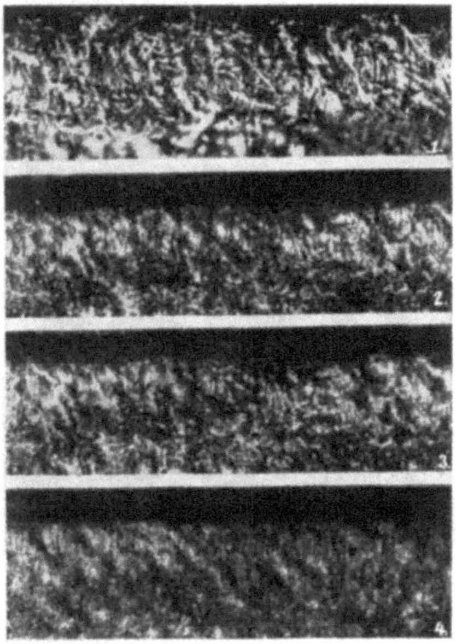

Bild 40. Stoff-Fasern.

Auf Teilaufnahme 1 (von Bild 40) befindet sich der unverletzte und unveränderte Teil des Stoffes dadurch gekennzeichnet, daß die Fasern durcheinander in großer Zahl auf dem Gewebe liegen, während auf Teilbild 2, 3 und 4 (Bild 40) die Fasern infolge der durch Schleifung hervorgerufenen Verletzung nicht mehr oder nur vereinzelt in Erscheinung treten, wogegen das Gewebe deutlich bloßgelegt ist. Auf Bild 41 ist der Nachweis geführt, daß Zwirnsfäden, mit welchen ein an der Mordstelle gefundener Hosenknopf an der Hose des Ermordeten befestigt war, zerrissen sind. Die einzelnen zerrissenen Fasern des Fadens sind deutlich sichtbar. Diese Untersuchung bestätigte weiterhin die Annahme, daß eine gewaltsame Bewegung (Schleifung) der Leiche stattgefunden haben mußte, wodurch der Knopf abgerissen wurde (Loock).

In einem anderen **Fall (55)** wurde auf dem Tatort ein Uhranhängsel (sog. Glücksschweinchen aus Bronze) gefunden. Über die Person des Täters war keinerlei Anhaltspunkt vorhanden. Das Anhängsel wurde dem Mikroskopiker übergeben, welcher in den Unebenheiten desselben verschiedene Ölfarbenrestchen angetrocknet fand. Die Ermittlungen wurden daraufhin auf einen Anstreicher ausgedehnt, der auch wirklich die Tat begangen hatte (Groß).

Prof. Haberda erwähnt folgenden **Fall (56)**: Ein Mann stand im Verdacht, ein Weib durch Halsabschneiden getötet zu haben. Es wurde bei ihm ein Taschenmesser beschlagnahmt, an welchem sich zwischen den Schalen eingetrocknetes Blut fand. In diesem eingebettet waren einzelne rotbraun gefärbte Fasern zu finden, welche sich als gefärbte Schafwolle erwiesen. Die fachmännische

Untersuchung ergab, daß sie wesensgleich waren mit den Gewebsfasern einer Wolljacke, die die Ermordete getragen hatte.

U. a. kann auch beschmutztes Schuhwerk dem Mikroskopiker allerhand Anhaltspunkte geben. Der Kot an Schuhen kann oft wertvolle Fingerzeige bieten, die durch die bisherigen Erhebungen entweder gar nicht hervorkamen, oder aber es können die bis dahin gemachten Feststellungen durch die mikroskopischen Untersuchungsergebnisse ihre Bestätigung erfahren. Prof. Groß erwähnt dazu zwei Fälle aus seiner Praxis, die beide zu vollem Erfolg geführt haben.

In dem einen **Fall (57)** handelte es sich um die Überführung eines Menschen, der in einer Mühle einen Raub vollbracht haben sollte, in dem andern **Fall (58)** um den Nachweis, daß der Verdächtige eine große Summe gestohlenen Geldes in einem hohlen Weidenbaum knapp am Flußufer versteckt habe. In beiden Fällen wurde der Kot an den Schuhen untersucht und ergab beide Male zwei voneinander getrennte Schichten von Kot; im ersten Falle waren diese durch Mehl, im zweiten Falle durch feinen Flußsand getrennt. Im ersten Falle war der Mann mit kotigen Stiefeln auf dem mit verstreutem Mehl bedeckten Boden der Mühle und dann wieder in den Kot getreten, im zweiten Falle war er ebenfalls zuerst in Kot und dann in den feinen Flußsand am Ufer und dann auch wieder in Kot getreten. In beiden Fällen war an einzelnen Bröckchen (allerdings nur an sehr wenigen) die Schichtung und der Einschluß von Mehl bzw. Sand so deutlich, daß ein Zweifel über die Entstehung unmöglich aufkommen konnte.

Bild 41. Stoff mit abgerissenen Zwirnsfäden.

Einen weiteren besonders lehrreichen **Fall (59)** bringt Prof. Haberda: Bei einer zwischen mehreren Personen entstandenen Rauferei, wobei Mehrere ihre Messer gezogen hatten, erhielt einer der Raufenden drei Messerstiche in den Kopf und blieb tot am Platze. Bei der Leichenöffnung fanden sich drei Stichwunden: eine über dem rechten Stirnhöcker, unter welcher im Schädeldach eine abgebrochene Messerspitze steckte und hinter dieser eine dritte Wunde, welche sich durch den Scheitellappen bis in die linke seitliche Hirnkammer verfolgen ließ. Die Stichöffnung im Knochen war mit hervorgequollener Hirnmasse ausgefüllt. Gleich nach der Rauferei wurde am Tatort ein geöffnetes größeres Taschenmesser und eine kurze Brotklinge eines anderen Messers ohne Heft gefunden. Letztere war blank, hatte eine wohl erhaltene Spitze und eine scharfe Schneide. Von der Klinge des ersteren war die Spitze frisch abgebrochen. Das Bruchende paßte genau zu der im Schädel steckengebliebenen Messerspitze. Dieses Messer wies angetrocknete Blutspuren und einen schmalen Streifen einer wie erstarrtes Fett aussehenden Masse auf, die sich in Vergrößerung als Hirnmasse erkennen ließ, ein Befund, der den Schluß gestattete, daß die tödliche Stichwunde mit diesem Messer zugefügt worden ist. Da auch die im Schädelknochen steckende Messerspitze zu diesem Messer gehörte, somit auch diese Wunde von letzterem herrührte und nicht anzunehmen war, daß die bis in das Gehirn eingedrungene Wunde mit einem Messer, dessen Spitze abgebrochen war, erzeugt worden sei, wurde das Gutachten dahin abgegeben, daß mit diesem Messer zuerst die tödliche und hierauf erst jene Wunde beigebracht wurde, in welcher die Messerspitze stecken geblieben war.

Das Tätigkeitsgebiet des Mikroskopikers ist von dem des gerichtlichen Chemikers begreiflicherweise nicht immer scharf getrennt. Während der Mikroskopiker namentlich auch bei Blutuntersuchungen, Untersuchungen von Haaren fraglicher Herkunft, von vermutlichem menschlichem Samen (Sittlichkeitsverbrechen!), Mageninhalt besonders bei Vergiftungen, dann Feststellung der Wesensgleichheit von Geweben, Papier usw. usw. in erster Linie herangezogen wird, hat der Chemiker besonders bei verdächtigen Todesfällen, also plötzlichen Todesfällen und solchen, die nicht als natürliche angesprochen werden können, mitzuwirken, wo gleichzeitig die wenn auch nur entfernte Möglichkeit eines fremden Verschuldens nicht ganz von der Hand zu weisen ist.

So kann ferner die **Untersuchung menschlicher Ausscheidungen** (Speichel, Harn, Samen, Kot) durch den Sachverständigen mit einem Male Aufklärung in einen fraglichen Sachverhalt bringen.

Fall 60. Ein schwer lungenkranker Verbrecher hatte auf dem Tatort seinen kennzeichnenden Auswurf hinterlassen, aus welchem durch den Sachverständigen in Verbindung mit der Personsbeschreibung dessen Wesensgleichheit einwandfrei festgestellt werden konnte, worauf er sein Leugnen aufgab.

Fall 61. Ein sichtlich braungefärbter, am Tatort gefundener Auswurf wies auf einen Täter, der Tabakkauer war; es fanden sich darin auch Tabakteilchen. Damit war auch der Täter ermittelt.

Fall 62. Der Täter war durch Blut im Harn zweifellos gekennzeichnet. Aus Furcht gehört zu werden, konnte er im Abort des Tatortes die Wasserspülung nicht betätigen und so wurde ihm der zurückgelassene bezeichnende Harn zum Verräter.

Der Nachweis von menschlichem **Samen** auf Wäsche- und Kleidungsstücken (vgl. Bild 42) kommt namentlich bei Sittlichkeitsverbrechen in Frage; Näheres darüber S. 104. Dazu ein Fall aus Wien:

Fall 63. Ein Freimädchen wurde in ihrer Wohnung tot aufgefunden. Äußerlich waren keine Verletzungen wahrnehmbar. Die Leichenöffnung ergab Erstickungstod durch menschlichen Samen, der durch den Mund eingedrungen war. Der Gast, der dann auch ermittelt werden konnte, gab daraufhin diese Art von Geschlechtsverkehr zu.

Wenn am Tatort **Kot** gefunden wird, ist der Verdacht gerechtfertigt, daß es sich um berufsmäßige Verbrecher handelt, welcher Umstand weiter wegweisend sein wird; vgl. auch den Abschnitt „Aberglaube" S. 77.

Ein weiterer lehrreicher **Fall (64)**: Außerhalb einer kleinen Stadt wurde von einem dort vorbeifließenden Fluß die Leiche eines ermordeten Mädchens angeschwemmt, an welchem kurz vor dem Tod ein Notzuchtsakt verübt worden sein mußte. Die gerichtliche Leichenöffnung der Ermordeten wurde sorgfältig gemacht und auch die Kotmassen in den Gedärmen einer Untersuchung unterzogen. Es fanden sich darin die Kerne frischer Feigen. Nun gab es damals in diesem Städtchen, wie festgestellt wurde, frische Feigen nur in dem Garten eines einzigen Hauses. Damit war die Spur zum Täter gefunden. Die weiteren Erhebungen ergaben, daß ein Mann, der in jenem Hause wohnte, das Mädchen an sich gelockt, ihm Feigen aus dem Garten gegeben, das Mädchen genotzüchtigt und dann ermordet hatte. Der Verdauungsfortschritt der Feigen entsprach auch genau der Zeit vom Verzehren der Feigen bis zur Tötung des Mädchens.

Fall 65. Ein Bursche wurde eines Lustmordes an einem Mädchen verdächtigt. An den Hosen desselben fanden sich (außen) Spuren von Menschenkot. Die Untersuchung dieser Kotflecke und der Kotmassen aus den Gedärmen der Ermordeten ergab die bestimmte Nichtgleichheit der beiden Kotmassen, da die ersteren von Fleischnahrung, die letzteren von pflanzlichen Stoffen hergerührt haben.

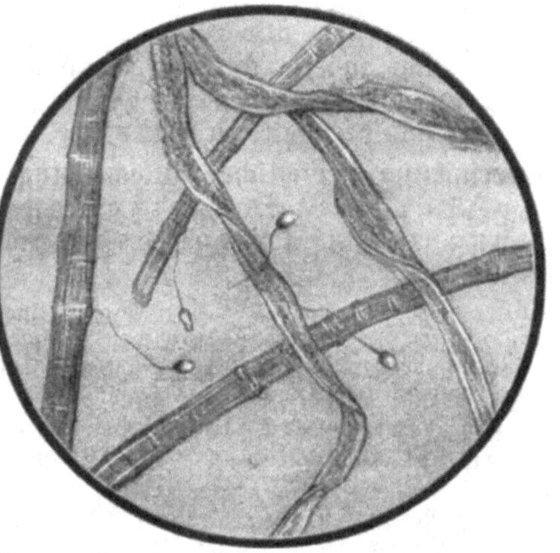

Bild 42. Samenfäden aus einem Samenfleck auf Wäsche. (Aus Hofmann-Haberda, Lehrb. d. gerichtl. Medizin, Verlag Urban & Schwarzenberg, Berlin-Wien).

Fall 66. Neben einer ermordeten alten Frau fand man auf dem Tatort Kotmassen, welche Spulwürmer enthielten. Der Tat waren sechs Männer verdächtig. Man ließ von jedem den Kot untersuchen und fand bei einem derselben (und zwar wiederholt bei verschiedenen Untersuchungen) wirklich Spulwürmer in seinem Kot. Er war auch der Täter, gestand daraufhin und wurde verurteilt.

Im Notfall muß alles heran, was irgendwie Hilfe und Aussicht auf Vorwärtskommen verspricht, wie die beiden folgenden Fälle zeigen:

Fall 67. Ein neugeborenes Kind war durch einen Stich ins Hinterhaupt (Grenze zwischen Kopf und Rückenmark) getötet worden, „just so, wie man ein angeschossenes Rebhuhn federt", hatte der Bürgermeister, ein erfahrener Schütze, gesagt und in der Tat: der Geliebte der Mutter des getöteten Kindes war ein Jägerbursch!

Fall 68 betrifft eine Frau in Spandau, die durch einen Halsschnitt getötet worden war; „wie geschlachtet", sagte jeder, der die Ermordete sah, und wirklich — der Täter war ein Schafschlächter (Groß).

In diesem Zusammenhange sei auch der seinerzeit oft wiedergegebene Fall aus Köln a. Rh. hier aufgenommen, der in mehrfacher Beziehung sehr lehrreich ist:

Fall 69. Ein Hausmädchen war in der Wohnung ihrer Dienstgeber während deren Abwesenheit erwürgt worden. Der Mörder hatte sich aus den Vorräten des Hausherrn neu ausgestattet und seine eigene Kleidung zurückgelassen. Das sollte ihm zum Verhängnis werden, denn die eingehende Untersuchung der zerrissenen Kleidung durch den gerichtlichen Sachverständigen ergab soviele Anhaltspunkte, daß sich aus ihnen ein Steckbrief aufstellen ließ. Es wurde nämlich gefunden: am Aufschlag des Rockes ein blondes, schwach rötlich schimmerndes Schnurrbarthaar, am Kragen eine Anzahl blonder Kopfhaare. In den Taschen schwarze Tabakteilchen, ferner Stückchen von Weißbrot, Pflanzenreste und eine Anzahl Fischschuppen. In einer Tasche befanden sich zwei Phosphorzündhölzchen, deren Köpfchen blau gefärbt waren, was sehr wenig vorkommt und hier einen wichtigen Anhaltspunkt bot. Der stark verschlissene und speckig beschmutzte Anzug war an mehreren Stellen nach allen Regeln der Kunst geflickt. Diese Befunde führten zur Aufstellung folgenden Steckbriefes: Der Mörder hat blondes Haupthaar, sein Schnurrbart weist einen Stich ins Rötliche auf. Er ist Raucher starken Tabaks und ist — wie die Flickarbeit zeigt — in der Handhabung von Nadel und Zwirn erfahren, doch nicht so, daß man ihn für einen ausgelernten Schneider erklären könnte. Wahrscheinlich hat er das Nähen in einer Anstalt (Zuchthaus oder Arbeitshaus) erlernt. Die Reste von Weißbrot, Pflanzen und Fischen lassen auf einen Landstreicher schließen, der die erbettelten Nahrungsmittel in den Taschen mitträgt. Die Angaben des Steckbriefes erwiesen sich als zutreffend: in zwei Herbergen von Köln fanden sich die Streichhölzchen mit blauen Köpfchen und nach zwei Tagen war der Mörder gefaßt. — Wieder hatte der „Sachbeweis", und nur dieser, auf den richtigen Weg geholfen!

In einem Mord, **Fall 70**, ließ Prof. Groß Messerschmiede kommen, reichte ihnen das Messer, mit welchem der Mord verübt worden war und fragte, ob sie ihm irgend etwas zu sagen wüßten. Die Antwort lautete, daß solche Messer nur im nördlichen Böhmen erzeugt werden. Dieser Hinweis führte zur Entdeckung des Täters.

Fall 71. Ein Drechsler machte darauf aufmerksam, daß ein vom Täter zurückgelassener Gegenstand von einem Linkshänder gedrechselt worden sei. Der leugnende Verdächtige war aus einer fernen Stadt gekommen. Dort wurde nach einem linkshändigen Drechsler geforscht und dieser erkannte den Verdächtigten als den Käufer jenes Gegenstandes.

Mit gerichtlichen Sachverständigen findet man erfahrungsgemäß nicht immer das Auslangen und so wird man bisweilen — wie auch Prof. Groß betont — eine Reihe von Handwerkern zu Rate ziehen müssen, wenn man glaubt, daß aus irgendeinem Vorgang auf eine gewisse Geschicklichkeit, also auf ein gewisses Handwerk geschlossen werden kann.

Fall 72. So wurde einmal ein großer ausgeklügelter Diebstahl in der Weise verübt, daß sich der Dieb, wie sich später herausstellte, der frühere Diener eines Bankinhabers, der allein wohnte, untertags mit Hilfe eines Nachschlüssels in das Zimmer neben dem Schlafzimmer des Bankbesitzers eingeschlichen hatte. Der Dieb wußte, daß der Herr abends vor dem Schlafengehen stets die Tür von seinem Schlafzimmer in jenes, in welchem der Dieb versteckt war, abzusperren pflegte. Er beabsichtigte nun, zu warten, bis der Herr eingeschlafen war, dann wollte er in dessen Schlafzimmer schleichen, die Kassenschlüssel vom Nachtkästchen nehmen, die Kasse öffnen und bestehlen, (wie er es wirklich getan hatte). Um nun aber nicht im Nebenzimmer abgesperrt zu werden, mußte dem Bankinhaber die Meinung beigebracht werden, daß das Zimmer schon abgesperrt sei. Der Dieb hatte nun ein viereckiges Holzklötzchen sorgfältig geschnitzt und mit diesem das sogenannte Riegelloch (d. h. jene viereckige Öffnung, in die der Riegel des Sperrschlosses einer Tür einfällt), ausgefüllt. Als nun der Herr abends zusperren wollte, konnte der Schloßriegel nicht in das Riegelloch im andern Türflügel einfallen, d. h. es entstand für den, der zusperren wollte, dieselbe Wirkung, als ob die Türe schon zugesperrt wäre und so meinte der Besitzer, wie er dann auch selbst sagte, er hätte schon zugesperrt und dies vergessen. Die Türe zum Dieb blieb also offen und dieser konnte den Diebstahl ausführen. Das handgeschnitzte Klötzchen im Riegelloch hatte er zurückgelassen und dieses wurde den Sachverständigen vorgewiesen. Der erste war ein Schreiner, der scharfsinnig meinte: „Das hat ein Genauerer gemacht als unsereins; es war ja nicht nötig, das Loch so sorgfältig auszufüllen, ein kleines, rauh gelassenes Holz, das nur die richtige Längenausdehnung besaß, hätte auch genügt." Nun wurde ein Drechsler befragt. Dieser meinte, die Arbeit am Klötzchen lasse auf einen schließen, welcher mit

Schnitzarbeiten vertraut ist. Der Drechsler dreht, schnitzt aber nicht, ein Drechsler ist der Dieb nicht. Somit war man auf die Tätigkeit eines Holzbildhauers hingewiesen und dieser konnte zufällig auf die Spuren eines Werkzeuges aufmerksam machen, wie es ausschließlich der „Leistenschneider" (Erzeuger von Schuh- und Stiefelleisten) zu benutzen pflegt. Durch Beischaffung eines solchen Werkzeuges konnte man sich leicht von der Wahrheit der Angaben des Bildhauers überzeugen und als man dies dem Bestohlenen mitteilte, war auch der Dieb gefunden, denn der letztentlassene Bediente des Bankinhabers war früher und auch später immer, wenn er keine Stelle als Diener hatte, ein Leistenschneider.

Oft kann man auch bei Werkzeugen zur Holzbearbeitung feststellen, ob sie zu einer bestimmten Arbeit verwendet wurden; so aus Scharten in Hacken, Beilen, großen Messern, Stemmeisen usw., da sich die Wirkung der Scharten am Gegenstand mit dem Vergrößerungsglas nachweisen läßt. Ebenso kann aus den Sägespänen in den Zähnen einer Säge erschlossen werden, welches Holz gesägt wurde. So konnte einmal durch mikroskopische Untersuchung erwiesen werden (**Fall 73**), daß gewisse Sägespanspuren in einer Säge nicht vom Kirschbaumholz, wie behauptet, sondern vom Nadelholz herrühren, obwohl die zur Verfügung stehende Menge mit freiem Auge kaum sichtbar war.

Astronomen können u. a. zum Beispiel jenen Tag im Frühjahr berechnen, welcher hinsichtlich seiner Beleuchtungserscheinungen (Sonnenuntergang) dem Tag entspricht, an welchem die Tat im Herbst begangen wurde. So wurden in einem amerikanischen Prozeß Astronomen als Sachverständige beigezogen.

Fall 74. Ein Mann war verdächtigt, eine Explosion verursacht zu haben, da er zur fraglichen Zeit von zwei Zeuginnen mit einem Handkoffer gesehen wurde. Zufällig hatte ein Mann die aus einer unweit vom Tatort entfernten Kirche gehenden Leute, darunter die zwei Zeuginnen, photographiert. Astronomen berechneten nun aus einem Schatten, den ein Mann, nach dem Bilde zu urteilen, auf eine Mauer geworfen hat, mit voller Bestimmtheit (auf wenige Minuten) die Zeit der Aufnahme. Hieraus ergab sich im Vergleich zur Zeit der Explosion, daß der (schon zu 15 Jahren verurteilte!) Mann unmöglich der Täter sein konnte, so daß er in der zweiten Verhandlung freigesprochen wurde (Groß).

Eine wichtige Rolle hat einmal ein **Münzsachverständiger** gespielt, als — **Fall 75** — am Tatort eines Mordes eine Georgsmünze (Vorderseite: Sankt Georg, Rückseite: Schiff mit Christus und den Jüngern) gefunden wurde und ein Zeuge bestätigen konnte, daß der Verdächtigte eine Münze an der Uhr hatte, auf deren einen Seite ein Schiff dargestellt war, (die andere Seite hatte Zeuge nicht gesehen). Der Sachverständige bestätigte, daß diese Münze mit höchster Wahrscheinlichkeit eine Georgsmünze gewesen sein muß, da sonst ein Schiff nur auf wenigen sehr seltenen Münzen erscheint, deren Besitz dem Verdächtigten nicht zuzutrauen ist.

Fall 76. Bei den großen Diebstählen auf italienischen Bahnzügen, wobei Koffer und Kisten geleert und mit Steinen gefüllt wurden, um dasselbe Gewicht herzustellen, wie früher, wurde der Ort der Tat und dann die Täter dadurch entdeckt, daß **Mineralogen** sagen konnten, von wo die benutzten Steine (selten vorkommende Trachyte) genommen worden sein mußten (Groß).

Auch die **Mundart** kann einen willkommenen Fingerzeig nach der Person des Täters geben; Näheres unter der Frage: Wer ist der Täter? auf S. 27 u. a. m.

21. Abschnitt.

Selbstmord.

„Die große Häufigkeit der Selbstmorde“, sagt Prof. Haberda in seinem ‚Lehrbuch der gerichtlichen Medizin‘, „verdient in gerichtsärztlicher Beziehung bei der Beurteilung gewaltsamer Todesarten um so mehr Beachtung, als Fälle, in denen die Frage gestellt wird, ob Selbstmord, Verunglückung oder gewaltsame Tötung durch einen Dritten vorliegt, recht häufig vorkommen und oft recht schwierig sind. Für die Entscheidung kommen die Verletzungen, die Begleitumstände und die einschlägigen Erfahrungen in Betracht“.

Damit ist auf die besondere Wichtigkeit auch dieses Abschnittes wohl hinreichend verwiesen.

Selbstmord auch bei Kindern und Jugendlichen ist erfahrungsgemäß durchaus keine Seltenheit. Die Beweggründe sind oft lächerliche: Furcht vor Strafe, schlechte Schulzeugnisse, gekränkter Ehrgeiz über eine erhaltene Strafe und nicht so selten — unglückliche Liebe! (Im Fachschrifttum ist der jüngste Selbstmörder ein zehnjähriger Knabe [Lysolvergiftung wegen verdienter Züchtigung], eine 13jährige Offizierstochter hat sich wegen unglücklicher Liebe erschossen!) Die Anzahl der Knabenselbstmorde überwiegt jene der Mädchenselbstmorde um mehr als das Doppelte.

Aber auch bei Erwachsenen ist Selbstmord eine ungemein häufige Todesart; vgl. auch das in den einzelnen Unterabschnitten (über „Erhängen“, „Erschießen“ usw.) Gesagte sowie die nachstehende allgemein unterrichtende Tabelle. In ganz Europa werden erfahrungsgemäß die meisten Selbstmorde im Frühsommer, Mai-Juni, begangen; die wenigsten im eigentlichen Winter, Dezember-Januar. Was die Tageszeit betrifft, wird die Tat vorwiegend in den ersten Morgenstunden verübt, mittags nur selten.

Besser als jede genaue Schilderung veranschaulicht die nachstehende Aufstellung (aus Freudenberg, Klinische Wochenschrift 1926, Nr. 1) die bezüglichen höchst wichtigen Tatsachen:

In den Jahren 1913 und 1922 kamen in Preußen auf je 100 Selbstmörder:

Art der Ausführung	1913		1922	
	männlich	weiblich	männlich	weiblich
Erhängen	51,3	32,6	48,8	28,6
Erschießen	22,0	3,7	22,3	4,3
Ertrinken	12,4	30,8	9,5	24,4
Gift	4,8	13,8	4,4	11,3
Giftige Gase	2,0	7,0	7,9	22,0
Überfahrenwerden	3,3	2,6	3,3	2,2
Sturz aus der Höhe	1,2	5,8	1,4	5,2
Sonstige	2,1	2,7	2,4	2,0

Wenngleich diese Zusammenstellung bezüglich der Art des Selbstmordes sichtlich nicht vollständig ist, gibt sie doch weitgehende Aufschlüsse und bringt Daten, die sonst erst mühsam aus anderen Behelfen zusammengetragen werden müßten, in übersichtlicher Form.

Eine gute Gegenüberstellung bietet die folgende Tafel über österreichische und zwar speziell Wiener Verhältnisse in der Zeitspanne 1914 bis 1924. Beiden Zusammenstellungen fehlt leider die Bezugnahme auf die jeweilige Bevölkerungsziffer; wäre dies auch angegeben, so wären diese Ziffern noch weit wertvoller. In Hinkunft werden solche Aufstellungen daher alle erforderlichen Mitteilungen enthalten müssen, wenn sie die brauchbare Unterlage für weitere Maßnahmen abgeben wollen.

In den Jahren 1914 bis 1924 ergaben sich für Wien folgende Zahlen:

Jahr	Geschlecht	Summe	Art der Selbsttötung							
			Erschießen	Erstechen	Herabstürzen	Erhängen	Ertrinken	Vergiften	Leuchtgas	Sonstige
1914	männl.	470	163	17	31	170	18	51	—	20
	weibl.	222	24	4	45	28	10	82	—	29
1915	männl.	392	116	20	35	140	12	57	—	12
	weibl.	243	17	7	49	46	6	100	—	18
1916	männl.	366	102	16	38	129	12	55	—	14
	weibl.	243	13	8	48	46	10	84	—	34
1917	männl.	338	84	12	30	131	17	42	—	22
	weibl.	202	8	4	39	39	10	75	—	27
1918	männl.	307	79	15	27	123	11	36	—	16
	weibl.	194	6	6	44	42	15	49	—	32
1919	männl.	395	133	9	16	144	11	71	—	11
	weibl.	280	18	5	51	45	15	144	—	2
1920	männl.	348	88	6	30	120	22	70	—	12
	weibl.	284	16	4	49	42	24	141	—	8
1921	männl.	374	126	16	22	116	27	45	—	22
	weibl.	251	21	1	45	34	16	82	—	52
1922	männl.	346	97	11	28	125	17	66	—	2
	weibl.	243	17	3	43	36	17	126	—	1
1923	männl.	418	112	12	21	153	31	45	34	10
	weibl.	270	14	7	55	49	24	52	63	6
1924	männl.	510	138	17	27	171	36	59	55	7
	weibl.	315	9	3	46	41	22	83	107	4

In einer Neuauflage dieses Buches sollen Zahlen aus jüngster Zeit erscheinen, sofern solche Aufstellungen vorliegen. Immerhin läßt sich auch aus dieser Aufstellung das Überwiegen bestimmter Selbstmordarten beim männlichen bzw. weiblichen Geschlecht deutlich erkennen. (Vgl. auch die bezüglichen Abschnitte z. B. Selbstmord durch Erschießen, S. 130, Erhängen S. 148).

Die Hälfte der Selbstmorde bei Frauen hängt erfahrungsgemäß mit der Regel zusammen und von allen (von einem ausländischen Autor) untersuchten Selbstmörderinnen waren 19,9% im Zustande der Schwangerschaft, 25,1% vor der Regel und 10,9% gerade nach der Regel. Auch der Wechsel (Ausbleiben der Regel) äußert diesfalls oft ihre Einwirkung. Der wesentliche Einfluß dieser tiefgreifenden Tatsachen darf also niemals übersehen werden.

Für den Kriminalisten ist in erster Linie die Frage von Bedeutung: **Liegt Selbstmord vor oder nicht?**, oder mit anderen Worten: **Woran ist Selbstmord als solcher zu erkennen?**

Bei Selbstmord wird

1. wohl meist ein natürlicher, einfacher Hergang zu finden sein. Alles, was daher auffallend, aufgebauscht ist, hat berechtigte Anzeichen der Unechtheit an sich und muß Verdacht erregen. Wie Sterbende im Bewußtsein ihres Zustandes in ihren letzten Angaben kaum lügen werden, so wird auch der Selbstmörder, dessen Entschluß feststeht, die natürliche, einfache Handlungsweise anwenden. Wäre dem nicht so, dann wäre es vielleicht die Handlung eines Geisteskranken; jedenfalls ist Vorsicht geboten!

2. dies aus solchen Äußerungen oder aus „Abschiedsbriefen" unschwer festzustellen sein. Abschiedsbriefe sind gewöhnlich derart hinterlegt, daß sie kaum übersehen werden können. Solche Schreiben sind — da immerhin auch fremdes Verschulden und somit Irreführung von dritter Seite vorliegen kann — unverzüglich auf ihre Echtheit zu prüfen und zwar dahin:

a) ob sie wirklich von des Selbstmörders Hand geschrieben worden sein konnten (daher mit herbeizuschaffenden zweifellos echten Schriftstücken dahin vergleichen, ob es dieselbe Schrift ist; ist Schriftvergleichung nicht möglich, dann erwägen, ob Schriftzüge, Rechtschreibung, Stil usw. dem Beruf des Selbstmörders entsprechen),

b) welcher Beweggrund zur Tat vorgelegen ist. Ist dieser deutlich angegeben (z. B. unheilbare Krankheit, wirtschaftlicher Zusammenbruch, schweres Familienunglück oder dergleichen), dann wird er leicht überprüfbar sein. Ist er aber nur undeutlich, allgemein oder garnicht angegeben, dann ist besondere Vorsicht ebenso geboten, wie wenn etwa sogenanntes „Amerikanisches Duell"[1]) als Todesursache angegeben wäre;

c) ob etwaige Widersprüche in Abschiedsbriefen (z. B. das Schreiben ist mit dem Datum des nächstfolgenden Tages versehen, oder andere Todesart) vorhanden sind. Dies kommt bei wirklichem Selbstmord bisweilen vor und wäre eher ein Zeichen der Echtheit. Prof. Groß berichtet von zwei vollkommen zweifellosen Selbstmorden mit Abschiedsbriefen, bei deren einem das Datum falsch war, während beim anderen die Todesart nicht stimmte. Im ersten Falle erklärte der Selbstmörder, daß er heute Gift nehmen müsse, das Datum des Briefes war aber gegen den dann verübten Selbstmord um volle drei Tage zurück. Wahrscheinlich war der Tag des Schreibens richtig angegeben, der Selbstmörder hatte sich aber zur Tat nicht entschließen

[1]) Kein einziger Fall ist aktenmäßig belegt und auch in dem einschlägigen Schrifttum ist kein Fall eines „Amerikanischen Duelles" erwähnt.

können und diese immer wieder verschoben, bis er sie endlich am dritten Tag ausführte. Im zweiten Fall war im Abschiedsbrief vom Erschießen die Rede, tätsächlich hatte der Selbstmörder aber zum sichern Strick gegriffen. Es stimmte also die Todesart nicht. Offenbar wollte er zuerst die vornehmere Todesart des Erschießens wählen, kam aber dann davon ab und erhängte sich, vielleicht aus Furcht, sich nicht gut zu treffen oder wegen der rascheren Wirkung oder aus einem andern Grund. Jedenfalls handelte es sich in diesen beiden Fällen einwandfrei um Selbstmord;

3. das gewählte Mittel zu dem Beruf des Betreffenden meist in gewisser Beziehung stehen. Der Selbstmörder wird begreiflicherweise dasjenige Mittel bevorzugen, das ihm als „verläßlich", d. h. sofort todbringend bekannt ist. So werden sich Leute, die beruflich mit Chemikalien zu tun haben und deren Wirkung kennen (Chemiker, Photographen, Apotheker, auch Ärzte) bei Selbstmordabsicht in erster Linie wohl vergiften; Leute, welche beruflich mit Waffen zu tun haben (Militär, Förster, Waffenhändler) bei Selbstmordabsicht sich erschießen usw., Frauen stürzen sich bei Selbstmordabsicht vorwiegend ins Wasser oder vom Fenster usw.

Beim Selbstmord wird also auch immer auf das verwendete Selbstmordmittel entsprechend zu achten sein. Der Selbstmörder, der den festen Entschluß gefaßt hat, seinem Leben ein Ende zu bereiten, wird in der Auswahl des Mittels in der Regel sehr sorgfältig zu Werke gehen, er wird also wohl immer das Mittel wählen, welches nach seiner Meinung voll geeignet ist, sowohl einen raschen wie auch schmerzlosen Tod herbeizuführen. Darum sind Selbstmorde mit Tüchern, Strümpfen, Schals, weichen Bändern u. dgl. sehr häufig, solche mit harten Aufhängemitteln, z. B. Drahtschlingen, sehr selten.

Ein **Fall**, **77**, in welchem sich jemand an einer Kette erhängt haben sollte, war — kein Selbstmord, sondern der Betreffende war im Zustande voller Berauschung von seiner Frau mittels einer um den Hals geschlungenen Kette (über einen Balken) emporgezogen, und so erwürgt worden. Als die Frau wahrnahm, daß man Verdacht habe und daß Nachforschungen angestellt werden, erhängte sie sich mit einem weichen Handtuch (Groß).

Es wird daher darauf zu achten sein, ob das verwendete Werkzeug diesen Anforderungen auch entspricht. Denn nur dann greift der Selbstmörder zu einem weniger geeigneten Mittel (schwache Schnur, Hosenträger usw.), wenn ihm nichts anderes zu Gebote stand und wenn er die Tat schnell verüben wollte oder mußte, wie dies bei Geisteskranken oder vor Inhaftnahme, Verurteilung usw. stehenden Personen erfahrungsgemäß anzutreffen ist.

4. Doppelselbstmord; dieser wird meist nur von Personen verschiedenen Geschlechtes verübt (Liebespaar, Ehepaar, Geschwister); mitunter verüben auch zwei weibliche Personen (Schwestern, vom selben Manne betrogene Mädchen, Freundinnen) Doppelselbstmord. Doppelselbstmorde von Männern sind sehr selten; man würde in einem solchen Falle berechtigt sein, zunächst an gleichgeschlechtlich Veranlagte zu denken. Falls Doppelselbstmord vorliegt, ist gleiche Todesart

ein Zeichen mehr für die Echtheit des Falles; ungleiche Todesart (z. B. der eine Teil wird erschossen, der andere erhängt aufgefunden), wäre immer bedenklich und daher aufzuklären (Beweggrund zur Tat, Veranlagung, Verhältnis der beiden zueinander usw. wird aus Abschiedsbriefen, Umfragen im Verwandten- oder Bekanntenkreis, bei vorgesetzter Stelle des einen oder anderen Lebensmüden wohl zu erfahren sein).

5. Falls Selbstmord in Kleidung des andern Geschlechtes oder in sichtlich eigenartig hergerichteter Umgebung vorgefunden wird, ist daran zu denken, daß der Betreffende entweder widernatürlich veranlagt war oder geistig nicht gesund oder Aufsehen erregen wollte, oder — daß alles nur vorgetäuscht ist.

6. Bei sichtlich qualvoller Todesart (z. B. Verbrennung durch Anzünden der mit leicht brennbarer Flüssigkeit getränkten Kleidung oder sonst auf ganz absonderliche Weise[1]), Tötung durch Beilhiebe auf den Kopf — vgl. Fall 98 S. 119 — u. dgl.) kann dreierlei möglich sein:

a) entweder wirklicher Selbstmord, dann war der Täter geistig nicht gesund, religiös wahnsinnig oder dergleichen,

b) Verunglückung, oder — es lag eben nicht Eigentötung vor, sondern

c) fremde Hand hat die Tat verübt (und nach Möglichkeit zu verschleiern gesucht).

7. Für die Echtheit eines Selbstmordes wird der Umstand sprechen, daß Verwandte des Selbstmörders auch mit Selbstmord aus dem Leben gegangen sind, was festzustellen wäre.

Daß auch Jahres- und Tageszeit beim Selbstmörder eine Rolle spielen, wurde schon eingangs erwähnt.

Mehrfacher Selbstmord, d. h. verschiedene Todesarten an ein und derselben Person (z. B. Erschießen und Erhängen, Er-

---

[1]) Dazu ein aktueller Fall . . . aus dem politischen Getriebe Ende Dezember 1848 unter der Regierung Kaiser Franz Josephs in Österreich, wie ihn Eugene Bagger in ihrem vorzüglich geschriebenen Buche „Franz Josef" — eine Persönlichkeitsstudie — (mit Genehmigung des Amalthea-Verlages, Zürich-Leipzig-Wien) berichtet. Es war um die Zeit, als die Gefängnisse mit politischen ‚Verbrechern' überfüllt waren und das Volk nur mit Gewalt behandelt wurde — **Fall 78** —. „. . . Die Studenten der Wiener Universität vereinigten sich unter Führung eines gewesenen Obersten der ungarisch-republikanischen Armee, May mit Namen, zu einer Verschwörung. Sie wurde aufgedeckt und einer der Verbündeten, der prächtige junge Ingenieur Cesar von Bezard, wurde zum Tode verurteilt und gehängt. Oberst May selber, gequält von dem Gedanken, etwa im Schlafe sprechend noch andere seiner Freunde verraten zu können, entschloß sich zum Selbstmord, den er mit unerhörtem Mut ausführte. Er entzündete einen Halm seines Strohsacks an dem Öllämpchen des Ganges, das sich gerade vor dem Gitter seiner Zellentüre befand und steckte damit sein Bett in Brand. Um seine Schreie zu ersticken, stopfte er sich sein Taschentuch in den Mund. Am Morgen fand man ihn zu einem unkenntlichen Klumpen verbrannt, aber noch lebend vor. Als man den Knebel aus seinem Mund entfernte, brachte sein Gebrüll die anderen Gefangenen fast um ihren Verstand. Zwei Tage später verschied er unter den unsäglichsten Qualen."

schießen und Ertrinken usw.) kommt gar nicht selten vor; Näheres in dem betreffenden Abschnitte.

Auch Vortäuschung von Selbstmordversuchen kommt vor, wo eine Selbstmordabsicht gar nicht bestand. Dies wird namentlich dann der Fall sein, wenn der Betreffende zu feig ist, sich eine größere Verletzung beizubringen, aber dadurch wenigstens Mitleid bei anderen zu erregen hofft, was ihm auch genügt.

Es kann eine Tat als „Selbstmord" hingestellt sein, obwohl in Wirklichkeit Selbstmord gar nicht vorliegt; es kann anderseits Selbstmord verheimlicht sein: der Selbstmörder verschleiert seine Tat, verübt sie so, daß es den Anschein hat, es läge natürlicher Tod, oder „Unfall", sog. „Jagdunfall" vor, oder aber ein Verbrechen von dritter Hand (Mord, Raubmord usw.). Die Gründe dafür sind oft ganz einfach und harmlos; meist ist es den Angehörigen peinlich, daß ein Familienmitglied durch Selbstmord aus dem Leben geschieden ist, es soll dieser Umstand daher vor der Welt verborgen bleiben. Ein weiterer, besonders in früherer Zeit häufig gegebener Grund war der, daß die Hinterbliebenen von Selbstmördern keinen Ruhegenuß oder Versicherungsbetrag ausgezahlt bekamen. Der Selbstmörder hat, um seine Familie von drückenden Schulden zu befreien, erst eine entsprechend hohe Versicherung eingegangen und dann Selbstmord verübt. Natürlich mußte in einem solchen Falle der Selbstmord verheimlicht werden, um die Versicherungssumme dennoch zu erhalten; vgl. dazu den besonderen Fall 13 S. 36.

Dem Vorhandensein oder Fehlen des zur Tat verwendeten Werkzeuges, der Waffe, kommt für die Frage, ob eigenes oder fremdes Verschulden anzunehmen ist, keine ausschlaggebende Bedeutung zu. Die Waffe kann in einem zweifellosen Selbstmordfall von Erstdazugekommenen (aus Aberglauben, Bereicherung) gestohlen, wie einem nachgewiesenermaßen Ermordeten zur Vortäuschung eines Selbstmordes in die Hand gedrückt worden sein, der Täter kann die Waffe auch beseitigt (in den Fluß, Kanal geworfen) haben. Vgl. auch den Abschnitt „Unklare Todesfälle" S. 34.

Der Kriminalist wird also in allen Fällen von Selbstmord, die nicht über jeden Zweifel erhaben sind, stets die gerichtsärztliche Leichenöffnung zu beantragen haben.

22. Abschnitt.

Fruchtabtreibung.

Die Fruchtabtreibung gehört ebenfalls zu jenen Verbrechen, die ungleich öfter begangen werden als sie zur behördlichen Kenntnis gelangen. Die zur Anklage und Verurteilung kommenden Fälle — sagt Prof. Haberda — stehen in keinem Verhältnis zu deren wirklichen Anzahl. Die zahlreichen Fehlgeburten werden zu einer Plage der chirurgischen Spitalsabteilungen ähnlich wie in Wien und gegenwärtig auch auf dem Lande, wo die Frauenabteilungen und Spitäler zur Aufnahme derselben nicht ausreichen. Ein hoher Prozentsatz — bis zu 90% — ist absichtlich herbeigeführt, also verbrecherisch. Auf zwei Fehlgeburten entfiel i. J. 1923 nur ein lebendes Kind!

Um hier die erforderlichen Gegenmaßnahmen zu treffen, müssen zunächst alle Fingerzeige, welche auf dieses Verbrechen hinweisen, behördlicherseits aufgegriffen werden, um in geeigneter Weise den Sachverhalt zu prüfen und nötigenfalls die Amtshandlung einzuleiten. Solche Fingerzeige sind z. B. Gerüchte, die sich über eine bestimmte Person verbreiten, ferner öffentliche Ankündigungen in Tagesblättern usw., in denen „hilfsbedürftigen Frauen Beistand" oder in mehr oder minder deutlichen Worten allerhand „ganz sichere Mittel" für den Wiedereintritt der ausgebliebenen Regel angeboten werden, „Massage" usw. Daß in solchen Fällen der Verdacht auf Fruchtabtreibung rege gemacht wird, ist naheliegend. Auch ist es ja zur Genüge bekannt, daß sich auch Hebammen, Pflegerinnen, Kurpfuscher und mitunter leider auch Ärzte berufsmäßig mit der Abtreibung der Leibesfrucht befassen.

Die Bekämpfung der berufsmäßigen Abtreibung gehört zu den Aufgaben der Landeskriminalpolizei. Eine Ärztekommission hat darüber zu entscheiden, ob eine Unterbrechung der Schwangerschaft gerechtfertigt war oder nicht. Personen, welche sich berufsmäßig mit Abtreibung befassen, werden sowohl in einer Kartei wie auch nach ihrer Wohnung in Vormerkung geführt — eine äußerst zweckmäßige Einrichtung im Reich.

Wie in vielen andern Fällen ist besonders auch hier ein gedeihliches Zusammenarbeiten zwischen Gerichtsarzt und Kriminalist zur Klarstellung des oft schwierigen Tatbestandes direkt notwendig.

Bevor auf den Kern der Sache eingegangen wird, sei eine Begriffsbestimmung der Fruchtabtreibung — nach Prof. Haberda — hier aufgenommen, weil damit zugleich viele Fragen ihre Beantwortung finden.

Unter Fruchtabtreibung versteht man die Bewirkung des Abganges der Leibesfrucht zu einer Zeit, da sie noch nicht lebensfähig ist, also vor der 28. bis 30. Schwangerschaftswoche.

Um unnötige Fragestellungen an den Gerichtsarzt nach Möglichkeit einzudämmen, seien die Hauptfragen (nach Haberda) hier herausgegriffen und vorangestellt, nämlich:

1. Hat die betreffende Person überhaupt fehlgeboren, ist sie schwanger oder war sie es zur fraglichen Zeit?

2. Ist die Fehlgeburt von selbst oder zufällig erfolgt, ist sie absichtlich und wodurch herbeigeführt worden?

3. Hat die Fruchtabtreibung Folgen nach sich gezogen und welche? (Haberda).

Mit Zugrundelegung dieser Fragenstellung ist in den Sachverhalt schon im voraus ein festes Gerippe gebracht.

Damit der Gerichtsarzt diese Fragen beantworten kann, ist es natürlich notwendig, daß er die betreffende Person sobald als möglich untersuchen kann, was wieder der

Kriminalist zu veranlassen hat. Dabei wird sich zunächst einmal zeigen, ob es sich um eine sichtlich kräftige, gesunde, oder aber um eine schwache, kränkliche Frau handelt, was zur Beantwortung der Frage, ob das Kind eher noch lebend oder bereits tot gewesen sein dürfte, eine gewisse Unterlage abgibt.

Der Kriminalist möge stets bedenken, daß die an den Arzt gestellte Frage, ob die Frucht gelebt hat, von diesem mit völliger Sicherheit, das heißt mit „ja" oder „nein" nicht beantwortet werden kann und daher den Arzt nicht drängen, wo dieser, wenn überhaupt, so nur unbestimmte, schätzungsweise Angaben zu machen imstande ist. Der Kriminalist soll ferner bedenken, daß es sich *nicht immer um eine kriminelle Fehlgeburt handeln muß, da es auch viele nicht-kriminelle Fälle von Fehlgeburten gibt.* So ist eine Fehlgeburt von selbst besonders in den ersten Wochen der bestehenden Schwangerschaft sehr oft zu beachten. Die große Mehrzahl der Fehlgeburten von selbst findet im 3. Monate statt; die größte Anzahl gehört dem 6., noch häufiger dem 7. Monate an. (Solche werden durch hitzige ansteckende Krankheiten ausgelöst; auch langsam verlaufende Erkrankungen usw. kommen sehr häufig in Betracht).

Um die hier nötige Untersuchung auf breitere Basis stellen zu können, sollen *alle erforderlichen Erhebungen bereits durchgeführt* sein bis zu diesem Zeitpunkt, so zunächst *in der Umgebung der Verdächtigten, bei Nachbarn, mit denen die Verdächtigte verkehrt,* auch in Apotheken, Drogerien usw. So wird sich vielleicht feststellen lassen, daß die Verdächtigte unter *fortwährenden Übelkeiten und Erbrechen* gelitten hat, viel öfter das Klosett aufsuchen mußte, vielleicht auch den Besuch einer Hebamme usw. bekommen hat, die mit der vermuteten Abtreibung wohl im Zusammenhange steht, wie sich die Verdächtigte gegenüber der Nachbarschaft über ihren Zustand geäußert hat, ob sie vielleicht eine Zeitlang zu Bett gelegen ist, ob sie *Blutgerinnsel* beseitigt hat usw. *Gewisse Abtreibmittel können* (in gelöstem Zustand) *möglicherweise auch aus- oder weggeschüttet worden sein,* daher solche Gefäße daraufhin untersuchen (lassen)[1]); vielleicht war es möglich, die Frucht zur Gänze oder wenigstens noch Teile davon aufzufinden[2]).

---

[1]) Wenn man *im Zweifel* ist, ob etwas ein Abtreibmittel ist oder sein kann, dann lieber *mehr* als „bedenklich" mitnehmen, als ein vielleicht unwiederbringliches Beweismittel zurücklassen! Wenn bei der Haussuchung kein Abtreibmittel gefunden wird, dann ist daraus nicht etwa zu schließen, daß keines verwendet wurde, denn es kann nach der Tat auch *beseitigt* worden sein. Es wird sich um die Erbringung des Beweises handeln, daß ein solches im Besitz der Verdächtigten vorhanden *war*.

[2]) Erfahrungsgemäß wird die Frucht in Fetzen oder Papier gehüllt in den Kanal, ins Klosett geworfen, vergraben, verbrannt usw. Manchmal werden *Restteile (Gewebsfetzen) in der getragenen Monatsbinde noch mikroskopisch nachzuweisen* sein. Hat der Gerichtsarzt bei der Untersuchung der Verdächtigten kein greifbares Ergebnis gefunden, so ist damit die Möglichkeit, daß die Betreffende doch einmal schwanger gewesen ist und eine nicht ausgetragene Frucht zur Welt gebracht hat, nicht ausgeschlossen.

Strafrechtlich in Betracht kommt die absichtlich herbeigeführte Fehlgeburt.

Seit jeher üblich ist die **Unterscheidung** zwischen **inneren, d. h. toxischen Fruchtabtreibmitteln**, welche a) mineralische, b) pflanzliche und c) tierische sein können, und äußeren Fruchtabtreibmitteln, d. h. solchen, die auf mechanischen Eingriffen beruhen.

Sogenannte **innere** Fruchtabtreibmittel, die von Erfolg begleitet sind, sind zugleich auch giftig, bedeuten also eine Gefahr auch für das Leben der werdenden Mutter.

Zu a). Zu den mineralischen Fruchtabtreibmitteln gehören in erster Linie Phosphor, Arsenik, Mineralsäuren (z. B. Schwefelsäure, Salz-, Salpetersäure usw.).

Zu b). Zu den pflanzlichen Abtreibmitteln gehören: (die frischen Triebe vom) Sadebaum. Wie Tee gekocht und getrunken erzeugen sie heftige Vergiftungserscheinungen, vielfach mit tödlichem Ausgang. Der bei der Leichenöffnung gefundene Mageninhalt zeigt in diesem Falle „auffallend grüne Farbe" und läßt einen eigenartig harzigen Geruch erkennen. Ferner Safran, der meist in Wein aufgekocht wird. (Nur wirksam, wenn der Safran wirklich frisch ist, was selten der Fall ist.) Dann Terpentinöl, Kampfer, Koloquinten und sehr häufig Chinin.

Zu c). Zu den tierischen Abtreibmitteln gehören hauptsächlich die „spanischen Fliegen", (die in getrockneter und dann zerstoßener Form als Pulver eingenommen werden).

Äußere Abtreibmittel sind teils Gegenstände, die in die Gebärmutter eingeführt werden; lange, schmale Werkzeuge, um den Eihautstich zu machen. (Dazu werden erfahrungsgemäß auch Strick- und Häkelnadeln, zugespitzte Holzstäbchen, Federkiele, Haarnadeln, ja auch Drähte usw. verwendet, natürlich auch Katheder). Das sind die mechanischen Fruchtabtreibmittel, d. h. „die eigentlich wirksamen Abtreibmittel"; teils Gegenstände, die infolge ihrer besonderen Reizwirkung in die Scheide eingelegt werden (wie z. B. gefüllte Gummiblasen, dann Seife, Knoblauch usw.), Gebärmuttereinspritzungen führen am raschesten zum Erfolg. Ferner werden angewendet: Dampfbäder mit scharfwirkenden Mitteln (wie Asche, Senfmehl usw.) versetzt, dann sog. „Massage", d. h. in bestimmter Weise und entsprechend lang betriebenes Schlagen, Stoßen der Gebärmutter, um sie zu Zusammenziehungen und damit Ausstoßung der Frucht zu veranlassen u. a. m.

Zur Erhebung der Anklage ist entscheidend, ob mit dem betreffenden Mittel Fehlgeburt eintreten kann. Die Strafbarkeit entfällt nur dann, wenn ein völlig und unbedingt ungeeignetes Mittel gebraucht wurde, das unter keinen Umständen die beabsichtigte Wirkung herbeizuführen geeignet ist. Vielfach wird die Abtreibungsabsicht sicher zu erweisen, das verwendete Mittel aber nicht geeignet gewesen sein.

Die Möglichkeit, ob vielleicht Selbstabtreibung — also ohne Hilfe anderer Personen — denkbar wäre, kann wohl nur bei öfter Geschwängerten angenommen werden.

Da selbst absichtliche Verletzungen der nur selten herbeigeschafften Frucht nur mit Vorsicht zu beurteilen sind, sei vor voreiligen Äußerungen gewarnt, zumal V e r l e t z u n g e n n a c h d e m T o d e h ä u f i g vorkommen (durch gewaltsame Beiseiteschaffung) und auch Verletzungen zu Lebzeiten nicht unbedingt beweisend sind, sondern nur Verdacht rechtfertigen. Auch ist die F r a g e, w i e v i e l Z e i t b e i l ä u f i g s e i t d e m T o d e d e r F r u c h t v e r f l o s s e n ist und ob diese Zeit mit dem Zeitpunkt übereinstimmt, in welchem der angeschuldigte Eingriff geschehen ist — wie auch Prof. Haberda sagt — nur mit Vorsicht zu beantworten.

S o k o m m t s c h l i e ß l i c h g e s c h i c k t d u r c h g e f ü h r t e n k r i m i n a l i s t i s c h e n E r h e b u n g e n u n d E i n v e r n a h m e n, d i e n a c h V o r h a l t d e r B e w e i s m i t t e l v o m G e s t ä n d n i s d e r V e r d ä c h t i g t e n g e k r ö n t s i n d, h i e r o f t e n t s c h e i d e n d e B e d e u t u n g z u.

Da auch A b e r g l a u b e eine wesentliche Rolle spielen kann, siehe das über „Vergiftungen" S. 144 Gesagte.

23. A b s c h n i t t.

Kindesmord.

A. Allgemeines.

K i n d e s m o r d i s t d i e a b s i c h t l i c h b e w i r k t e T ö t u n g d e s n e u g e b o r e n e n K i n d e s w ä h r e n d o d e r g l e i c h n a c h d e r G e b u r t. (Weil der Geburtsvorgang bisweilen tiefgreifende seelische Umstellungen auslöst, wird Kindesmord milder bestraft als gemeiner Mord).

Auch der Kindesmord gehört zu jenen Verbrechen, die weit häufiger verübt als zur behördlichen Kenntnis gebracht werden. Dabei kann die T a t s a c h e, d a ß u n t e r n e u g e b o r e n e n K i n d e r n e i n e g r o ß e S t e r b l i c h k e i t a u s n a t ü r l i c h e r U r s a c h e h e r r s c h t, allein oder in Verbindung mit anderen Gründen leicht zur Verschleierung eines solchen Verbrechens ausgenützt werden.

„In einer der namhaftesten deutschen Großstädte" — schreibt Dr. K. Schmidh in der „Politisch-Anthropolog. Revue" — wurde in der Vorkriegszeit in einem der Abflußkanäle, welcher die Abwässer der Stadt in den vorbeifließenden Fluß führt, zu irgendwelchem Zweck ein Sperrgitter angebracht. An diesem fingen sich, wie mir von vertrauenswürdiger Seite mitgeteilt wurde, in einer einzigen Woche 12 Leichen neugeborener Kinder, deren Herkunft unbekannt blieb." Wäre dieses „Sperrgitter" nicht angebracht gewesen, so wären die 12 Todesfälle unentdeckt geblieben und in unzähligen anderen Fällen ist es auch so. Es hat eben jener berühmte „Zufall" nicht gewirkt und die Entdeckungen sind ausgeblieben. In den vielen Fällen von Kindesmord, die Prof. Groß bearbeitete, hat, wie er berichtet, oft nur irgendein Z u f a l l d i e E n t d e c k u n g h e r b e i g e f ü h r t; so wollte in einem Falle der Bauer einen jungen Obstbaum setzen und wählt als Stelle, wo er die Grube gräbt, just zufällig jenen Platz, auf welchem die Magd gestern ihr totes Kind vergraben hat; oder: der Förster kommt mit seinem Hund an einem

Bauernhof vorbei, spricht mit dem Bauer und während die Männer reden, gräbt der Hund die halbverweste Leiche eines Kindes aus, das die Tochter des Bauern getötet hat; ferner: ein anderer Bauer fährt seinen Dünger nur zweimal im Jahr auf die Felder. Einmal verkauft er dem Nachbar eine Fuhre Mist und als dieser den Dünger zur außergewöhnlichen Zeit abholt, entdeckt man die darin vergrabene Leiche eines neugeborenen erwürgten Kindes; oder: einer alten Bürgersfrau fällt es ein, in einem Schrank, den sie seit Jahren nicht geöffnet hat und der auf dem Dachboden steht, etwas zu suchen und findet die noch warme Leiche des Kindes einer Hausbewohnerin. — Diese Reihe könnte man verlängern und man muß sich nur immer fragen: Wie oft spielt ein solcher absonderlicher Zufall nicht mit?

Um den Tatbestand klarstellen zu können, müssen, wie in allen andern Fällen, so besonders auch hier alle, auch die scheinbar kleinsten Nebenumstände peinlich genau erhoben werden. So kann vielleicht in manchen Fällen die Tötungsabsicht daraus erwiesen werden, daß die Feststellung gelingt, die Mutter habe schon während der Schwangerschaft — damals aber vergebens — die Abtreibung der Leibesfrucht versucht; vgl. daher auch das im Abschnitt „Fruchtabtreibung" S. 94 Gesagte. Ferner wird festzustellen sein, ob die Betreffende ihre Schwangerschaft auch der Nachbarschaft gegenüber, also offen, zugegeben hat, ob sie für das zu erwartende Kind etwas vorbereitet hat oder nicht, ob sie, wie jede andere Mutter mit Kenntnis der Umgebung oder absichtlich „im geheimen" entbunden hat, u. dgl. mehr. — Wenn alles das nicht der Fall war, dann war die Absicht, das Kind nicht leben zu lassen, deutlich gegeben.

Prof. Groß rät, man sollte sich in erster Linie für die begangenen Verbrechen des Kindesmordes interessieren, nicht bloß für die entdeckten, und darüber Näheres zu erfahren trachten. Dies wäre ganz gut möglich, wenn die Spitäler (Frauen-Kliniken) den Auftrag hätten, alle Fehlgeburten sogleich bei der Einlieferung und im kürzesten Wege (fernmündlich) der zuständigen Kriminalbehörde mitzuteilen. Diese entsendet sogleich einen tüchtigen Beamten bzw. hält einen solchen an der betreffenden Klinik laufend tätig — damit würde man die Zahl der begangenen (allerdings nur im Spital bekannten) Kindesmorde wenigstens annähernd erfassen können.

Durch sorgfältige Erhebung aller Begleitumstände kann vielleicht auch der Beweggrund zur Tat festgestellt werden:

a) das Kind ist vielleicht unehelich, also für die Mutter eine „Schande", oder das Kind war das Ergebnis einer heimlichen frühreifen Liebe, oder es stammte aus unerlaubtem, ja strafwidrigem Geschlechtsverkehr u. dgl., so daß es „für immer beseitigt werden" mußte, oder

b) es lag Bereicherungsabsicht vor; die bekannten Fälle der sog. „Engelmacherei" („ein Kind wird gegen einmalige Abfertigung als eigen angenommen"); um es bald los zu werden und dann ein zweites „an Kindes Statt" annehmen zu können, wird dessen Tötung absichtlich und auf möglichst unauffällige Weise (z. B. durch Nadelstiche ins Hinterhaupt, Nackengegend, oder in das noch nicht geschlossene Schädeldach usw.) herbeigeführt.

c) Es kann auch sein, daß der Täter vom Aberglauben derart befangen war, daß er das Kind tötete, um in den Besitz gewisser Leichenteile (besonders Herz) zu gelangen, die nach seiner festen Überzeugung ihm „unerreichbare Vorteile" bringen sollen. Da der Aberglaube noch heutzutage eine bedeutende Rolle spielt, sei auf den bezüglichen Abschnitt S. 77 hingewiesen.

B. Todesarten eines Kindes.

Kinder können teils eines natürlichen Todes gestorben, teils einem Unfall, einer Fahrlässigkeit oder gar einem Verbrechen zum Opfer gefallen sein.

1. Natürlicher Tod eines Kindes[1]).

Kinder können vor, während (in) oder nach der Geburt aus natürlicher Ursache zugrunde gehen. Die Zahl der Totgeburten ist an und für sich eine sehr große und ist bei Kindern unehelicher Geburt noch bedeutend höher.

Noch vor der Geburt kann das Kind aus natürlicher Ursache, z. B. infolge Mißbildung der Frucht oder wegen Fehlens von unbedingt lebenswichtigen Organen zugrunde gehen, ferner auch durch (ererbte) Erkrankung. Die Zahl der während (in) der Geburt infolge natürlicher Ursache gestorbenen Kinder ist eine sehr beträchtliche. Es fehlt der großen Anzahl der heimlich Gebärenden an der nötigen sachkundigen Beihilfe. Der Geburtsakt, besonders das Andrücken des Kindsschädels beim Durchgang durch das Becken ist für das Kind oft mit Lebensgefahr verbunden. Vielfach treten auch (linsen- bis bohnengroße) Blutungen in den Schädeldecken auf, die zu Mißdeutungen Anlaß geben, weil sie oft für fremde Gewalteinwirkung gehalten werden. Schließlich kann das Kind während der Geburt auch an Verblutung zugrunde gehen.

Mangelnde Lebensfähigkeit[2]), sog. „Lebensschwäche" ist in sehr vielen Fällen die natürliche Todesursache eines Kindes.

---

[1]) Wegen der besonderen Wichtigkeit dieses Abschnittes sei im folgenden etwas weiter in das Gebiet der gerichtlichen Medizin eingegangen.

[2]) Die Lebensfähigkeit einer Frucht beginnt erst um die 30. Woche und ist zu diesem Zeitpunkt begreiflicherweise noch gering. Je lebensschwächer ein Kind ist, desto größer ist die Wahrscheinlichkeit, daß es eines natürlichen Todes infolge Lebensunfähigkeit gestorben ist. Die Länge der Frucht beträgt mit vollendeter 30. Woche 40 cm, das Gewicht: 1200 bis 1500 g. Am Ende des 9. Monates (36. Woche) hat das Kind eine Länge von 42 bis 44 cm und ein mittleres Gewicht von 2000 g. Das reife Kind ist durchschnittlich 50 cm lang und hat ein Gewicht von durchschnittlich 3200 g. Das Gewicht neugeborener reifer Kinder schwankt vielfach. Als geringstes Gewicht kann 1750, als höchstes 5250 g angegeben werden. (Haberda.)

2. Gewaltsamer Tod des Kindes.

Kinder können auch vor oder während der Geburt infolge gewaltsamen Eingriffes gestorben sein. Hier sind zwei Möglichkeiten zu beachten: a) der gewaltsame Tod des Neugeborenen tritt *mit Verschulden der Mutter oder dritter Personen ein*, b) der gewaltsame Tod des Neugeborenen tritt *ohne Verschulden der Mutter* ein.

Falls die Frucht noch vor oder während (in) der Geburt seitens der Mutter oder einer dritten Person in Tötungsabsicht angegriffen wurde, siehe Näheres in Abschnitt „Fruchtabtreibung" S. 94.

Bei Verdacht auf Kindesmord ergeben sich für den Gerichtsarzt drei Hauptfragen, die auch für den Kriminalisten sehr wichtig sind und zwar:

1. *Ist das Kind lebend geboren worden?*
2. *Wie lange hat das Kind nach der Geburt noch gelebt?*
3. *Welche war die Todesursache?*

Zu 1. *Ist das Kind lebend geboren worden?* Diese Frage ist insofern von großer Bedeutung, als, wenn das Kind tot geboren wurde, oder es sich nicht mit Sicherheit erweisen läßt, ob das Kind überhaupt gelebt hat, der Staatsanwalt von der Anklage zurücktritt. Auf die Frage: ob das Kind noch im Mutterleib getötet wurde, gibt die — in solchen Fällen stets zu beantragende — gerichtliche Leichenöffnung verläßlich Antwort. *Ob das Kind gelebt hat*, kann der Arzt mit Hilfe der sog. „Lungenprobe"[1]) sicher sagen; auch die Magen- und Darm-Schwimmprobe ist für den Lebensbeweis von großer Bedeutung. Ist *Kindsgeschrei* gehört worden, so ist auch ein Beweis für die Lebendgeburt erbracht.

Zu 2. *Wie lange hat das Kind nach der Geburt noch gelebt?* Für diese Frage muß also schon festgestellt sein, daß es eine Lebendgeburt war. Der seelisch außergewöhnliche Zustand, den der Geburtsvorgang für die Mutter zur Folge hat, kann sich auch auf einige Stunden nach der Geburt erstrecken[2]).

Bevor zur dritten Frage — Todesursache — übergegangen wird, seien, in zeitlicher Aufeinanderfolge der Darstellung, **die Kennzeichen des Neugeborenseins** als ungemein wichtig, kurz besprochen, weil sie ja auch der Laie sehen kann.

Diese Kennzeichen sind:

a) *sogenannte „käsige Schmiere"*, deren Vorhandensein auf der Haut des Neugeborenen mit ziemlicher Sicherheit die Tatsache des neugeborenen Zustandes beweist;

b) wenn *das neugeborene Kind mit Nabelschnur und Mutterkuchen* noch im Zusammenhange steht oder wenn der noch am Nabel haftende Nabelschnurrest[3]) *vollkommen frisch* ist.

---

[1]) Die bisher luftleeren Lungenbläschen füllen sich mit beginnenden Atemzügen mit Luft.

[2]) In deutschen und österreichischen gesetzlichen Bestimmungen ist diesfalls eine bestimmte Frist nicht angegeben; eine solche läßt sich auch nicht näher bestimmen.

[3]) Die Nabelschnur wird zunächst welk und trocknet am 2. Tage bereits sichtlich ein; am 4. oder 5. Tage fällt sie von selbst ab.

Zu 3. Welche war die Todesursache? Es kann also — wie vorstehend ausgeführt — Tod aus natürlicher Ursache vorliegen, oder aber Gewalteinwirkung maßgebend gewesen sein. Dies festzustellen ist der Gerichtsarzt immer in der Lage.

Zu den Fällen, wo der gewaltsame Tod des Neugeborenen ohne Verschulden der Mutter eintritt: Es gibt auch Vorgänge, die ohne Verschulden der Mutter den gewaltsamen Tod des Neugeborenen zur Folge haben können; hierher ist zu rechnen: die Sturzgeburt und die (allerdings seltene) Verblutung aus der Nabelschnur.

Die Sturzgeburt[1]).

Die Möglichkeit, daß eine Schwangere in der Weise von der Geburt überrascht wird, daß das Kind, während sie sitzt, kniet oder steht, aus der Scheide herausstürzt, wird allgemein zugegeben. Die Zahl der zweifellos und unter unverdächtigen Umständen vorgekommenen Beobachtungen eines solchen Geburtsverlaufes, den man gewöhnlich als „Sturzgeburt" bezeichnet, ist keine unbeträchtliche. (Von 183 Fällen erwiesener Sturzgeburten waren 155 im Stehen, 22 im Sitzen und 6 im Knien verlaufen.) Heute zweifelt niemand an der Möglichkeit einer Geburt im Gehen und Stehen.

Entweder verläuft die ganze Entbindung überstürzt oder die Geburt geht in der gewöhnlichen Weise vor sich, nur der Austritt des Kindes aus der mütterlichen Scham erfolgt überraschend, so daß das Kind aus den mütterlichen Geschlechtsteilen herausfällt (Sturzgeburt im Sinne der gerichtlichen Medizin). Ein solches Herausstürzen aus den mütterlichen Geburtswegen kann für das Kind entweder durch den Sturz selbst und die Beschädigungen, die es z. B. am Kopf dabei erleidet, oder dadurch gefährlich werden, daß es, wie namentlich bei der Geburt am Klosett oder über einem Kübel oder Eimer in die Flüssigkeit hineinfällt und ertrinkt. Kommt eine Sturzgeburt in Frage, so sind weniger die Befunde an der Mutter als jene am Kind und endlich die vielleicht von der Mutter oder von Zeugen angegebenen Umstände des Falles zu erwägen.

Was die Mutter betrifft, so sind es keineswegs häufig Mehrgebärende mit breiten Geschlechtswegen, bei denen eine Sturzgeburt erfolgt, sondern meist sind es Erstgebärende, welche die Zeichen der Entbindung, die sie noch nicht kennen, übersehen und verkennen und die ersten Wehen als Darmkolik, Stuhldrang, aber auch Schmerz auffassen, besonders aber die mit Drang zum Stuhl und Harnlassen einhergehenden Wehen, welche den Austritt des vorangehenden Kindesteiles aus der Scham begleiten, verkennen und sich daher zum Harn- oder Stuhllassen hinsetzen und dabei das Kind verlieren.

Auch eine Zweitgebärende kann von dem Austritt des Kindes überrascht werden, weil sie meint, die Geburt werde so lange dauern, wie bei der ersten Entbindung und sich deshalb nicht rechtzeitig hinlegt.

---

[1]) Im folgenden sind die klaren Ausführungen Prof. Haberdas übernommen.

Verblutung beim Abnabeln.

Am Kinde ist vor allem das Verhalten der Nabelschnur zu beachten. Erfolgt die Geburt derart, daß die Nabelschnur beim Sturze des Kindes gespannt wird und dazu ist begreiflicherweise besonders bei der Geburt im Stehen Gelegenheit gegeben, so zerreißt die Nabelschnur oder es wird der Mutterkuchen durch die undurchtrennte Nabelschnur mitgerissen. Beide Befunde sind geeignet, die Angabe, daß eine Sturzgeburt stattfand, zu unterstützen, sind aber keineswegs für sich allein beweisend, da die Schnur auch von der Mutter abgerissen worden sein konnte und weil sich die Geburt des Kindes samt dem Mutterkuchen auch bei einer gewöhnlichen Entbindung ereignen kann, wenn die Gebärende liegend den Abgang des Mutterkuchens abwartet. Daß die Nabelschnur bei einer Sturzgeburt verhältnismäßig leicht zerreißen kann, unterliegt keinem Zweifel. Gewöhnlich erfolgt die Zerreißung der Nabelschnur näher dem Nabel, ja die Schnur kann sogar aus dem Nabel herausgerissen werden. Sie kann auch mehrfach zerreißen.

Ob die Nabelschnur abgeschnitten oder abgerissen wurde, läßt sich am Ende und zwar an der frischen, leicht erkennen.

Neugeborene müssen selbst nach beträchtlichen Schädelverletzungen nicht sofort sterben, sondern können selbst längere Zeit atmen und fortleben, was wiederholt gesehen wurde. Angaben der Mutter über Schwangerschaftsdauer und Geburtsverlauf sowie die angeblichen Ortsverhältnisse sind stets genau zu überprüfen.

Die bei Kindesmord häufigen Todesarten sind vor allem Erstickung (Näheres darüber S. 161), ferner Erdrosseln und Ertränken; auch tödliche Kopfverletzungen (Einschlagen, Zertrümmern des Schädels mit stumpfen Gegenständen oder heftiges Anschleudern auf harte Gegenstände). Die Leichen getöteter Neugeborener werden nicht selten zerstückt und so beiseite geschafft, auch verbrannt, in Klosette, Senkgruben geworfen oder in Misthaufen oder sonstwo vergraben, auch Schweinen zum Fressen gegeben. Vgl. auch das über „Leichenverletzungen" S. 51 Gesagte.

24. Abschnitt.

Sittlichkeits-Verbrechen.

Der Gesetzgeber will vor allem Jugendliche, dann die in einem Abhängigkeitsverhältnisse stehenden Personen, ferner willenlose, sowie wehr- und bewußtlose und endlich geisteskranke Personen in ihrer geschlechtlichen Ehre schützen. Mit Recht sagt Prof. Haberda u. a.: „Notzucht an Kindern bildet die häufigste Form der gesetzwidrigen Geschlechtsakte. Dies beweist die Kriminalstatistik aller Länder, welche zugleich lehrt, daß nicht nur der Geschlechtsreife nahestehende Mädchen Opfer solcher Sittlichkeitsangriffe werden, sondern daß die größte Zahl Kinder im zartesten Alter betrifft und daß selbst das Säuglingsalter nicht verschont bleibt. Notzucht und Schändung wird nicht selten von deren Hausgenossen, Bediensteten der Eltern, Bettgehern, auch von den Hauslehrern, ja auch von den Verwandten der Kinder, selbst vom Vater oder Stiefvater, Vormund oder Onkel oder vom Liebhaber der Mutter begangen.

Süßigkeiten und kleine Geldgeschenke machen die Kleinen den Tätern gefügig und verhindern Erstattung der Anzeige.

Genotzüchtigte sterben meist an Erstickung: der Täter verschließt meist mit der einen Hand Mund und Nase oder bedeckt das Gesicht der Überfallenen mit Tüchern, emporgeschlagenen Röcken und würgt gleichzeitig mit der andern Hand. Nicht immer hat es der Täter auf den Tod des Opfers abgesehen; aber wenn er Entdeckung oder Anzeige fürchtet, dann tötet er wohl auch, um sich zu sichern.

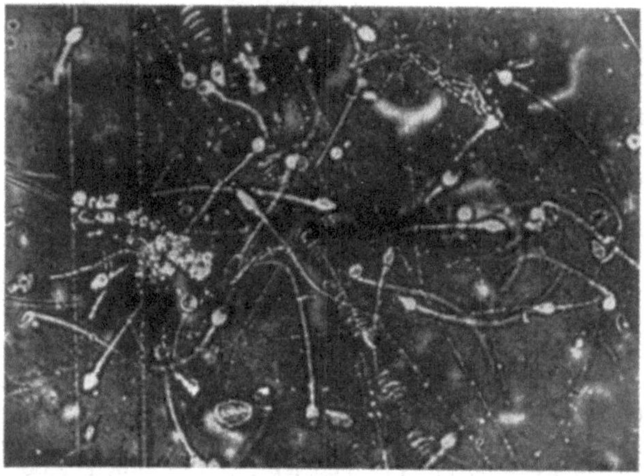

Bild 43. Menschliche Samenfäden (stark vergrößert).

Der Nachweis von Samenfäden auf Wäsche, Kleidungsstücken u. dgl. (vgl. Bild 42) ist für die Feststellung eines Sittlichkeitsverbrechens von grundlegender Bedeutung. Beweisend ist hier ausschließlich das Vorhandensein ganzer Samenfäden, also Kopf und Schwanz miteinander verbunden (vgl. Bild 42, 43). Begünstigt wird der Nachweis von Samen durch die große Widerstandsfähigkeit der Samenfäden, welche einmal eingetrocknet, sehr lange Zeit, selbst Jahre der Zersetzung und Veränderung widerstehen, ihre kennzeichnende Form beibehalten und nachweisbar sind. Andrerseits ist es dringend geboten, die Person weiblichen Geschlechtes sobald als möglich nach dem zur Kenntnis gebrachten Geschlechtsakt der ärztlichen Untersuchung zuzuführen, um sowohl die äußeren Merkmale einer in den letzten Stunden stattgehabten Entjungferung nachweisen zu können, als auch um Samen selbst am Scheideneingang noch vorzufinden.

Bei Sittlichkeitsverbrechen wird immer auch auf die Möglichkeit zu achten sein, daß in den Schamhaaren der Vergewaltigten oder in ihrer Unterkleidung ein Schamhaar des Täters zu finden sein kann. Auch können Schamhaare sich finden, auf denen Samen angetrocknet ist.

Wäsche mit Samenflecken fühlt sich an diesen Stellen im getrockneten Zustand versteift an. Die grauen bis hellbraunen Flecken sind bis handtellergroß und haben deutliche Grenzen. Der besondere Samengeruch kann dadurch hervorgerufen werden, daß man die fraglichen Stellen mit etwas Wasser aufquellen läßt und dazu riecht. Nach Samenflecken ist in erster Linie erfahrungsgemäß zu suchen auf Leibwäsche und zwar Hemden (wobei besonders auf die Unterseite des vorderen Blattes unten und innen zu achten ist), ferner Unterhosen, Hemdhosen, dann Bettüchern, Taschentüchern, auch Bettvorlegern u. dgl.

Die Frage nach der Haltbarkeit der Samenfäden kann dahin beantwortet werden, daß Samenfäden in der Scheide noch bis zu 72 Stunden nachweisbar sind; die saure Scheidenabsonderung wirkt abtötend. Gesunder Samen erhält sich in weiblichen Geschlechtsteilen nach dem Akt bis zu 3 Wochen noch lebend. Er kann erfahrungsgemäß in wenigen Minuten bis in die Gebärmutter, von dort in die Eileiter und schließlich in die freie Bauchhöhle vordringen, wo die Samenfäden dann zugrunde gehen. Wenn z. B. bei einem Lustmord an einem Freimädchen trotz unmittelbar vor dem Tode stattgehabten und erwiesenen Aktes Samen in der Scheide nicht vorfindlich wäre, so wäre dieser Umstand dahin zu erklären, daß der Beischlaf mit Schutzmitteln ausgeführt wurde oder aber eine Ausspritzung stattfand.

Fall 79. Ein zunächst vermuteter Raubmord an einem Freimädchen in Wien (1913) klärte sich durch die Leichenöffnung dahin auf, daß der Tod durch Erstickung vorlag: sie hatte Samenflüssigkeit in den Mund aufgenommen und diese war in die Luftwege geraten.

Weiter ist mit Prof. Haberda zu sagen: Bei Sittlichkeitsverbrechen sind außer den sachlichen Anzeichen bei Untersuchungen auch die persönlichen Angaben der Zeugin in Betracht zu ziehen, doch ist es klar, daß diesen gegenüber die größte Vorsicht zu beobachten ist und denselben nur dann ein gewisser Wert zuzuschreiben ist, wenn sie mit den allgemeinen Erfahrungen und den sachlichen Befunden im Einklang stehen. Im allgemeinen ist gegenüber Angaben erwachsener und widerstandsfähiger weiblicher Personen, es sei an ihnen eine Notzucht mit Gewalt vollzogen worden, die größte Vorsicht und Sachlichkeit anzuempfehlen, da die Erfahrung lehrt, daß derartige Anschuldigungen verhältnismäßig häufig bloß erfunden werden, wobei Rachsucht, Scham über einen geschlechtlichen Fehltritt, oft auch krankhafte seelische Zustände der Anzeigerin eine Rolle spielen und dabei zuweilen Vorgänge geschildert werden, in denen eine Überrumpelung und Überwältigung und ein Geschlechtsakt kaum möglich sind. Jeder einzelne Fall ist als solcher zu erwägen, insbesondere ist nicht nur auf die Körperkraft des Weibes, sondern auf Zeit, Ort und äußere Umstände der Überwältigung, die Möglichkeit, Hilfe herbeizurufen und darauf Rücksicht zu nehmen, ob der Widerstand beim Weib vollständig zur Geltung gelangen konnte oder nicht.

Dazu ein lehrreicher Fall nach Prof. Haberda:

Fall 80. Ein 24 Jahre altes, zartes, blasses Mädchen war auf einem Feld außerhalb Wiens im Winter um 8 Uhr abends von einem großen, kräftigen

Mann überfallen worden. Der Täter, der dem Mädchen schon früher Liebesanträge gemacht hatte, lauerte ihm auf dem einsamen Weg, der vom Bahnhof zu ihrer Wohnung führte, auf, da er erfahren hatte, daß es allein nach Wien gefahren war, und zu später Abendstunde heimkehren wird. Er packte es von rückwärts, riß es zweimal zu Boden, drohte ihm mit einem offenen Taschenmesser, doch wußte sich das Mädchen zweimal zu erwehren. Erst als er es ein drittesmal niedergeworfen hatte, gab es erschöpft den Widerstand auf, denn es dachte, nun müsse es sterben, da ihre Hilferufe in der entlegenen Gegend ungehört verhallten. Bei der Schwurgerichtsverhandlung sagte es, es habe „schon die Heiligen vor sich gesehen". Als der Mann, der vor Gericht den Vollzug des Beischlafes zugab und nur die Überwältigung bestritt, von ihr abgelassen hatte, lief sie nach Hause, kam dort atemlos mit aufgelöstem Haar und kotbeschmutzten Kleidern zitternd an und konnte vor Erschöpfung und Aufregung zunächst nicht erzählen, was ihr zugestoßen war. Von ihrer Winterjacke waren die Knöpfe abgerissen, deren einer am nächsten Morgen von der Gendarmerie am Tatort gefunden wurde. Bei dem Mädchen stellte sich eine durch Schreck ausgelöste Nervenkrankheit ein, die mehrere Monate anhielt. Der Mann wurde von den Geschworenen einstimmig verurteilt.

Der Kriminalist wird in jedem frischen solchen Fall nach etwaigen **Spuren der Gewalt am Tatort** suchen, z. B. zertretenes Gebüsch, Schleifspuren, abgerissene Knöpfe usw. der Arzt andrerseits am **Opfer**, woselbst zu finden sein werden: Hautabschürfungen, Blutunterlaufungen, Kratzwunden, Druck- und Würgespuren, auch Stich- und Bißwunden. Der Täter wird Kratzspuren auf Gesicht und Händen, vielleicht auch Fingerbißwunden, die er vom Opfer abgekriegt hat, aufweisen; stets wird auch das Kräfteverhältnis vom Täter und Opfer zu berücksichtigen sein.

Solche Verletzungen sind gegen den Täter sehr belastend, doch macht ihn deren Fehlen nicht schuldfrei. Nur zu oft werden solche Verletzungen des Opfers von diesem vorgetäuscht, d. h. künstlich erzeugt. Sie sind in letzterem Falle meist zaghaft und in gleicher Richtung verlaufend.

Die oft aufgeworfene Frage, ob ein unberührtes Jungfernhäutchen die Jungfräulichkeit der Trägerin unter allen Umständen beweist, muß dahin beantwortet werden, daß selbst ein derartiges Häutchen keinen verläßlichen Beweis für die Unberührtheit abgibt und erfahrungsgemäß solche Häutchen trotz vielfachen Beischlafes unversehrt geblieben sind. Demgegenüber gibt es immer wieder ausgesprochene Sittlichkeitsverbrechen. So berichtet H. Menzel in der Zeitschrift für Sexual-Wissenschaft einen Fall:

(Fall 81), wobei ein 16 jähriger Knabe durch zwei erwachsene Mädchen überwältigt, wovon das eine Mädchen unter Beihilfe der Freundin das erregte Glied in die Scheide steckte und so den Akt wirklich durchführte. Ein ähnlicher Fall — **Fall 82** —, wobei der von der verschmähten liebestollen Frau und ihrem Hausmädchen schließlich überwältigte Jüngling mit dem Rücken über die Tischkante gebogen und während des Aktes niedergehalten wurde, trug sich in der Vorkriegszeit in Wien zu.

Es kommen — wie auch die Tagesblätter immer wieder berichten — neben der Tötung des Opfers oft auch grausame Verstümmelungen vor, die vom Täter im Drang geschlechtlicher Erregung und Befriedigung verübt werden. Es handelt sich in solchen Fällen um sogenannten **Lustmord** (vgl. Bild 44). Hier kommt es dem

Täter keineswegs auf die Erreichung des Beischlafes an, sondern er will statt des Geschlechtsaktes quälen, stechen, schlagen, würgen und schließlich morden. Mitunter beißt er in seinem tierischen Blutrausch die Überfallene in die Brüste — wie der folgende Fall zeigt — oder in die Scheide, nicht selten schlachtet er die Überfallene regelrecht ab, schneidet Brüste und Schamteile heraus, schlitzt ihr den Bauch auf, so daß die Gedärme austreten und nimmt möglicherweise auch noch Leichenteile mit. Erfahrungsgemäß sind es hauptsächlich schulpflichtige Mädchen, aber auch Freimädchen, die auf diese Weise ihr Leben lassen müssen, obgleich auch Frauen guter Gesellschaftsschichten nicht verschont sind.

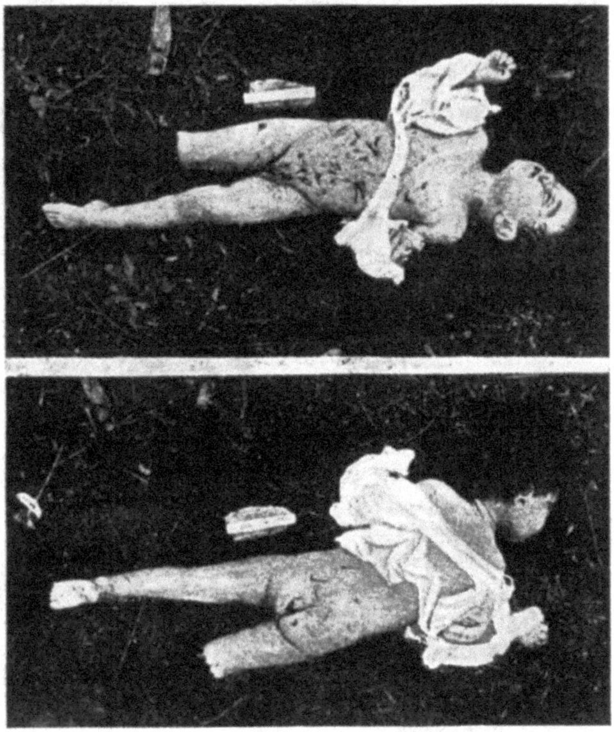

Bild 44. Lustmord.

Fall 83. Eine Näherin war in der Nähe der Stadt M. ermordet aufgefunden worden. Nach diesem Tatbestand mußte angenommen werden, daß die Ermordete von dem Mörder zu Boden gerissen und nach erfolgter Vergewaltigung erwürgt worden war. Auf der linken Brust der Ermordeten waren drei von einem Biß herrührende Eindrücke zu sehen; davon war einer derart deutlich ausgebildet, daß eine eingehende Untersuchung vielleicht Aufschluß bezüglich der Person des Täters geben konnte. Die Untersuchung wurde leider in hohem Grad durch den Umstand erschwert, daß der Biß infolge ungeeigneter Aufbewahrung des Hautfetzens bis auf etwa $^2/_3$ seiner ursprünglichen Größe zusammengeschrumpft war. Die in Anwendung gebrachten Mittel, die normale Größe wieder herzustellen, schlugen leider durchwegs fehl.

Mehrere Tage nach dem Mord wurde ein Landstreicher verhaftet, der sich in der Nähe der Mordstelle umhergetrieben hatte. Die Kratzwunden in dem Gesicht und an den Händen des Beschuldigten, sowie die Blutflecken an den Kleidern, die man anfänglich als schwer belastend angesehen hatte, fanden ihre Erklärung durch eine Rauferei, in welche der Beschuldigte einige Tage vor dem Mord verwickelt war. Bei der Untersuchung des Gebißabdruckes des der Tat Verdächtigten konnte festgestellt werden, daß sich zwischen den beiden unteren kräftig entwickelten Eckzähnen zwei kleine Schneidezähne mit schmaler Schneidefläche und zwei in der Schneide durch Bruch verbreiterte Schneidezähne mit hervorstehenden Kanten befanden. Die Stellung der Zähne des Gebisses, insbesondere aber der letztgenannte Umstand, mußte die Überführung des Beschuldigten bewirken, wenn es gelang, die geschilderten Eigentümlichkeiten auf der Bißwunde der Frauenbrust nachzuweisen. Bild 45 zeigt die Ermordete mit den Bißwunden auf der linken Brust (Pfeil). Bild 46 a und Bild 46 b zeigt den Gebißabdruck des mutmaßlichen Mörders mit dem Abdruck des in gleicher Größe hergestellten Bisses von der Brust der Ermordeten. Schon bei oberflächlicher makroskopischer Betrachtung ergibt sich mit zwingender Notwendigkeit die Übereinstimmung der beiden Bisse. Ebenso wie bei dem Gebiß des Beschuldigten erscheint bei dem Eindruck auf der Brust der Ermordeten von links nach rechts gesehen zuerst der kräftige Eckzahn, dann folgt der Eindruck der beiden kleinen Schneidezähne in Gestalt einer scharfen Linie und als besonders ausgeprägte Linienzeichen, welche durch die Schneiden der beiden auf ihren Schnittflächen durch Bruch erweiterten Schneideflächen hervorgerufen sind. Der Eindruck der Zähne des Unterkiefers wird auf der rechten Seite dann durch denjenigen eines starken Eckzahnes abgeschlossen.

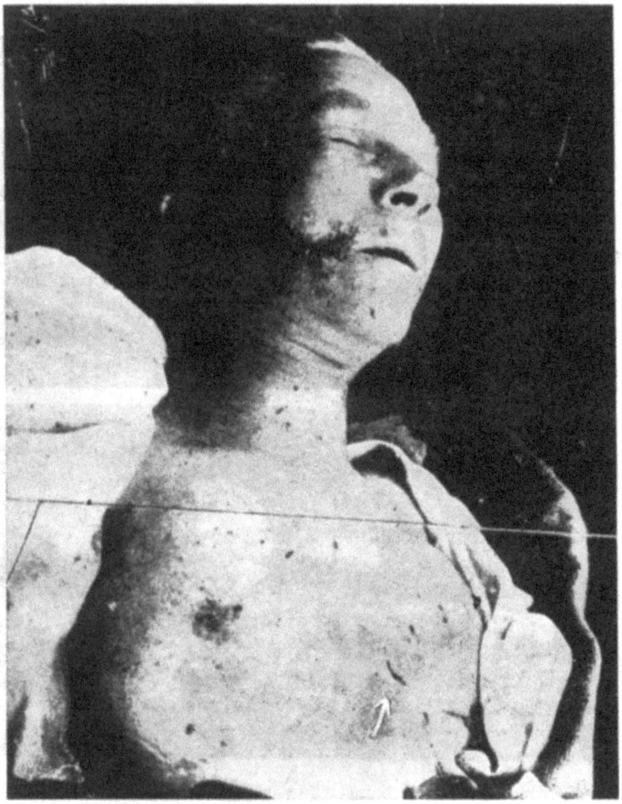

Bild 45. Ermordete Näherin. (Loock).

Nach der Sachlage konnte somit der Beschuldigte unter der Voraussetzung als Täter bezeichnet werden, daß die Verletzung der beiden Schneidezähne des Unterkiefers bereits zur Zeit des Mordes bestand und nicht etwa durch die Rauferei, in welche er kurz vor seiner Verhaftung verwickelt war, hervorgerufen ist. Nachdem entsprechende Feststellungen auch in dieser Richtung gemacht worden waren, wurde dem Mörder von dem Ergebnis der ihn schwer belastenden Untersuchung Mitteilung gemacht, worauf dieser einem Mithäftling gegenüber eingestand, die ihm zur Last gelegte Tat begangen zu haben. Der Mörder beging daraufhin Selbstmord durch Erhängen. Wieder hat der Sachbeweis einen vollgültigen Beweis der Täterschaft erbracht.

Lustmord kommt auch an Tieren vor. Der Täter befriedigt seine Lust und schlachtet das Tier dann ab. Derartiges kommt begreiflicherweise hauptsächlich auf dem Lande vor und obwohl solches verhältnismäßig oft verübt wird, kommt derartiges selten zu Gericht. Täter sind hauptsächlich Kutscher, Bauernburschen u. dgl., die mit Tieren beruflich zu tun haben. Gewöhnlicher Geschlechtsverkehr mit Tieren ist unter Eingeweihten nichts Seltenes. Bezeichnend ist, was ein kräftiger junger Bauernbursch, der derart veranlagt war, einst dem Prof. Groß gegenüber sagte: „Ich kann nicht dafür, aber die älteste Gais (Ziege) ist mir lieber als das schönste Mädel!" Der Beweis der Täterschaft wird sich durch vorgefundene Tierhaare an der Gliedspitze (zwischen Vorhaut und Eichel) erbringen lassen. Vgl. dazu auch die Abbildungen S. 44, 45. Oft wird es noch gelingen, an den Ge-

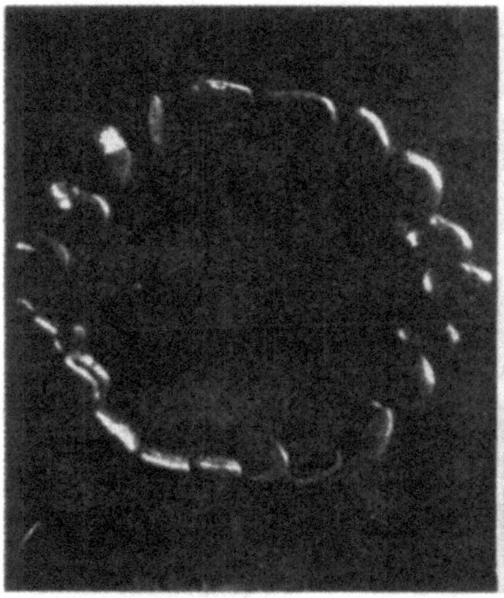

Bild 46 a. Gebißabdruck des Mörders. (Loock).

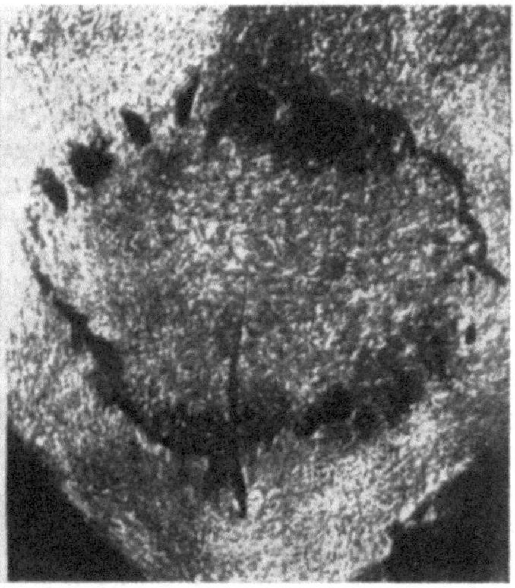

Bild 46 b. Biß in die Brust der Ermordeten. Hautstück aus der linken Brust.

schlechtsteilen und im Darmende der gebrauchten Tiere Samen und vielleicht einige Schamhaare des Täters nachzuweisen.

25. Abschnitt.

Körperverletzungen.

Wie schon früher eingehender betont, soll auch der Kriminalist wenigstens die grundlegenden medizinischen Kenntnisse besitzen, ebenso, wie es erfahrungsgemäß sehr zweckmäßig, ja notwendig wäre, wenn der Gerichtsarzt auch über entsprechendes juristisches Wissen verfügte. **Der wahrhaft erstrebte Zustand, von dem uns hoffentlich nicht mehr lange Zeit trennt, wird der sein, daß zum befähigten Gerichtsarzt nur ein Arzt bestellt werden soll, der auch das juristische Studium absolviert hat und umgekehrt soll Kriminalist (Staatsanwalt, Richter) nur ein Jurist werden können, der auch das medizinische Studium abgeschlossen hat.** Für Beamte, in deren Hände Ehre, Freiheit, ja das Leben der Mitmenschen vertrauensvoll gelegt ist, kann und muß diese Forderung zu Recht bestehen! Haben wir einmal dieses Idealziel erreicht, dann werden sich — wie dies bisher leider noch meist der Fall ist — Arzt und Kriminalist nicht mehr „verständnislos gegenüberstehen", sondern die Rechtspflege auf verläßliche Grundlage gestellt werden. Damit würden dann auch die gerade in den breiten Bevölkerungsschichten immer wieder hart und oft nicht mit Unrecht herangezogenen Justizirrtümer wirklich auf das niedrigste herabgedrückt werden.

Wie treffend sagt doch Altmeister Prof. Groß: „Nur der Jurist, der sich mit saurer Mühe ein bißchen medizinische Kenntnisse soweit angeeignet hat, als er es für sein Fach braucht, wird die nötige Achtung vor wahrhaft wissenschaftlichem Können des Arztes haben, es zu schätzen und zu verwerten wissen. Dies verstehen auch die tiefblickenden Ärzte von heute und sehen nicht eifersüchtig oder dünkelhaft auf das freilich noch immer laienhafte Wissen der Juristen und die Führenden unter den Gerichtsärzten verlangen sogar sehr viel vom Juristen, wenn sie ihn als brauchbaren Mitarbeiter sollen gelten lassen. Was verlangt zum Beispiel v. Krafft-Ebing in seinen ‚Grundsätzen der Kriminal-Psychologie für Juristen' von den letzteren! Wie dringend ermahnt er sie zu eindringlichem Studium in der Psychiatrie, mit welcher Mühe sucht er den Juristen auf eine möglichst hohe Stufe zu sich heranzuziehen! Würde jeder Staatsanwalt dieses Buch durcharbeiten, gäbe es für alles, was der Staatsanwalt zu wissen braucht, solche Bücher und würden sie alle vom Staatsanwalt gewissenhaft verwendet, es stünde anders um die Pflege des Strafrechtes! Daß es genug der besten Lehrbücher über gerichtliche Medizin gibt, ist richtig, aber sie sind, der Natur der Sache nach, nicht von Juristen und nicht alle für Juristen geschrieben. Der Arzt kann sich bei bestem Willen nie auf den Standpunkt des nicht medizinisch vorgebildeten Juristen stellen, er kann nicht wissen, was dem Juristen nötig ist, er weiß namentlich nicht, was der Jurist braucht, wenn er den Arzt nicht bei der Hand hat."

Hier soll das vorliegende Buch helfend eingreifen, wo dies not tut. Die folgenden Darstellungen sind mit Zugrundelegung führender Lehrbücher der gerichtlichen Medizin und eigener Erfahrungen zusammengestellt und zwar in einer Form, wie sie das Leben braucht. Daß und wie kriminalistische Behelfe, die auch den gerichtlich-medizinischen Teil entsprechend einarbeiten, nötig waren, hat der rasche Absatz meiner bezüglichen Bücher[1]), die ich schon vor fast zwei Jahrzehnten schrieb, hinreichend bewiesen[2]).

Nach diesen kurzen Vorbemerkungen sei nunmehr auf das eigentliche Gebiet eingegangen.

Der Gerichtsarzt wird auf Grund seiner Untersuchungen bei Verletzungen sowohl an Lebenden wie an Leichen Angaben über das dabei verwendete Werkzeug, die Waffe, machen können. Ist aber die Art des

[1]) „Praktischer Leitfaden für kriminalistische Tatbestandsaufnahmen" und „Handbuch für den praktischen Kriminaldienst".

[2]) Mein „Leitfaden", der demnächst umgearbeitet und vermehrt herauskommt, hat umfangreiche Auflagen erlebt und ist bisher in 6 Sprachen erschienen.

Werkzeuges oder dieses selbst gesichert, so wird in vielen Fällen schon ein wichtiger Hinweis auf die Kreise, in denen der Täter zu suchen sein wird, gefunden sein.

A. Arten der Verletzung.

Nach der Art ihrer Zufügung sind die Verletzungen entweder Schnitt-, Hieb-, Stich-, Schußverletzungen oder Verletzungen durch stumpfe Gewalten.

1. Schnitt-Verletzungen.

Schnittwunden sind gekennzeichnet durch glatte Ränder, geradlinigen Verlauf und spitze Winkel. Je schärfer das Werkzeug war, desto schärfer sind die Wundränder. Der durch den Schnitt entstandene Hautschlitz ist wegen der Dehnbarkeit der Haut immer kleiner als der Querschnitt des verwendeten Werkzeuges. Darunter liegende Knochen oder Knorpel setzen den Schnittwunden ein Ziel. Sind Schnittwunden tief, so sind sie gefährlich oder gar tödlich (z. B. am Hals). Wenn eine Schnittwunde über eine runzelige faltige Haut (Hals alter Leute) geführt wurde, hat es den Anschein, als wenn mehrere Schnittwunden gesetzt worden wären.

A. Halsabschneiden.

Von ausschlaggebender Bedeutung ist die Antwort auf die Frage, ob gegebenen Falles eigenes oder fremdes Verschulden, also Selbstmord oder Mord vorliegt. Dies kann man schon auf Grund der äußeren Merkmale mit Sicherheit beantworten, wenn man dabei besonders darauf achtet:

1. ob die vordere oder rückwärtige Körperseite besonders blutbefleckt ist,
2. ob eine Hand sehr stark mit Blut befleckt, „wie in Blut getaucht" ist,
3. ob die Hände irgendwelche Schnitt- oder Stichverletzungen zeigen,
4. ob nur eine tiefgehende Halswunde allein oder eine solche mit mehreren sichtlich oberflächlichen Wunden vorhanden ist,
5. ob die tiefgehende Wunde mehr auf der linken oder mehr auf der rechten Halsseite liegt, wie sie verläuft und wie der Ansatz aussieht.

Selbstmord durch Halsabschneiden wird in der Regel anzunehmen sein,

1. wenn der Hals von Kleidungsstücken freigemacht ist,
2. wenn besonders die vorderen Körperteile (Vorderhals, Brust, Bauch) mit Blut arg befleckt sind, die rückwärtigen Körperteile dagegen nur wenige oder gar keine Blutflecke aufweisen, denn Selbstmord durch Halsabschneiden wird erfahrungsgemäß fast immer stehend oder sitzend und zwar bei vorgebeugtem Hals bzw. zurückgebeugtem Kopf ausgeführt. Der nach Eröffnung der großen Halsgefäße hervorstürzende Blutstrom wird daher haupt-

sächlich die vorderen Körperteile besudeln. Gewöhnlich geschieht diese Tat vor einem Spiegel,

3. wenn die Hand, die das Messer führte, stark mit Blut befleckt ist,

4. wenn die Hände keinerlei Schnittverletzungen aufweisen,

5. wenn nahezu immer mehrere gleichmäßig nebeneinander verlaufende oder sich kreuzende Schnitte, von denen nicht selten einzelne ganz oberflächlich sind — sichtlich zaghaft —, so daß kaum die Haut durchtrennt ist, vorhanden sind. (Beim Ansatz ist die Wunde wesentlich tiefer als am Ende.)

Ob der Getötete Rechts- bzw. Linkshänder war, soll durch Umfrage festgestellt und daraufhin die Lage der Wunden verglichen werden. Bei Rechtshändern liegt die tödliche Halsschnittwunde hauptsächlich auf der linken Seite; sie verläuft dann von der linken oberen Halsseite schräg nach der rechten unteren. Bei Linkshändern liegt sie entgegengesetzt, also auf der rechten Halsseite; sie verläuft dann von der rechten oberen Halsseite schräg nach der unteren linken. Es können aber auch querverlaufende Schnittwunden vorhanden sein. Nicht selten ist der obere Winkel der tödlichen Wunde zackenförmig ausgestaltet, ein Beweis für das wiederholte Ansetzen des Messers und das wiederholte Einschneiden in die einmal gesetzte Wunde; derartiges kommt bei fremdhändiger Zufügung nicht vor.

Beim Halsabschneiden tritt infolge des großen Blutverlustes Tod durch Verblutung ein, außerdem kommt ausströmendes Blut in die durchtrennten Blutwege und wird angesaugt, was Erstickung auslöst. Die in die durchschnittenen Halsvenen eintretende Luft führt zur Luftansaugung und damit zu raschem Tod.

An mehrfachen Selbstmord ist zu denken, wenn der Getötete z. B. mit einer Halswunde und geöffneten Adern, vielleicht auch noch mit (gleichverlaufend gelagerten) Schnittwunden in der Ellbogenbeuge und in den Handgelenken gefunden wird, oder mit Halsschnittwunden und Schußverletzungen u. dgl. Dazu vier lehrreiche Fälle (nach Prof. Haberda):

Fall 84 und **Fall 85.** An den Leichen zweier Selbstmörder mit durchschnittenem Hals war festzustellen, daß der Halsdurchschneidung ein Schuß in den Mund vorangegangen war, der eine Zertrümmerung des Gaumens erzeugt hatte. In einem 3. Fall — **Fall 86** — war ein Erhängungsversuch und in einem 4. Fall — **Fall 87** — ein Stich in die Leber vorangegangen.

Selbstmörder mit solchen Wunden müssen keineswegs an der Stelle zusammenstürzen, wo sie sich die Halswunde beigebracht haben, ja es kann selbst dann die Möglichkeit einer stattgefundenen Ortsveränderung nicht geleugnet werden, wenn die tiefen Halsgefäße verletzt worden waren, besonders wenn nicht beide Halsschlagadern, sondern nur eine getroffen worden war.

Die Verteilung von Blutlachen und Blutspritzern an mehreren Stellen des Sterbeortes beweist noch nicht die Tötung durch fremde Hand.

Fall **88.** Ein Selbstmörder, der einen unvollendeten Bau zu bewachen hatte, war mit durchschnittenem Hals im Hause herumgegangen und dann in seine Hütte zurückgekehrt, wo er sich noch Beilhiebe gegen die Stirne versetzte. Die im Hause an mehreren Stellen vorgefundenen Blutspuren hatten den Verdacht erweckt, daß der Mann überfallen, am Halse verletzt und dann verfolgt wurde.

Was Menschen mit durchschnittenem Hals mitunter noch leisten können, beweist ein Fall aus dem Schrifttum — **Fall 89** — in welchem eine Frau nach Durchschneidung der Halsarterie und -vene auf einer Seite noch 20 m weit zu gehen vermochte!

Ein weiterer Fall — **Fall 90** —. Ein Schreiner, der sich im freien Felde mit einem Rasiermesser den Hals durchschnitten hatte, warf das Messer weg, kroch in einen Schupfen und verblieb dort bei großer Kälte Tag und Nacht. Am folgenden Tag begab er sich in die Stadt zurück, sank dort zusammen, wurde in eine Hilfsstelle gebracht, wo man ihn für betrunken hielt und nach Hause führen ließ. Da wurde die Wunde am Hals entdeckt und der Verletzte ins Spital geschafft, wo er nach 14 Tagen starb. Die Leichenöffnung ergab, daß Kehlkopf und Schlund bis auf die Körper der Wirbelsäule durchschnitten waren! (Haberda).

Ein Mensch mit Halsschnitt kann also noch handlungsfähig sein, kann das Messer beseitigen, auf dessen Auffindung beim Toten als Zeichen des Selbstmordes sonst viel Wert gelegt wird. Schnitte bis zur Wirbelsäule kommen bei Selbstmördern auch vor; aber tiefere Schnitte in der Wirbelsäule sprechen für Mord.

Mord durch Halsabschneiden wird in der Regel anzunehmen sein, wenn

1. Kleidungsstücke, die den Hals bedecken, durchschnitten getroffen werden,

2. hauptsächlich die rückwärtigen Körperteile (Nacken, Hinterkopf, Schultern, Rücken) arg blutbefleckt sind, während an den vorderen Körperabschnitten wenig oder gar kein Blut vorhanden ist. Das Halsabschneiden kann nämlich von fremder Hand stehend überhaupt nicht ausgeführt werden, sondern das Opfer wird überwältigt, zu Boden geworfen und es werden dann dem liegenden mehr oder weniger Wehrlosen die tödlichen Schnitte versetzt, oder es handelt sich um schlafende oder irgendwie vorher betäubte Personen. Wird nun einem Liegenden der Vorderhals durchschnitten, so fließt das Blut nach rückwärts ab;

3. eine Hand blutbefleckt, doch niemals „wie in Blut getaucht" ist. Wenn sie blutbefleckt ist, rührt dies von Schnittverletzungen (meist geringfügiger Art) her, die das Opfer beim Versuch, das gezückte Messer abzudrängen, erhalten hat, wobei die Finger an der Beugeseite oder die Hohlhand, ebenso vielleicht auch noch die Innenseite des Unterarmes verletzt wurden: ein untrügliches Zeichen geleisteter Gegenwehr! (Die Hand kann auch vom Anfassen der Wunde blutig geworden sein);

4. eine tiefgehende Schnittwunde vorhanden ist (vgl. Bild 47). Die Schnittwunde durchtrennt meist den Vorderhals, liegt also an den beiden Seiten annähernd gleich hoch. Sie kann aber auch links tiefer bzw. rechts höher liegen, was dann von der Rechts- bzw.

Linkshändigkeit des Angreifers abhängt. Doch ist der Verlauf der Richtung allein noch nicht entscheidend.

Fall 91. Ein von seiner Frau getrennt lebender Mann — von Beruf Uhrmacher — hat seine 12jährige Tochter, die ihm gerichtlich zugesprochen worden war, im Schlaf überfallen und durch Halsabschneiden ermordet (Bild 48), worauf er Selbstmord beging. Am Halse fand sich eine von rechts unten nach links oben den Vorderhals durchsetzende, scharfrandige, 8 cm lange Wunde, welche in ihrer Umgebung durch Blut stark verunreinigt war. Die Wundwinkel sind einfach. Die Weichteile des Halses, so namentlich die Luftröhre dicht unterhalb des Kehlkopfes, die Schilddrüsenlappen und die großen Halsmuskeln waren glatt durchtrennt (Kratter).

Fall 92. Mord durch Halsabschneiden und Schädelzertrümmerung. Ein Bauer ist über Anstiften der Mutter von seinen beiden Söhnen in folgender Weise ermordet worden: Zuerst erhielt er von der Hand des älteren Sohnes mit einem Beil Schläge auf den Kopf, die ihn bewußtlos niederstreckten. Da er nicht sofort tot war, sondern am Boden liegend röchelte, ergriff der jüngere Sohn über Geheiß des älteren, dem Alten doch endlich den Garaus zu machen, ein großes Küchenmesser und durchschnitt damit dem bewußtlos am Boden Liegenden den Vorderhals bis an die Wirbelsäule derart, daß alle Weichteile durchtrennt, sowie die seitlichen tiefen Halsmuskeln angeschnitten waren. In diesem Falle lagen zwei Todesursachen vor. Der Tod war durch Verblutung erfolgt. Der Tod wäre aber auch durch die Schädelverletzung zustande gekommen. Es war auch diese geeignet, für sich allein den Tod herbeizuführen. Die nächste Todesursache war Verblutung infolge Halsabschneiden, daneben eine tödliche Schädelverletzung. Es war somit neben der den Tod tatsächlich bewirkenden Verletzung, der tiefen, unbedingt und rasch tödlichen Halsschnittwunde noch eine zweite Verletzung vorhanden, nämlich ein mit Bluterguß ins Innere verbundener Schädelbruch, die den Tod hätte bewirken können (Kratter).

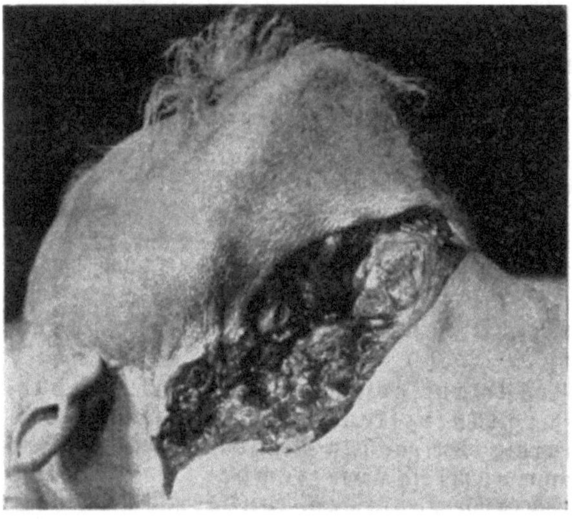

Bild 47. Mord durch Halsabschneiden. (Aus Hofmann-Haberda, Lehrb. d. gerichtl. Medizin, Verlag Urban & Schwarzenberg, Berlin-Wien).

Das Verhalten von Blutspuren an der Leiche sagt Prof. Haberda, ist bei Halsschnitten für die Unterscheidung, ob Selbstmord oder Mord vorliege, nur mit Vorsicht zu verwerten. Wohl ist es begreiflich, daß, wenn der Hals durchschnitten wurde, während die Person lag, was beim Selbstmörder kaum vorkommt, das ausströmende Blut vorzugsweise zu einer oder zu beiden Seiten des Halses herabfließt und sich auf der Unterlage ausbreitet, während, wenn die Schnittwunde zugefügt wurde, als das Opfer stand oder saß, das Blut zunächst nach abwärts, besonders über die Vorderfläche des Körpers herabströmt; doch ist zu beachten, daß eine Person, der im Liegen der Hals durchschnitten wurde, sich unter Umständen noch aufrichten kann, worauf das Blut auch über die Vorderfläche des Körpers herabfließt und daß umgekehrt jemand, der sich z. B. sitzend den Hals durchschnitten hat, zurücksinkt, worauf die Hauptmasse des Blutes sich in derselben Richtung ergießt, wie wenn das Halsdurchschneiden im Liegen geschehen wäre.

Fall 93. In einem Fall von Selbstmord hatte sich die 65 jährige Frau im Liegen den Hals mittels eines großen und scharfen Küchenmessers durchschnitten, so daß das Blut ausschließlich am Hals, Gesicht und Kopf sowie an den Händen angetrocknet war und von den Kleidern nur Bluse und Hemd am Halsbereich blutig waren. Die Frau hatte sich in die ganz symmetrische Querwunde, welche zwischen Kehlkopf und Zungenbein eindrang, einen zusammengeknäulten Leinwandfetzen wie einen Pfropf unter den oberen Wundrand hineingestopft; deshalb und da der Kehldeckel auf dem Zungeneingang lag, kam es nicht zur Ansaugung von Blut (Haberda).

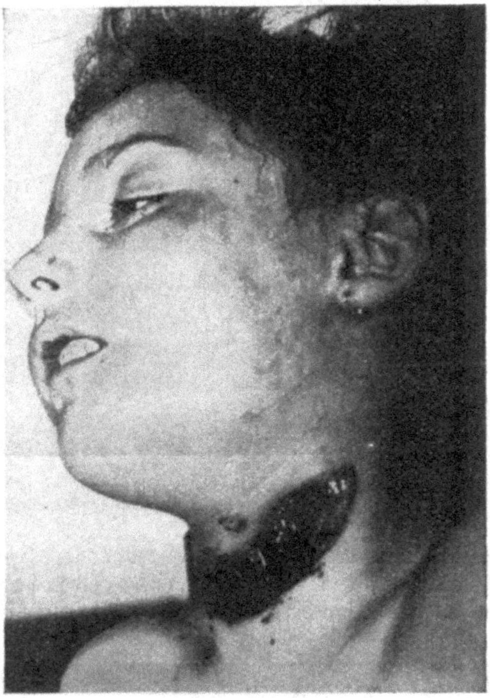

Bild 48. Mord durch Halsabschneiden. (Aus Kratter, Lehrb. d. gerichtl. Medizin, Verlag F. Enke, Stuttgart).

Dem Fehlen oder Vorhandensein des zur Tat anscheinend verwendeten Messers kommt für die Frage, ob eigenes oder fremdes Verschulden vorliegen dürfte, keine ausschlaggebende Bedeutung zu. Daß in der Hand des Selbstmörders ein Messer gefunden wird, ist selten, aber nicht ausgeschlossen.

B. Adernaufschneiden.

Selbstmord wird hier anzunehmen sein (vgl. Bild 49 und 50), **wenn**

1. die Schnittwunden meist quer zu dem verletzten Glied verlaufen und an den Gelenksbeugeseiten vorhanden sind, ferner

2. sie an kleiderentblößter Stelle beigebracht sind,

3. mehrfache, bisweilen sogar zahlreiche Wunden vorhanden sind, worunter sich an einem und demselben Gelenk häufig gleichartig verlaufende, nahe aneinander gestellte, sichtlich zaghafte Einzelwunden finden; **das ist bei fremder Handanlegung aus-**

geschlossen. Solche Schnittwunden können sich auch an beiden Händen und beiden Füßen finden. Prof. Haberda sagt diesfalls: Die Schnitte dringen nicht immer tief genug ein, um größere Gefäße zu eröffnen, treffen manchmal nur die oberflächlichen, durch die Haut blau durch-

Bild 49. Selbstmord durch Schnittwunden an beiden Armen. (Aus Hofmann-Haberda, Lehrb. d. gerichtl. Medizin, Verlag Urban & Schwarzenberg, Berlin-Wien).

schimmernden Venen, weshalb es zu keiner tödlichen Blutung kommt. Ein ernster Selbstmörder versetzt sich dann noch anderwärts Wunden oder greift zu einer andern Tötungsart.

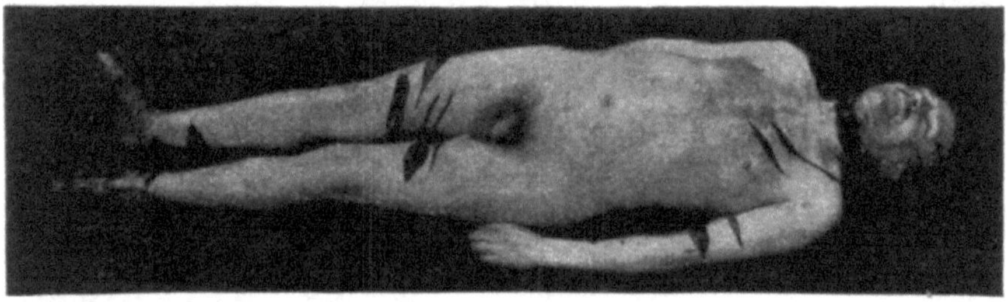

Bild 50. Selbstmord durch zahlreiche Schnitte. (Aus Hofmann-Haberda, Lehrb. d. gerichtl. Medizin, Verlag Urban & Schwarzenberg, Berlin-Wien).

Man begegnet daher nicht selten an einem und demselben Menschen mehrfachen Schnitten am Hals und an den Gelenksbeugen, vielleicht auch an anderen Körperstellen, in welchem Falle diese sowohl früher als auch später beigebracht worden sein können, als jene, ein Befund, der in der Regel genügt, um den Selbstmord klarzustellen.

Fall 94. Selbstmord durch Adernaufschneiden vereint mit Halsabschneiden und Erdrosselungsversuch. (Bild 51 bis 53). Eine 40jährige Frau hat sich während ihrer Regel nach vorangegangenem Erdrosselungsversuch 86 Schnittwunden an verschiedenen Körperstellen beigebracht! Adernaufschneiden mit versuchtem Halsabschneiden. Befund: Am Vorderhals finden sich 16 gleichartig gestellte

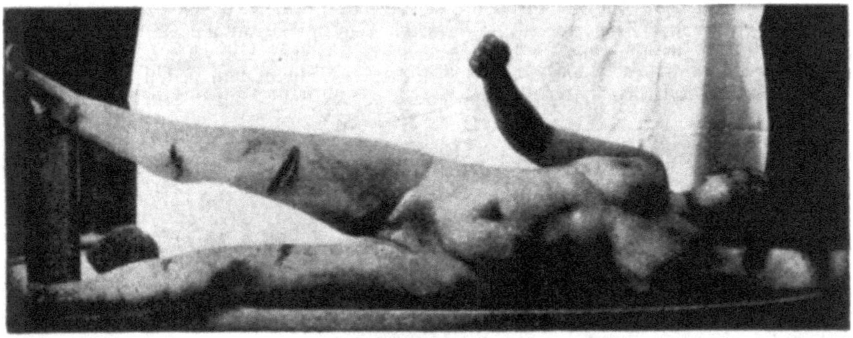

Bild 51. Mehrfacher Selbstmord durch Adernaufschneiden, Halsabschneiden und Erdrosselung. (Aus Kratter, Lehrb. d. gerichtl. Medizin, F. Enke Verlag, Stuttgart).

2—8—11 cm lange Gewebstrennungen, die teilweise nur die oberflächlichste Lage der Lederhaut, teilweise aber auch das Unterhautzellgewebe bis auf die Muskulatur durchtrennen. Soweit dies von außen zu erkennen ist, sind die großen Gefäße nicht verletzt, jedoch die dem Kehlkopf vorn auflagernde Muskulatur deutlich

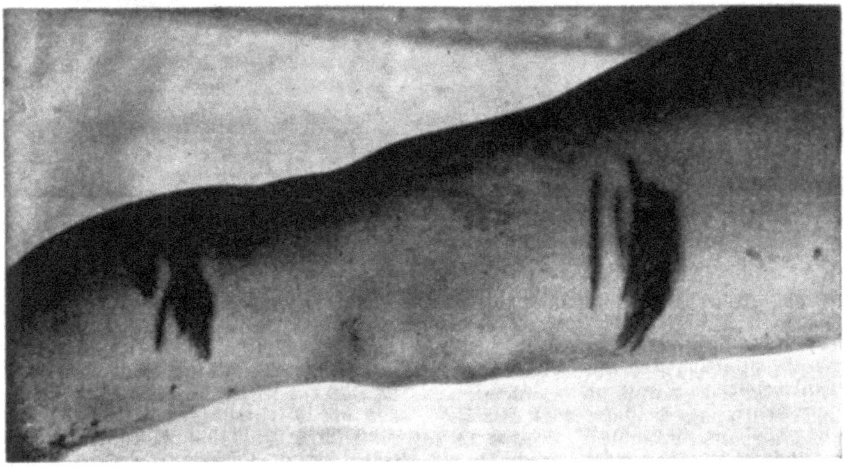

Bild 52. Mehrfacher Selbstmord durch Adernaufschneiden, Halsabschneiden und Erdrosselung. (Aus Kratter, Lehrb. d. gerichtl. Medizin, F. Enke Verlag, Stuttgart).

und mehrfach durchtrennt. Diese Gewebstrennungen, welche den ganzen Vorderhals einnahmen, zeigen eine Richtung, welche von rechts oben hinten nach links unten vorne und von links unten nach rechts oben vorne abfällt. Außerdem findet sich an der rechten Halsseite, etwas oberhalb des Schildknorpels, eine undeutlich ausgesprochene, beiläufig 0,5 cm breite strangförmige Verfärbung der Haut, welche sich gegen den Warzenfortsatz hinzieht (Erdrosselungsversuch). Am linken Oberarm findet man 11 parallel gestellte ähnlich beschaffene Gewebstrennungen, von denen zwei das Fettgewebe und die oberflächlichsten Lagen des Oberarmmuskels durchtrennen, ohne aber in die Gefäßfurche des Oberarmes einzudringen. In der linken Ellenbogenbeuge finden sich 18 gleichartig gestellte ähnlich beschaffene Gewebstrennungen, von denen zwei tiefer eindringen, des Fettgewebe durchtrennen und zwei kleine Schlagadern durchschneiden. An der Innenfläche des rechten Oberschenkels findet man in seinem untern Drittel zwei 11,5 cm lange Gewebstrennungen. Sie sind quergestellt und dringen bis in das Unterhautzellgewebe ein. An der Innenfläche der rechten Wade sind 3 Gewebstrennungen, von denen eine auf der Längsachse des Gliedes senkrecht, eine schräg zu ihr steht. Durch eine quergestellte

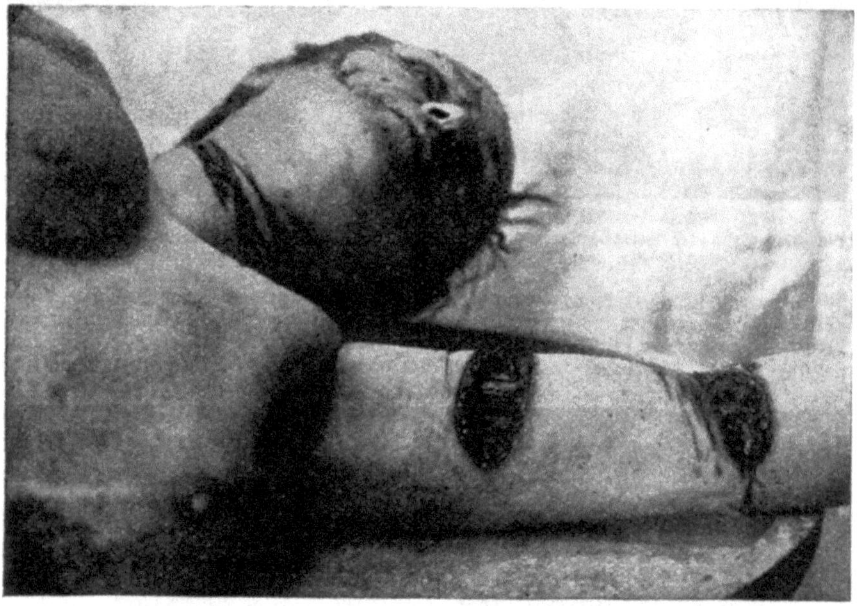

Bild 53. Mehrfacher Selbstmord durch Adernaufschneiden, Halsabschneiden und Erdrosselung. (Aus Kratter, Lehrb. d. gerichtl. Medizin, F. Enke Verlag, Stuttgart).

ist die große Wadenschlagader durchtrennt, ebenso einzelne deutlich erweiterte Venen (Kratter).

Die Möglichkeit, daß Mord an einer hilflosen Person mit Durchschneidung der Gelenksbeugen verübt werden könne, wird durch einen in Prag vorgekommenen Fall bewiesen — **Fall 95** —, in welchem ein Vater 4 seiner Kinder in der Weise umbrachte, daß er ihnen teils den Hals, teils die Gelenksbeugen, darunter auch die Kniekehle, durchschnitt, worauf er sich selbst durch Halsabschneiden tötete.

Fall 96. In Wien ermordete ein 19jähriger Bursch eine alte Frau durch zahllose Messerstiche und Durchschneiden des Vorderhalses und brachte ihr zum Schlusse noch zahlreiche gleichartige Schnitte an den Gelenksbeugen bei.

Fall 97. In einem Falle von Mord an einem Rechtsanwalt durch Hammerschläge gegen den Kopf hat der Täter, ein ehemaliger Offizier, der in der Kanzlei des Anwaltes bedienstet war, dem Bewußtlosen mit einem kleinen Radiermesser, das der Anwalt stets bei sich trug, einen Querschnitt an der linken Handwurzel und einen Stich in die Grube versetzt und dann das Messer dem Anwalt wieder in die Tasche gesteckt. Es kam dem Täter darauf an, einen Selbstmord vorzutäuschen (Haberda).

Dem Fehlen oder Vorhandensein des zur Tat anscheinend verwendeten Werkzeuges kommt für die Frage, ob eigenes oder fremdes Verschulden vorliegt, keine ausschlaggebende Bedeutung zu.

C. Bauchaufschneiden („Harakiri").

Diese Todesart kommt in unseren Gegenden höchst selten vor.

Selbstmord auf diese Weise wäre wohl nur seitens Geisteskranker oder Trinker denkbar und müßte der Bauch, gegen den der Schnitt geführt wurde, kleiderentblößt sein.

Fremdhändige Tötung wird anzunehmen sein, wenn der Schnitt durch die Kleidung geführt wurde.

2. Hieb-Verletzungen.

Tod durch Erschlagen.

Hiebwunden — mit Säbel, Hacke, Beil usw. hervorgerufen — sind im allgemeinen tiefer als die Schnittwunden. Es macht da großen Unterschied aus, ob die getroffene Körperstelle einen senkrechten oder schrägen Hieb erhielt; im letzteren Fall entstehen nämlich sog. Hautlappen, die bei kräftigen Hieben auch abgetrennt werden können.

Bei Hiebwunden (z. B. mittels Beil) kann es auch zu einer Quetschung der Wundränder kommen, ja auch zu Knochenbrüchen. Daß bei schweren Hieben auf den Schädel noch eine Hirnerschütterung dazukommen kann, wurde in vielen Fällen beobachtet.

Zur Beantwortung der wohl immer mit Sicherheit lösbaren Frage, ob eigene oder fremde Handanlegung anzunehmen ist, ist besonders zu achten auf:

1. Lage der Hiebwunden — ob sie nur auf dem Vorderteil, Scheitel, vielleicht auch noch auf den Seitenteilen des Schädels vorfindlich oder auch auf dem Hinterkopf, Nacken usw. vorhanden sind — ob sie ziemlich beisammen liegen oder arg verstreut sind;
2. Heftigkeit und Anzahl der Hiebwunden (ob und welche hievon als leichte bzw. in ihrer Gesamtheit als schwere oder gar tödliche anzusprechen sind);
3. Richtung der einzelnen Wunden (ob alle ziemlich in derselben Richtung verlaufen oder kreuz und quer gestellt sind).

Fall 98. Selbstmord durch Beilhiebwunden. Bild. 54. (Universitätsgutachten). Tatbestand: Laut Angaben verschiedener Zeugen und der Gendarmerie stürzte Frau Maria M. blutüberströmt aus ihrem Wohnhause und machte folgende Angaben: Ihr Zuhälter S. habe sie unter dem Vorwande, im Keller rinne ein Weinfaß, dorthin gelockt, sie in eine Ecke gedrängt und sie mit einem bereit gehaltenen kleinen Beil am Kopfe verletzt. Sie habe darauf den Stiel der Hacke festgehalten und sei, nachdem er sie noch mit einem runden Eisenstock auf den Kopf geschlagen, über die Kellertreppe entkommen. Dabei habe sie ihr Kind mitgenommen, welches Zeuge ihrer Flucht über die Kellertreppe gewesen sei.

Als die Gendarmerie in den Keller eindrang, fand sie den S. im Zustande des Todeskampfes auf der Kellertreppe in seinem Blute liegen, den Kopf nach oben, den Bauch den Stufen zugewendet. Er war nicht mehr vernehmungsfähig und starb, nachdem man ihn in die Küche gebracht hatte, nach kurzer Zeit. — Am Tatort, auf der Kellertreppe und im Hausflur fanden sich umfangreiche Blutbesudelungen. Anzeichen eines stattgehabten Kampfes konnten nicht vorgefunden werden. Außer dem blutbesudelten Beil fanden sich im Keller noch ein runder Eisenstab, von dem angeblich einige der Verletzungen der M. herrühren und ein blutbesudeltes großes Küchenmesser, von dem die M. nicht anzugeben weiß, wie es in den Keller gekommen sei.

Die Untersuchung der M. zeigte folgendes: scharfrandige Hautwunden am Schädel links von der Pfeilnaht, am kleinen Fingerballen der linken Hand, ferner Wunden mit gequetschten Rändern am linken und rechten Scheitelbein und am oberen Augenlid; endlich Hautabschürfungen an den Fingern der linken Hand und anscheinend eine Bißwunde am kleinen Finger. — Über diese Ver-

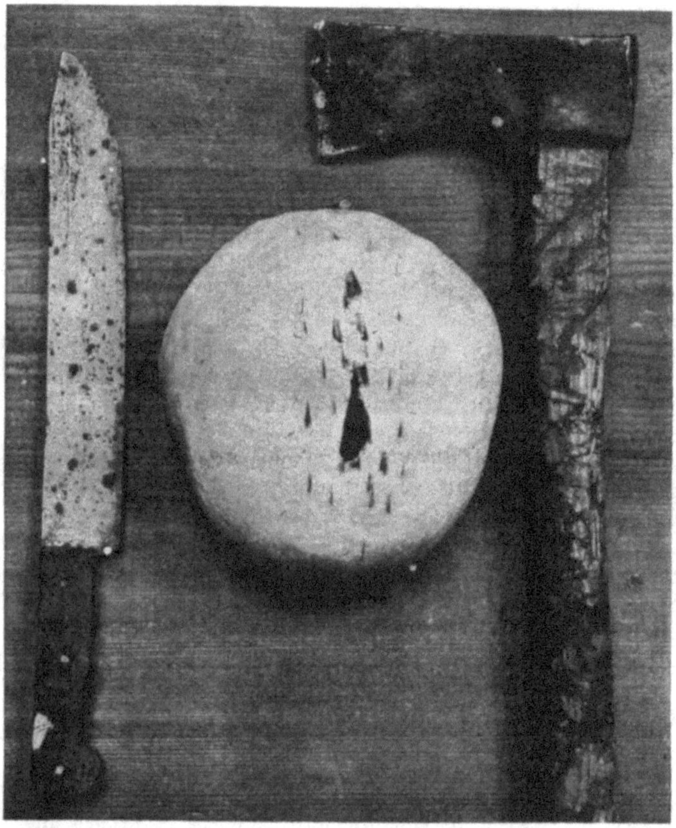

Bild 54. Fraglicher Selbstmord durch Beilhiebe auf den Kopf, vereint mit Bauchstichwunde. (Aus Kratter, Lehrb. d. gerichtl. Medizin, F. Enke Verlag, Stuttgart).

letzungen sagten die Gerichtsärzte aus, daß sie leichter Natur seien und daß die Angaben der Beschuldigten, sie seien ihr teils durch die Hacke, teils durch das Eisenstück, teils durch Beißen beigebracht worden, dem Befunde nach wohl auf Wahrheit beruhen können.

Aus dem Schriftstück über die Leichenöffnung, welches an der Leiche des S. aufgenommen wurde, sind folgende Befunde von Bedeutung: 1. Gesicht und beide Hände, sowie die Kleider der Brust- und Bauchgegend sind gleichmäßig mit Blut besudelt; 2. die Kopfschwarte über dem Scheitel ist durch zahlreiche gleichverlaufende Hautwunden bis zum Knochen durchtrennt; 3. die beiden Scheitelbeine sind ebenso verletzt. Diese Zusammenhangstrennungen zeichnen sich alle durch ihre Keilform und durch die geringe Kraft aus, mit der sie offenbar zugefügt wurden; 4. auf der Höhe des Scheitels findet sich ein kleineiförmiges Loch in dem Schädelknochen. Aus dem Umstande, daß das ihm entsprechende Knochengewebe nicht als Ganzes ausgebrochen, sondern in zahllose kleine Splitterchen zerhackt, also wie faschiert ist, kann der Schluß gezogen werden, daß auch diese anfängliche Gewebstrennung durch zahlreiche, weniger kraftvolle Gewalteinwirkungen zustande gekommen sei; 5. der große Sichelblutleiter ist breit eröffnet, das Gehirn unverletzt, aber von auffallender Blässe; 6. endlich findet sich an der rechten Unterbauchseite eine 2 cm lange, klaffende, scharfrandige, die Bauchhöhle eröffnende Wunde, die einen Verlauf nach rechts oben und links unten zeigt. Die Bauchorgane selbst erweisen sich als unverletzt.

Im Gutachten äußerten sich die Gerichtsärzte wie folgt: S. sei an Verblutung (aus dem Sichelblutleiter) gestorben. Die Schädelwunden, deren Zahl mindestens auf 26 geschätzt werden, lassen erkennen, daß sie alle aus ein und derselben Richtung beigebracht wurden. Die Bauchwunde sei zwar eine schwere Verletzung, sie stehe aber mit dem Tode in keinem Zusammenhange. Sie sei jedenfalls früher beigebracht worden, als die Eröffnung des Sichelblutleiters stattfand. Auf die richterliche Frage, ob hier fremdes oder eigenes Verschulden wahrscheinlich sei, sprachen sich die Gerichtsärzte im letzteren Sinne aus mit der Begründung, daß die Verlaufsrichtung der Bauchwunde, die große Zahl, die gleichverlaufende Stellung und die allgemeinen Anzeichen der Schädelverletzung für eigenes Verschulden sprechen. Die vorgefundene Hacke sei geeignet gewesen, die Schädelverletzungen, das vorgefundene Messer die Bauchwunde zu erzeugen. Der Umstand, daß zwei oder drei dieser nicht kraftvollen Hiebe das Hinterhaupt getroffen haben, spreche in Berücksichtigung der Form des Werkzeuges nicht gegen eigene Handanlegung. Es müsse mit einer an Sicherheit grenzenden Wahrscheinlichkeit geschlossen werden, S. habe sich die Verletzungen selbst zugefügt.

Was die zweite richterliche Frage anlangt, ob S. nach Zufügung der Verletzung noch imstande war, zu gehen, äußern sich die Gerichtsärzte dahin, daß nach Eröffnung des Sichelblutleiters der Tod durch Verblutung rasch eingetreten sei, daß aber S. mit den übrigen Kopfverletzungen sehr wohl habe herumgehen können.

In der Tasche des S. fand sich ein Brief, der, wie die Sachverständigen im Schriftfach angeben, auch wirklich von seiner Hand herrührt und den Inhalt hat: Man möge ihm verzeihen, daß er sich und die M. umgebracht habe. Es sei nicht mehr auszuhalten. Wenn er auch ein Säufer sei, so sei die M. die ärgste aller Huren. Darauf folgen Verdächtigungen verschiedener Art gegen die M. und ihre Verwandten. Von einem Angriff gegen seine Person ist nirgends die Rede. Darauf folgen noch einige Zeugenaussagen.

Das Gericht ersuchte um Erstattung eines Gutachtens der Medizinischen Fakultät über die Frage, „ob und mit welchem Grade der Wahrscheinlichkeit oder Gewißheit anzunehmen ist, daß S. die an ihm vorgefundenen Verletzungen, insbesondere die Kopfverletzungen, sich selbst beigebracht hat, oder ob sie ihm von fremder Hand beigebracht wurden".

Diese einzige Frage, die allerdings eine völlig entscheidende ist, kann an der Hand der vorliegenden Tatsachen leicht, und zwar nicht nur mit einem gewissen Grad der Wahrscheinlichkeit, sondern mit völliger Sicherheit beantwortet werden. Gutachten: S. hat sich die an seinem Körper vorgefundenen Verletzungen ganz bestimmt mit eigener Hand beigebracht. Fremde Handanlegung ist für die Kopfverletzungen vollkommen ausgeschlossen, für die Verletzungen am Bauche zwar möglich, aber nach der Sachlage auch ganz und gar unwahrscheinlich. Der Beweis für diesen Ausspruch liegt im folgenden: 1. in der großen Zahl von untereinander fast gleichen, gleichgestellten, gleichartig laufenden Kopfwunden; 2. in der höchst auffälligen, geringen Ausdehnung und Stärke der Einzelverletzungen, die sämtliche mit demselben Teile des vorliegenden Beiles, nämlich mit dessen vorderer Ecke, beigebracht wurden. Diese paßt nämlich in jede Knochenwunde genau ein; 3. in dem Umstande, daß sich alle Kopfwunden in der Mittellinie und nahe dem Scheitel, somit *auf einen ganz geringen Raum zusammengedrängt*, vorfinden. — Diese Befunde sind für die *eigene Handanlegung* so sehr beweisend, daß es für den Sachkundigen nur eines Blickes auf das vorliegende Schädeldach bedarf, um zu erkennen, daß hier *Selbstmord* vorliegt. Es ist gänzlich ausgeschlossen, daß ein von fremder Hand geführtes Beil etwa 40 mal — so groß ist nach genauer Schätzung die Zahl der Verletzungen — immer mit derselben Ecke und annähernd an der gleichen Stelle den Schädel trifft, oder, was dasselbe ist, daß sich bei 40 aufeinanderfolgenden Schlägen der Kopf niemals dreht oder wendet und die Stellung des Angreifers unverändert die gleiche bleibt. Es ist das Kennzeichnende für fremdhändige Beibringung von Beilhiebwunden, daß sie an verschiedenen Stellen, oft weit von einander entfernt, liegen, eine wechselnde Verlaufsrichtung zeigen und sich durch große Heftigkeit und Schwere der einzelnen Wunden auszeichnen. Wenn im gegenständlichen Falle nichts als das Schädelgehäuse zur Begutachtung vorliegen würde und von den Umständen gar nichts bekannt wäre, so müßte man aus den an ihm vorgefundenen Merkmalen allein mit voller Sicherheit den Schluß ziehen, daß es sich um Selbstmord durch Beilhiebwunden handelt. *Es ist eine bekannte Tatsache, daß Selbstmörder, wenn sie eine unzweckmäßige Selbstmordart gewählt haben, bei welcher der Eintritt des Todes sich verzögert, zu einem zweiten Angriff anderer Art gegen sich selbst schreiten. Auf diese Weise kommen die wichtigen mehrfachen Selbstmorde zustande, bei welchen verschiedene Selbstmordmittel von ein und derselben Person angewendet werden.* So ist es ganz und gar verständlich, daß der schon aus vielen einzelnen aber in ihrer Gesamtheit noch lange nicht tödlichen Kopfwunden blutende S. verzweiflungsvoll ein Küchenmesser herbeiholte und sich damit auch noch eine lebensgefährliche große Bauchschnittwunde beibrachte. Es stimmt somit das Gutachten der gefertigten Medizinischen Fakultät völlig überein mit der Auffassung des Falles der ganz sachkundig urteilenden Marburger Gerichtsärzte."

Selbstmord *kann — obwohl selten vorkommend — angenommen werden, wenn*

1. *nur Vorderteil, Scheitel*, etwa noch die Seitenteile des Schädels getroffen und die Wunden auf verhältnismäßig *kleinem* Raum (bisweilen nur handtellergroß) beisammen sind,

2. *sie für sich allein meist unausgiebig, aber meist in größerer Anzahl vorhanden sind*,

3. sie durchwegs in gleicher Richtung, gleichartig zueinander verlaufen.

Mehrfacher Selbstmord *wäre auch hier denkbar, wenn verschiedene Todesarten vorliegen*, z. B. Kopfhiebe und Erhängen, Kopfhiebe und Halsschnitte u. dgl.

Gewöhnlich wird mit der Schneide des Beiles (nicht Breitseite) zugehauen.

Mord *kann angenommen werden, wenn:*

1. *die Hiebe über den ganzen Kopf verteilt*, daher auch am Hinterkopf, am Nacken, hinter den Ohren usw. vorhanden sind. Dies erklärt sich daraus, daß das Opfer — um den Hieben des Angreifers nach Möglichkeit auszuweichen — seine Stellung, Lage fortgesetzt *ändert*,

2. sie (fast durchwegs) *sichtlich mit großer Gewalt gesetzt* werden, dafür oft nicht so zahlreich vorhanden sind,

3. sie in verschiedener Richtung, also *kreuz und quer*, zueinander stehen.

Dem Fehlen oder Vorhandensein der Waffe kommt auch hier keine entscheidende Bedeutung zu; Näheres siehe S. 129.

Auch Tod durch Nageleinschlagen in den Kopf kommt vor, doch selten. Prof. Kratter erwähnt einen solchen Fall in seinem Lehrbuch; einen geradezu ans Unglaubliche grenzenden Fall berichtet Prof. Haberda:

(Fall 99). Wir sezierten vor Jahren im Garnisonsspital Nr. 1 in Wien einen Rekruten, der sich vom ersten Stock in den Hofraum gestürzt hatte, unverletzt blieb, in die Aufbahrungskapelle kroch, zwei Schraubennägel von großen Kronleuchtern nahm und sich diese, einen in die Stirne, den zweiten auf der Scheitelhöhe mittels eines Ziegelsteines in den Kopf trieb (!). Die Nägel, welche 67 und 83 mm lang waren, staken fast in der ganzen Länge im Schädel und konnten nur mühsam herausgezogen werden. Der Mann starb nach etwa 3 Wochen.

3. Stich-Verletzungen.

Bei Stichwunden unterscheiden wir die Einstichöffnung und den Stichkanal; manchmal kommen auch Durchstiche vor, die vorwiegend durch Säbel oder Bajonett entstanden sind.

Stichwunden werden in der überwiegenden Mehrzahl der Fälle mit gewöhnlichen Taschenmessern gesetzt, manchmal auch mit Küchenmessern, Scheren u. dgl. Prof. Haberda sagt diesfalls in seinem ‚Lehrbuch': Unter den Wiener Fällen überwiegen Stiche mit Taschenmessern oder mit Messern mit stellbarer Klinge (Schnappmesser). Von 315 sezierten tödlichen Stichverletzungen waren 274 durch gewöhnliche Taschenmesser, 14 durch Küchenmesser, 6 durch Bajonette, 4 durch Scheren erzeugt worden.

Taschenmesserstiche sind fast immer schlitzförmig. Zur Feststellung des Tatbestandes und damit vielleicht manchmal auch des Täters wäre es oft sehr wertvoll, wenn man aus der Form der Hautwunde allein schon erkennen könnte, wohin der Rücken und wohin die Schneide gerichtet war; allein dies ist fast unmöglich. Das verwendete Werkzeug ist nicht einmal an der Einstichöffnung (Querschnitt) zu erkennen.

Hat man die Waffe, so hat man in vielen Fällen auch schon den Täter oder wenigstens die Kreise, in denen er zu suchen ist. Auf dem (blutbesudelten) Taschenmesser können sich brauchbare Fingerabdrücke finden. Was aber sicher der Fall ist, der Mikroskopiker kann aus dem Schmutz, der sich in den Vertiefungen des Messers befindet, oft wichtige Anhaltspunkte für dessen Eigentümer angeben[1]). Schon das Messer selbst verrät oft wertvolle Fingerzeige bezüglich der Herkunft; so werden noch heute in bestimmten Ländern besondere Messerarten erzeugt, worüber jeder halbwegs erfahrene Messerschmied mehr oder minder ausführlichen Bescheid weiß.

---

[1]) In den Taschenmesserfalzen finden sich gleichsam die Niederschläge der beruflichen Umgebung seines Eigentümers: so wird das Taschenmesser eines Schlossers, Monteurs usw. in den Falzen öligen Metallstaub aufweisen im Gegensatz z. B. zu dem Schmutz im Taschenmesserfalz eines Müllers, Schreiners usw., der Mehlstaub bzw. Holzstaub und leimartige Bestandteile enthalten wird u. dgl. m.

Für die Beantwortung der Frage, ob eigenes oder fremdes Verschulden vorliegt, ist darauf zu achten:

1. ob die Einstichöffnung kleiderentblößt ist,
2. wo sich die Einstichöffnung befindet. Der Selbstmörder wählt die Herzgegend, ab und zu auch die Magengrube, die von Laien als Herzgrube bezeichnet und für den Sitz des Herzens gehalten wird; ausnahmsweise auch andere Stellen (Ellbogen, Kniebeuge, Hals),
3. falls mehrere Stichwunden vorhanden sind:
   a) in welcher Richtung sie zueinander stehen,
   b) ob sie eng beisammenliegen,
   c) ob viele geringfügige darunter sind.

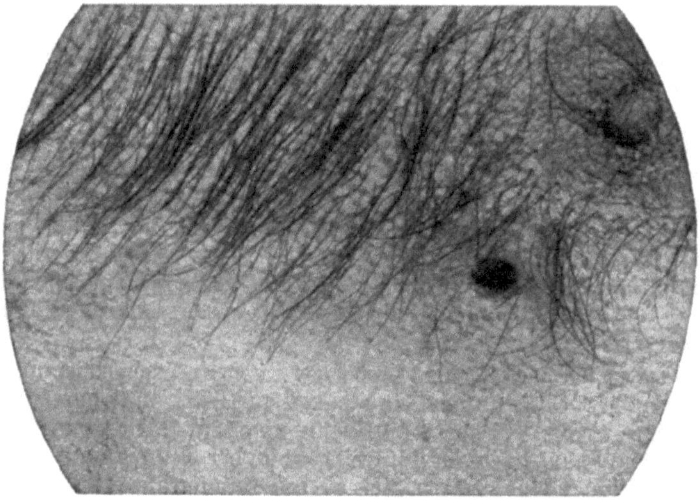

Bild 55. Selbstmord durch Einstechen eines in einen Holzgriff gefaßten Zimmermannsnagels unter der linken Brustwarze. (Aus Kratter, Lehrb. d. gerichtl. Medizin, F. Enke Verlag, Stuttgart).

Die Anzahl der Stichverletzungen ist für die Frage, ob eigenes oder fremdes Verschulden anzunehmen ist, nicht ausschlaggebend; sie kann bei eigener wie bei fremder Zufügung eine ziemlich große sein.

Bei Stichwunden macht es großen Unterschied aus, ob der Messerstich richtungsgleich zu den Muskelfasern, also in der Längsrichtung, verläuft oder die Muskeln quer getroffen hat. Während sich im ersteren Falle die Wunde mehr schließt, klafft sie im letzteren Fall infolge Zurückweichens der Muskeln von selbst bedeutend auseinander.

Selbstmord durch Erstechen ist — obwohl selten, vgl. auch das auf S. 91 Gesagte — anzunehmen, wenn:

1. die Einstichöffnung kleiderentblößt, d. h. die Kleidung nicht durchstochen ist,
2. die Stichwunde(n) an einer Körperstelle vorhanden

ist (sind), die der Betreffende selbst leichter erreichen konnte, also Vorderseite des Körpers (z. B. Brust-, besonders Herzgegend, auch Hals, Magen),

Fall 100. Ein 47jähriger Arbeiter hat sich mit einem in einem Holzgriff gefaßten Zimmermannsnagel unterhalb der Brustwarze erstochen. (Bild 55.) Selbstmord zweifellos. Die schlitzförmige Einstichöffnung war 0,5 cm lang,

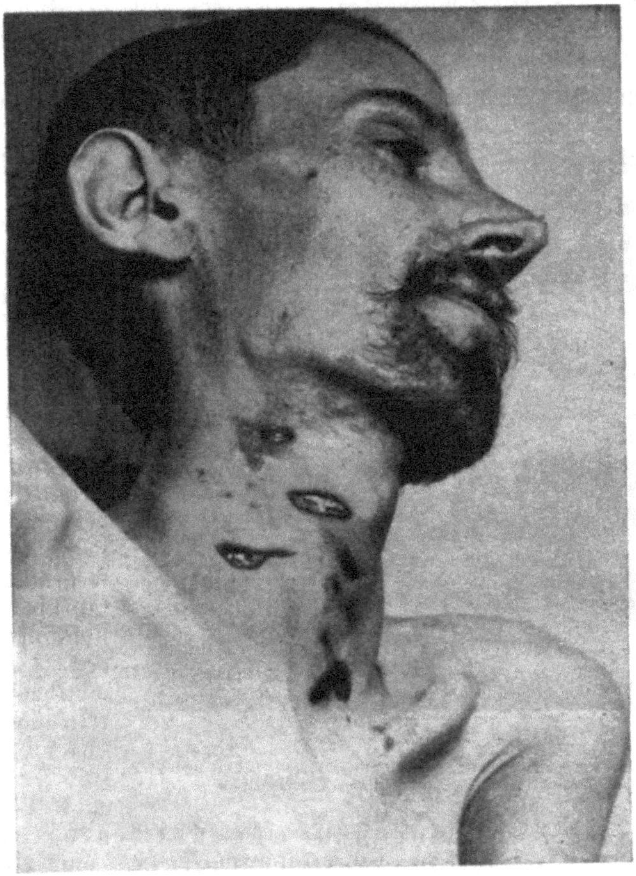

Bild 56. Selbstmord durch zahlreiche Halsstichwunden. (Aus Kratter, Lehrb. d. gerichtl. Medizin, Verlag F. Enke, Stuttgart).

quergestellt und zeigte vertrocknete und glatte Ränder. Sehr spärliche Blutverunreinigungen (Kratter).

3. falls mehrere Stichwunden vorhanden sind:

a) diese in gleicher Richtung verlaufen — oft findet sich eine einzige Einstichöffnung mit mehreren Stichkanälen —,

b) auf einem verhältnismäßig kleinen (handtellergroßen) Raum — Herzgegend — beisammen, und

c) viele von ihnen sichtlich geringfügig sind.

Fall 101. Ein 30jähriger Schreinergehilfe, der wegen hochgradiger Lungenerkrankung in Spitalsbehandlung stand, hat sich trotz Beisein von 7 Patienten und 2 Wärtern mit seinem Taschenmesser schwere Stichwunden am Hals beigebracht. Am Halse allein waren 5 schlitzförmige Gewebstrennungen, deren Längsdurchmesser zwischen 1 bis 3 cm, deren Querdurchmesser zwischen 0,5 bis 1 cm betrug. Die Ränder waren scharf und regelmäßig, nicht gequetscht. Eine dieser Stichverletzungen reichte bis zur Wirbelsäule (Bild 56, Kratter).

Besonders viele Stichwunden rechtfertigen wohl die Annahme, daß es sich um einen geisteskranken bzw. religiös-wahnsinnigen Menschen gehandelt haben dürfte.

Mehrfacher Selbstmord wäre denkbar, wenn verschiedene Todesarten vorliegen (z. B. Stichwunden und Halsabschneiden, Stichwunden und Erhängen usw.).

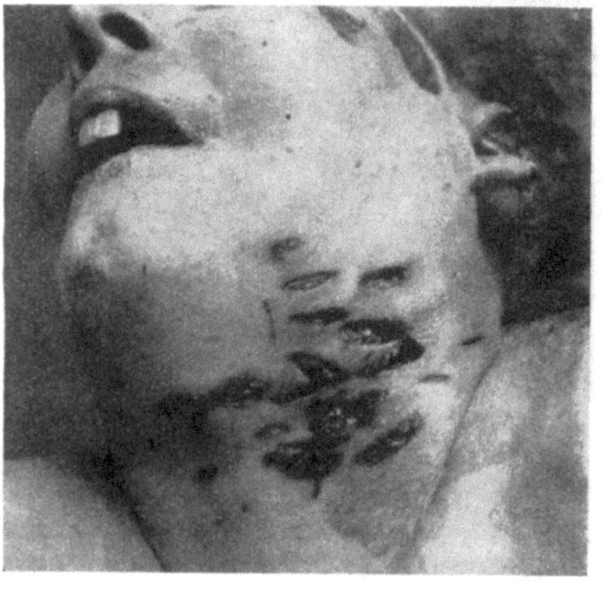

Bild 57. Mord durch Stichwunden mittels einer geschlossenen großen Schere. (Die Frau wurde zuerst gewürgt). (Aus Hofmann-Haberda, Lehrb. d. gerichtl. Medizin, Verlag Urban & Schwarzenberg, Berlin-Wien).

Mord durch Erstechen — **sehr häufig (vgl. Bild 57) — ist anzunehmen, wenn:**

1. Kleidungsstücke (Rock, Weste, Hemd, Hosenträger usw.) und vielleicht noch andere Gegenstände, die sich über der Einstichöffnung befanden (z. B. Vormerkbuch, Zigarettendose usw.) durchstochen sind. Selbstmord mit Durchstechen mehrerer Kleidungsstücke wäre nur denkbar, wenn der Täter z. B. bei einem Verbrechen ertappt wurde oder sonst höchste Eile hat, zu entkommen, keinen andern Ausweg sieht, der sichern Verhaftung oder Bestrafung oder sonst einem furchtbaren Ereignis zu entgehen, als sich raschest das Leben zu nehmen. Hierher gehört ein von Prof. Haberda erwähnter Fall:

Fall 102. Ein Student der Medizin war wegen Schändung angeklagt. Im Gerichtssaal, unmittelbar nachdem der Vorsitzende den Schuldspruch gefällt hatte, erstach er sich mit einem Seziermesser[1]); der Stich drang durch die Kleider ins Herz ein.

2. die Stichwunde(n) an einer Stelle vorhanden ist (sind), die der

[1]) Woher?

Betreffende von selbst kaum erreichen konnte (z. B. im Rücken). Sind Stichwunden an der Vorder- und Rückseite des Körpers vorhanden, dann liegt sicher fremdes Verschulden vor;

3. falls mehrere Stiche vorhanden sind, diese
   a) in verschiedenen Richtungen verlaufen,
   b) arg verstreut sind (das sog. „blindlings Losstechen" auf das Opfer, wo immer es zu treffen ist) und
   c) fast durchwegs schwerer Art sind;
4. etwa Stich-Schnittverletzungen im Unterarm oder in der Hand vorfindlich sind, sog. „aufgefangene Stiche".

Da Stichverletzungen bisweilen sehr klein sind, können sie leicht übersehen werden, was schon oft geschehen ist. Die diesfalls in Betracht kommenden Körperstellen sind Brust, besonders Herzgegend bei Erwachsenen, Hinterhaupt bei Kindern (lange Nadelstiche seitens der „Engelmacherinnen"!), aber auch überhäutetes Schädelloch bei Kleinkindern. Ausdrücklich sei darauf hingewiesen, daß Brust- oder Kopfhaare (bei Männern bzw. Kindern) oder auch die hängende Brust (bei Frauen) mitunter ein natürliches Deckmittel für derartige oft sehr geschickt angebrachte kleine Stichverletzungen abgeben können, wie Fälle aus der Praxis beweisen.

Fall 103. Ein Anatomiediener in Krakau hat seine Frau durch Herzstich getötet. Diese trank stark, war auch an ihrem Todestag sinnlos betrunken. In diesem Zustand hat ihr der Mann eine lange Nadel ins Herz gestoßen und die Blutung nach außen durch Aufdrücken seines Fingers verhindert. Dann hängte er die Frau auf und beklagte ihren Selbstmord. Die kleine Wunde war durch die stark entwickelte Brust vollkommen verdeckt und wurde nicht bemerkt. Allerdings hat der Anatomiediener die richtige Stelle zu finden gewußt. Der Mord wäre nie entdeckt worden, wenn der Täter den Hergang nicht im Rausch genau erzählt hätte. — Aber nicht alle Mörder sind Säufer und nicht alle Säufer erzählen im Rausch bedenkliche Dinge! (Groß).

Dem Vorhandensein oder Fehlen des zur Tat benützten Werkzeuges, der Waffe, kommt für die Frage, ob eigenes oder fremdes Verschulden vorliegt, keine entscheidende Bedeutung zu. Näheres auf S. 129.

Erwähnt sei schließlich die Erfahrungstatsache, daß Personen, welche eine Herzstichverletzung bekommen haben, trotzdem noch Eigenbewegungen und verständige Handlungen ausführen können. Auf diese Weise erklären sich manche sonst unverständliche Handlungen, wie z. B. das Ordnen der Kleider, nochmaliger Angriff des Gegners usw.

Zu den Stichverletzungen werden auch die sog. **„Pfählungsverletzungen"** gezählt.

Fall 104. Ein Schüler hatte sich beim (verbotenen) raschen Abgleiten von einer hohen hölzernen Kletterstange im Turnsaal dadurch tödlich verletzt, daß er von der angesprungenen Stange, auf der der jugendliche Körper mit Schwung herabsauste, die nach obenzu gerichtete Spitze der schrägen Bruchstelle mit aller Wucht sich in den Unterbauch stieß. Der Schüler starb während der Einlieferung ins Spital.

4. Schuß-Verletzungen.

Tod durch Erschießen.

Bei Schußverletzungen unterscheidet man die Einschußöffnung, den Schußkanal, und — wenn er vorhanden ist — auch den Ausschuß. Der Einschuß ist deshalb von besonderer Bedeutung, weil man daraus entnehmen kann, ob der Schuß aus unmittelbarer Nähe abgegeben, sogenannter **Nahschuß**, oder aus größerer Entfernung, sogenannter **Fernschuß**.

Von Wichtigkeit ist auch Form und Größe des Einschusses. Die Form des Einschusses ist teils kreisrund, mitunter aber sternförmig nach mehreren Seiten hin gerissen und unregelmäßig, auch schlitzförmig und oft ziemlich scharfrandig, daher Stichverletzungen ähnlich. Die Größe des Einschusses ist in vielen Fällen kleiner als das verwendete Geschoß. Hat etwa besondere Sprengwirkung stattgefunden (siehe später), so ist die Einschußöffnung groß und unregelmäßig. Der Ausschuß ist gewöhnlich größer als der Einschuß, meist schlitzförmig, nicht selten aber auch sternförmig und zackig gerissen. Liegt eine Schädelzertrümmerung vor, so ist in erster Linie an die Wahrscheinlichkeit eines „Blindschusses" oder „Wasserschusses" zu denken, welche derartige Sprengwirkungen erzeugen.

Um schon aus den äußeren Anzeichen der Leiche sagen zu können, **ob eigenes oder fremdes Verschulden angenommen werden kann**, ist besonders auf folgende Merkmale zu achten:

1. ob der Schuß gegen eine gewöhnlich unbedeckte oder absichtlich entblößte Körperstelle abgegeben wurde, oder ob Kleidungsstücke durchschossen sind,

2. welche Körperstelle getroffen wurde (z. B. ob Brust, Kopf, Rücken),

3. ob der Schuß aus unmittelbarer Nähe oder größerer Entfernung abgegeben wurde, also ob Nah- bzw. Fernschuß vorliegt. Während nämlich **Fernschuß beweist, daß er von fremder Hand abgegeben worden ist, kann der Nahschuß sowohl von der eigenen wie von der fremden Hand abgefeuert worden sein.** Ob eigene oder fremde Handanlegung anzunehmen ist, darüber werden weitere Merkmale stets Klarheit schaffen;

4. ob die kennzeichnende Verrußung[1]) an der Hand[2]) zu sehen ist (namentlich bei verwendeten billigen Waffen).

Die Anzahl der vorhandenen durch mehrere[3]) Einzelschüsse entstandenen Verletzungen sowie das Vorhandensein oder Fehlen der Waffe ist für die Frage, ob eigenes oder fremdes Verschulden vorliegt, nicht ausschlaggebend. Bezüglich des Vorhandenseins mehrerer Schußwunden muß gesagt werden, daß selbst in Fällen

---

[1]) Kann aber auch durch Schmutz ähnlicher Beschaffenheit vorgetäuscht sein!

[2]) Wenn die Waffe mit der anderen Hand an die Körperstelle angedrückt wurde, kann auch die nichtschießende Hand Schwärzung an den Fingern aufweisen.

[3]) Im Gegensatz zum Schrotschuß, der auf einmal viele Einschußöffnungen erzeugt.

unzweifelhaften Selbstmordes bis zu 4 Schüsse wahrgenommen wurden, wovon zwei das Herz getroffen haben.

Der durch Schnitt-, Stich- oder Schußwunden selbst tödlich verletzte Mensch ist also noch imstande, gewisse Handlungen auszuführen; dies gilt namentlich für Herzstich- und Herzschußwunden. Immerhin möglich ist dies auch bei Kopfschußwunden, doch tritt in solchen Fällen gewöhnlich sofort Bewußtlosigkeit ein. Es können also Eigenbewegungen des tödlich Verletzten und verständige Handlungen ausgeführt werden. Auf diese Weise erklären sich manche anscheinend unverständliche Dinge, z. B. daß man den abgeschossenen

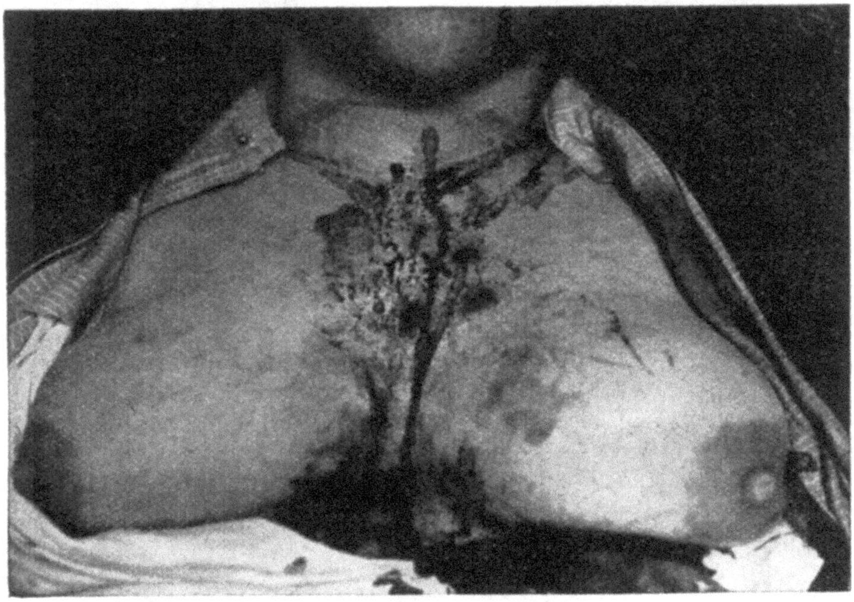

Bild 58 a. Selbstmord durch 3 Schüsse in die Brust mit Schwärzung und Blutverunreinigung. (Aus Kratter, Lehrb. d. gerichtl. Medizin, Verlag F. Enke, Stuttgart).

Revolver in der Rocktasche des Toten verwahrt findet, der auch noch, nachdem er das Herz durchschossen hatte, die Kleider ordnen und sich den Rock zuknöpfen konnte.

In der Regel wird die abgefeuerte Waffe bei Selbstmördern neben dem Toten liegen, doch ist dieser Umstand noch kein vollgültiger Beweis für den Selbstmord, ebensowenig wie das Fehlen der Schußwaffe den Selbstmord ausschließt. Es kann bei einem von fremder Hand Erschossenen die Waffe zur Vortäuschung eines Selbstmordes hingelegt oder dem Getöteten in die Hand gedrückt worden sein und umgekehrt könnte der Selbstmörder noch als letzte Handlung die Waffe in den nahen Fluß oder Kanal geworfen haben, so daß sie zunächst unauffindbar ist oder sie wurde möglicherweise auch von unberufener Seite entfernt bzw. gestohlen.

5. Ob der Tote Rechtshänder oder Linkshänder war. Der Rechtshänder wird sich wohl in die rechte Schläfe schießen; wäre es umgekehrt, dann ist Vorsicht am Platze!

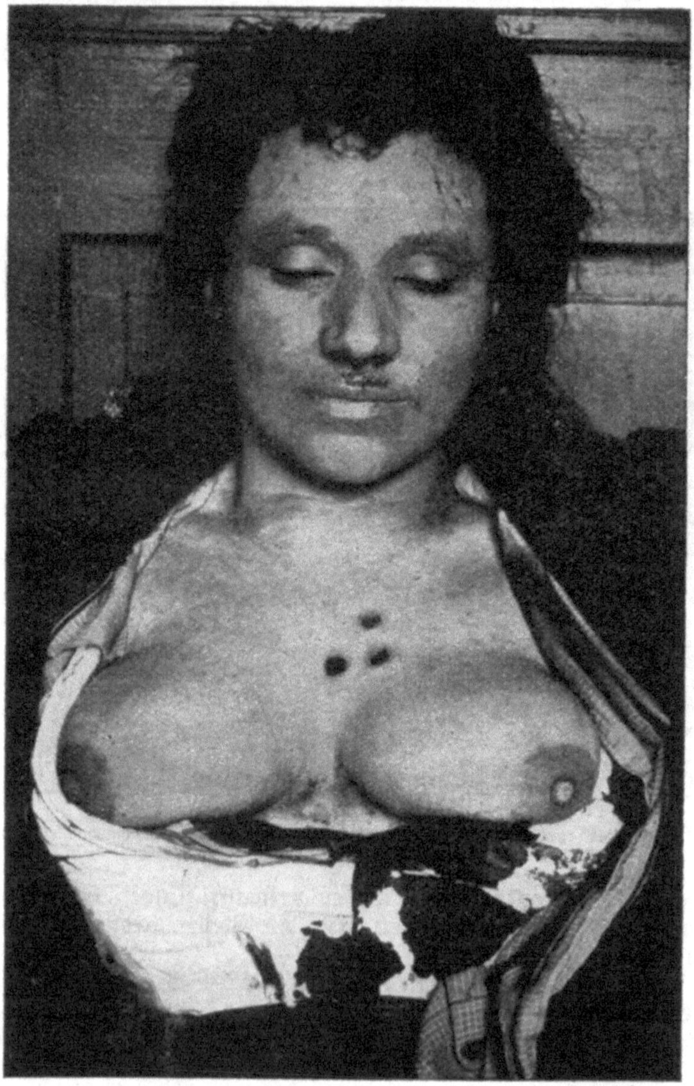

Bild 58 b. Selbstmord durch 3 Schüsse in die Brust nach Entfernung der Verunreinigungen. (Aus Kratter, Lehrb. d. gerichtl. Medizin, Verlag F. Enke, Stuttgart).

Selbstmord durch Erschießen zählt beim männlichen Geschlecht zu den häufigst vorkommenden Todesarten, bei weiblichen Personen kommt diese Selbstmordart selten vor.

Selbstmord (vgl. auch das auf S. 91 Gesagte) wird anzunehmen sein, wenn:

1. der Schuß gegen eine gewöhnlich unbedeckte (Kopf) oder absichtlich entblößte Körperstelle (Herzgegend) abgegeben wurde.

a) Unbedeckte Körperstellen, gegen welche die Schußwaffe gewöhnlich gerichtet wird, sind je nach Rechts- oder Linkshändigkeit des Getöteten rechte bzw. linke Schläfe, die Stelle vor oder hinter dem rechten bzw. linken Ohr, Stirnmitte, Mund, Mundhöhle und Hals. Doch kommen vereinzelt auch Schüsse von der eigenen Hand gegen Scheitel und Hinterhaupt vor;

b) als absichtlich entblößte Körperstellen (d. h. Kleidung zurückgeschoben), kommen in Betracht: die (linke) Brust, auch Halsseite.

Selbstmord wird fast immer durch Schuß in den Kopf oder in die Herzgegend verübt, jede andere Einschußstelle, z. B. Unterleib oder rechte Brustseite, macht den Selbstmord schon mehr oder weniger unwahrscheinlich, schließt ihn aber nicht aus. Dazu einige Fälle aus dem Leben:

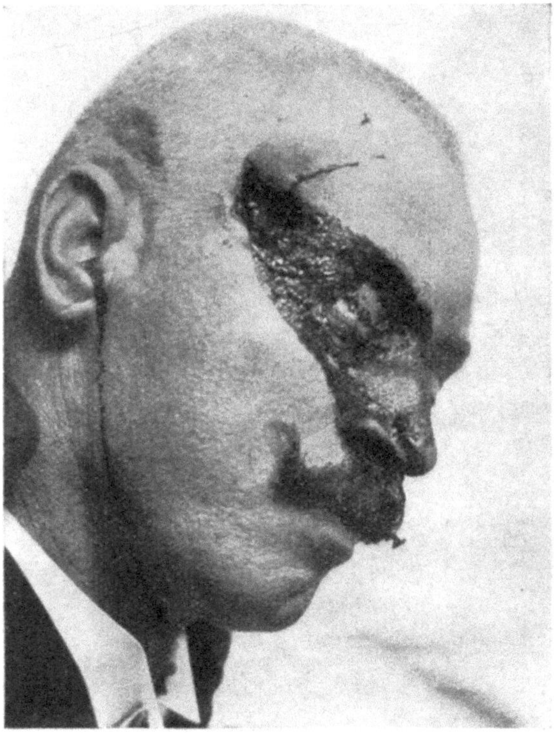

Bild 59. Selbstmord mittels Armeerevolver, umfängliche Verbrennung und Schwärzung in der Umgebung der ganz unregelmäßigen Einschußöffnung. (Aus Kratter, Lehrb. d. gerichtl. Medizin, Verlag F. Enke, Stuttgart).

Fall 105. Selbstmord durch 3 Brustschüsse. (Bild 58 a und b.) Eine 35jährige Köchin hatte sich aus anscheinend unbekannter Ursache erschossen. Die Leichenöffnung hat aber die Ursache zweifellos sichergestellt: Schwangerschaft! Im ersten, zweiten und dritten Zwischenrippenraum je eine Einschußöffnung, jede etwas über linsengroß, rund, die Ränder schwarz gefärbt, ringsherum Pulverschmauch. Im linken Brustraum eine große Menge, im rechten etwas weniger geronnenes und dunkles, flüssiges Blut. Die große Körperschlagader ist am Bogen doppelt durchschossen, so daß an ihrer vorderen und hinteren Wand je zwei schlitzförmige Öffnungen vorhanden sind. Der dritte Schußkanal verläuft neben der Hauptschlagader rechts ohne Verletzung von wichtigen Teilen (Kratter).

Fall 106. Selbstmord durch Kopfschuß. Der Oberstleutnant P. erschoß sich mit einem 9 mm Armee-Revolver in Selbstmordabsicht. Einschußöffnung: rechte Schläfe. Ausschuß entsprechend dem linken Scheitelbeinhöcker, die große gerissene spaltförmige Einschußöffnung zeigt nach vorn zu starke Schwärzung, Versengung der rechten Augenbraue und umfängliche Hautabschindungen bzw. Versengung. (Kratter) (Bild 59).

Fall 107. Selbstmord durch Kopfschuß. (Bild 60.) In einem Grazer Hotel hat sich ein Gast, dessen Wesensgleichheit von der Polizei nicht festgestellt werden konnte, in seinem Zimmer, welches er von innen verschloß und dessen Türe er teilweise verrammelt hatte, in selbstmörderischer Absicht durch einen in die rechte Stirnhälfte abgegebenen Revolverschuß entleibt. Der Selbstmörder hatte sich im Fremdenbuch nicht eingetragen und vor Verübung der Tat sorgfältig alles beiseite geschafft, was zur Feststellung seiner selbst hätte zweckdienlich sein können. Einen einzigen Hosenknopf übersah er, der Name und Adresse einer Firma trug. Vergebens! Nach seiner Kleidung mußte er den besseren Ständen zugehören. An der Stirne fand sich eine sternförmige Gewebstrennung. Am Grunde dieser Gewebstrennung ist eine kreisrunde Verletzung des Schädelknochens mit Pulverschwärzung seiner Ränder vorhanden. Der Schußkanal geht geradlinig durch das Gehirn von vorne nach hinten, und liegt das stark verunstaltete Geschoß außerhalb der harten Hirnhaut am Knochen links an der Hinterhauptschuppe, die im Umkreis von beiläufig 2 cm ausgebrochen ist (Kratter).

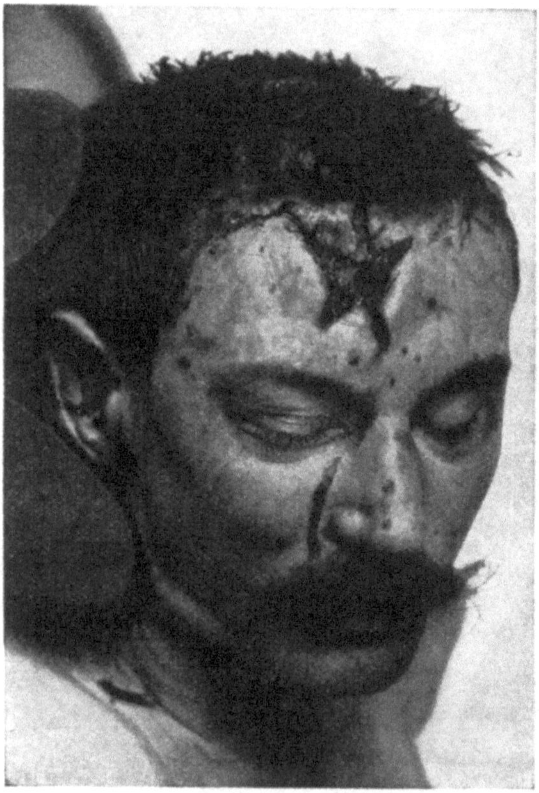

Bild 60. Schuß in die Stirne, schöne sternförmig gerissene Einschußöffnung. (Aus Kratter, Lehrb. d. gerichtl. Medizin, Verlag F. Enke, Stuttgart).

Fall 108. Ein ähnlicher Fall trug sich in einem Wiener Hotel zu. Er betraf gleichfalls einen Selbstmörder, der alles, was seine Wesensgleichheit lüften konnte, sorgfältig vernichtet hatte. Nicht einmal ein Hosenknopf war zurückgeblieben. Die Leiche wurde in die Totenkammer geschafft, wo sie zur Erkennung ausgestellt war. Bis zur Beerdigung waren knappe 48 Stunden Frist. Endlich fand sich bei nochmaliger genauester Absuchung eine ausgetrennte, schwach kenntliche rote Wäschemarke. Die Vergrößerung dieser fraglichen Stelle wies nach Pleß (Preuß.-Schlesien). Es handelte sich um einen Firmeninhaber (der von seinem Freund mit voller Sicherheit wiedererkannt wurde).

2. Wenn der Einschuß sich an einer Körperstelle befindet, auf welche

der Verletzte selbst ansetzen konnte; (wäre z. B. der Einschuß im Rücken, dann wäre Selbstmord natürlich ausgeschlossen);

3. Wenn der Schuß aus unmittelbarer Nähe abgegeben wurde, also sog. Nahschuß vorliegt. Es darf aber die Möglichkeit nicht außer acht gelassen werden, daß das Opfer von dritter Hand im Schlaf erschossen worden sein konnte, also die Anzeichen des Selbstmordes gegeben scheinen, obwohl Mord vorliegt. Mehrere in rascher Aufeinanderfolge aus einer Repetierpistole abgegebene Schüsse sind bei Selbstmördern möglich;

4. Wenn der Tote die Waffe „krampfhaft" festhält, was nach dem Tode nicht mehr zu erreichen ist; es kann noch

5. die Mündung der Waffe fest an den Körper gedrückt, in Fleisch „abgedrückt" sein;

6. Die Waffe zersprengt sein (infolge Überladens oder Wasserschusses).

Nicht vergessen: die Waffe kann während des Abdrückens auch „verrissen" worden sein!

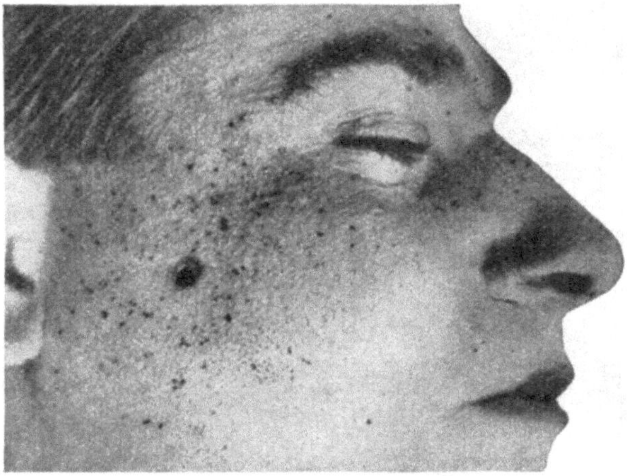

Bild 61. Nahschuß (Entfernung etwa 20 cm). (Aus Hofmann-Haberda, Lehrb. d. gerichtl. Medizin, Verlag Urban & Schwarzenberg, Berlin-Wien).

Der Nahschuß — gleichgültig, ob Kugel- oder Schrotschuß (vgl. Bild 61) — **hat folgende Kennzeichen:**

a) der sogenannte Pulverschmauch; d. i. ein rußiger Belag in der Umgebung des Einschusses, ein Hof um die Einschußstelle herum; das Vorhandensein eines Schußhofes in Verbindung mit zerrissenen, in ihrer Anordnung durch Hitze oder Feuer veränderten Fasern sind unter allen Umständen beweisend dafür, daß es sich um Schußstellen und zwar um einen Nahschuß handelt. Die Entfernungen, bis zu welchen die Merkmale des Nahschusses ausgeprägt werden, sind wesentlich verschieden. Aus zahlreichen Versuchen geht hervor, daß u. U. schon auf eine Entfernung unter 50 cm diese Anzeichen nicht mehr vorhanden sein können, während in anderen Fällen solche noch bis zu 150 und selbst 200 cm sich vorfinden. Wird der Schuß aus größerer Entfernung abgegeben, so bewirkt er keinen Hof mehr. Es ist dies abhängig von der Pulvermenge und von der Pulverart. Von den Zeichen des Nahschusses verschwindet mit der Entfernung zuerst die Versengung, die schon bei einer Entfernung von 10 bis 15 cm nicht mehr vorhanden sein kann, dann die Pulvereinsprengung, die Pulverauflagerung und zuletzt der Pulverschmauch.

Bezüglich der Schrotschüsse gilt: Aus je größerer Entfernung der Schuß abgegeben wurde, um so größer ist die Streuung — Bild 62 zeigt Schrotschußverletzungen auf Kleidung (Fernschuß) — und um so geringer die Anzahl der Einzelwunden, die dann weit voneinander ab liegen können.

Der Pulverschmauch kann, wie öfter beobachtet wurde, durch fremde Hand schon weggewischt worden sein, wodurch dann die in die Haut eingedrungenen Pulverkörner deutlich zum Vorschein kommen;

b) eingesprengte Pulverkörner;

c) versengtes Haar (falls Einschußstelle behaart ist) — vgl. Bild 63). Das Haar ist dann gekräuselt, aufgetrieben und rötlichbraun gefärbt;

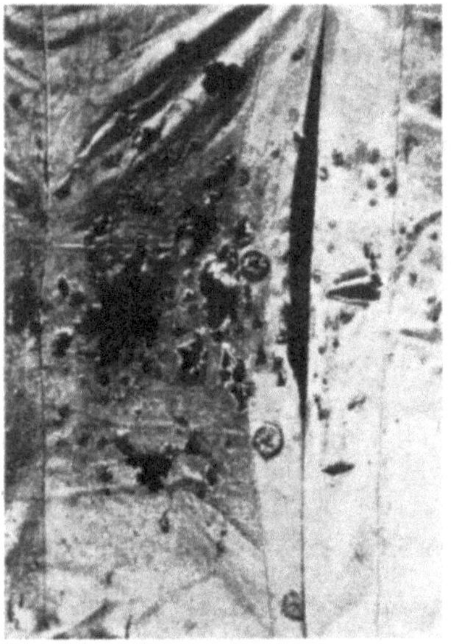

Bild 62. Schrotschußverletzungen auf Kleidung (Fernschuß).

d) der Brandsaum; das ist eine lederartige, die Einschußöffnung umgebende Vertrocknung der Haut, gewöhnlich einige Millimeter breit.

4. Wenn — was aber nicht immer der Fall sein muß — an der Hand eigenartige Verrußung zu sehen ist. Bei Schüssen namentlich aus minder guten, billigen Waffen legt sich nämlich an den Finger der abdrückenden Hand als Folge der durch die Undichte entströmenden Pulvergase Pulverschwärzung an, mitunter auch an den Finger der anderen Hand, wenn, was nicht selten vorkommt, diese die Mündung der Waffe beim Andrücken an den Körper gehalten hat. Dabei können auch Verletzungen an den Fingern entstanden sein, die ein weiterer Beweis für die vorliegende Selbstentleibung sind.

Aus der Lage der Einschußstelle zur Ausschußstelle ergeben sich sichere Anhaltspunkte hinsichtlich der Richtung des Schusses und der Stellung des Mörders zu seinem Opfer: liegt die Einschußstelle tiefer als die Ausschußstelle bzw. mit dieser in einer Richtung, so ist der Schuß von unten nach oben bzw. in gerader Richtung abgefeuert worden; befindet sich die Ausschußöffnung tiefer, so ist der Schuß von oben nach unten abgegeben worden. Aus der Gestaltung der Schußstelle bzw. des Schußkanales können somit sichere Rückschlüsse dafür gezogen werden, ob der Schuß von vorne, von links oder von rechts abgefeuert wurde — und damit ist in den meisten Fällen sehr gedient.

Daß es möglich ist, allein aus den Schußspuren mit vollständiger Sicherheit den ganzen Hergang eines Feuergefechtes festzustellen, zeigt folgender von Prof. Groß zitierter Fall:

Fall 109. Ein Gendarm, der in einem einsamen Gasthause einen berüchtigten Einbrecher und Pferdedieb verhaften wollte, wurde von letzterem erschossen. Der Verhaftete hatte sich zunächst anscheinend gutwillig gefügt, sprang aber plötzlich, bevor es der Gendarm verhindern konnte, aus dem Zimmer und begann aus dem Flur auf diesen zu schießen. Der Gendarm schoß zurück und so entwickelte sich ein förmliches Feuergefecht zwischen beiden. Der Beamte wurde erschossen, der Dieb entkam schwer verletzt und wurde erst später verhaftet. Die Wirtin und Kellnerin waren nach dem Sprung des Diebes in die Küche entflohen. Sonst war niemand da, es konnte also kein Zeuge über den Hergang etwas berichten.

Bild 63. Versengtes Haar. (Aus Hofmann-Haberda, Lehrb. d. gerichtl. Medizin, Verlag Urban & Schwarzenberg, Berlin-Wien). (Vergrößert).

Auf Grund der vorgefundenen Schuß- und sonstigen Spuren konnte der ganze Hergang mit Sicherheit vergegenwärtigt werden. Es konnte sogar die Art der Verletzung des Diebes, bevor man ihn festgenommen hatte, festgestellt werden, da er mit blutiger, zweifellos rechter Hand die Türen geöffnet hatte und weil auf seinem Standorte ein zerrissener silberner Fingerring gefunden wurde. Hinter dem Standort war eine Kugel des Gendarmen in die Mauer eingedrungen, es mußte also der Dieb die rechte Hand zum Schuß erhoben haben, als ihn eine Kugel des Gendarmen in die Hand traf, den Ring vom Finger riß und dann den ganzen Unterarm streifend in die Mauer drang, wo sie mit Fetzchen eines Stückes vom Rockärmel des Täters umwickelt gefunden wurde.

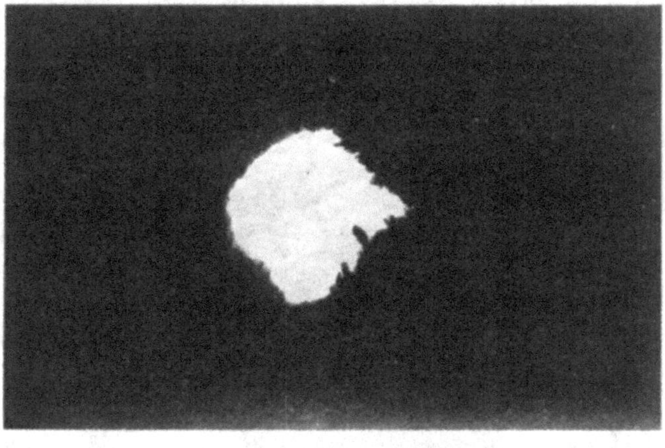

Bild 64. Angebliche Schußstelle.

Bild 64 zeigt eine „angebliche" Schußstelle, die durch eine Revolverkugel hervorgerufen worden sein soll. Nach den gemachten Angaben — **Fall 110** — sollte ein Gastwirt beim Herausnehmen eines geladenen Revolvers aus der Hosentasche ums Leben gekommen sein. Da diese angebliche Schußstelle in Wirklichkeit keine war, wurden eingehende Erhebungen gepflogen, aus denen sich ergab, daß der Wirt kurz vor seinem Tode sein Leben bei zwei (!) Versicherungsgesellschaften auf einen sehr großen Betrag versichert hatte. Eine fachmännische Aufnahme der Schußstelle ergab den Befund, daß die Fasern des Stoffes völlig unverändert waren; hätte eine Kugel diese Durchlochung bewirkt, so würden die Fasern zweifellos mehr oder weniger versengt und brüchig geworden sein und mußte sich auch ein „Hof“ gebildet haben wegen der kurzen Entfernung des abgegebenen Schusses. Bild 65 zeigt deutlich die besonderen Kennzeichen des **Nahschusses**, die Veränderung der Fasern, sowie den kennzeichnenden „Hof“.

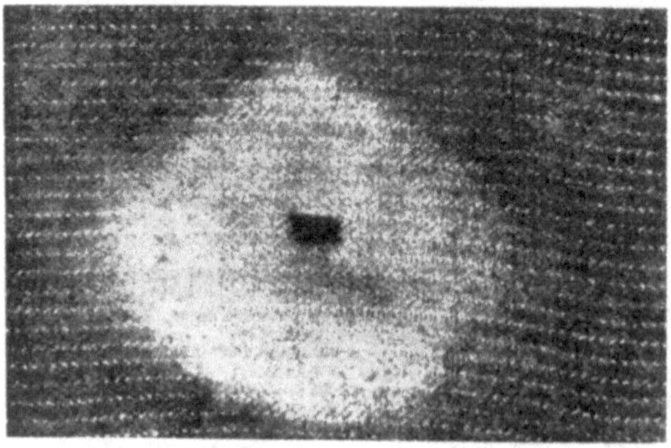

Bild 65. Nahschuß mit „Hof“.

Fall 111. Ein Kaufmann hatte nach vorangegangenem Wortwechsel auf offener Straße durch einen Schuß eine tödliche Verletzung erhalten. Der Beschuldigte behauptete, in „Notwehr“ gehandelt und den Schuß auf den ihn verfolgenden Gegner in großer Entfernung abgegeben zu haben. Diese Angaben wurden durch die mikroskopische Untersuchung der Schußstelle (Bild 66) der Kleidung des Erschossenen in vollem Umfange widerlegt. Es handelte sich hier zweifellos um einen Nahschuß mit allen seinen besonderen Begleiterscheinungen. Die Fasern sind zerrissen und durch Feuer versengt. Die Zerreißung tritt besonders eigenartig in Erscheinung.

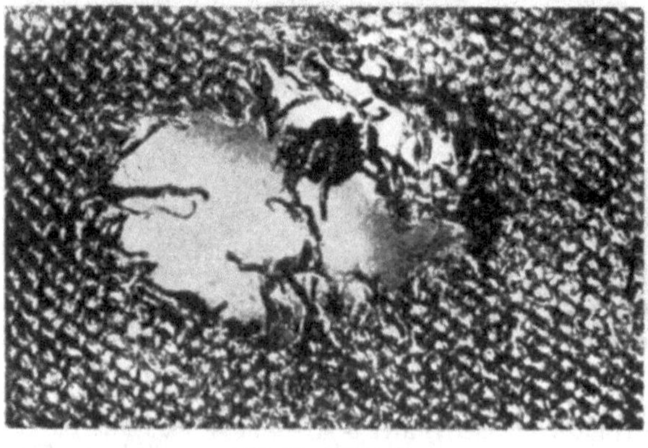

Bild 66. Nahschuß.

Auch Selbstmord mit Verwendung von Gewehren kommt nicht allzu selten vor. In diesem Falle wird mit der großen Zehe oder mit einer am Züngel befestigten Schnur abgezogen. Der Selbstmörder müßte also eine solche Vorbereitung getroffen haben, worauf vorkommenden Falles zu achten wäre. Wird die Waffe, um ja sicher zu wirken, überladen, oder ein sog. Wasserschuß abgegeben und dabei die Laufmündung an den Körper (Stirne) angepreßt, so kommt es gewöhnlich zu argen Schädelzertrümmerungen.

Fall 112. Selbstmord durch Gewehrschuß (Wasserschuß) in die rechte Schläfe. Vollständige Zertrümmerung des knöchernen Schädels mit Entfernung des Gehirns infolge des Schusses. Die Leiche wurde beim Eintreffen der Behörde im Wohnzimmer des 56-jährigen Hilfsarbeiters auf dem Fußboden in einer großen Blutlache liegend aufgefunden. Der Schuß wurde vom Selbstmörder aus einem Gewehr abgegeben. Die Hülse war mit Schrot geladen, der Lauf noch mit Wasser gefüllt und dessen Mündung verstopft, so daß der Schuß eine gewaltige Sprengwirkung verursachte (Bild 67 a und b) (Kratter).

An mehrfachen Selbstmord wäre zu denken, wenn verschiedene Todesarten vorliegen: Selbstmörder erschießt sich am Ufer eines Flusses derart, daß er nach der Schußwirkung ins Wasser fallen

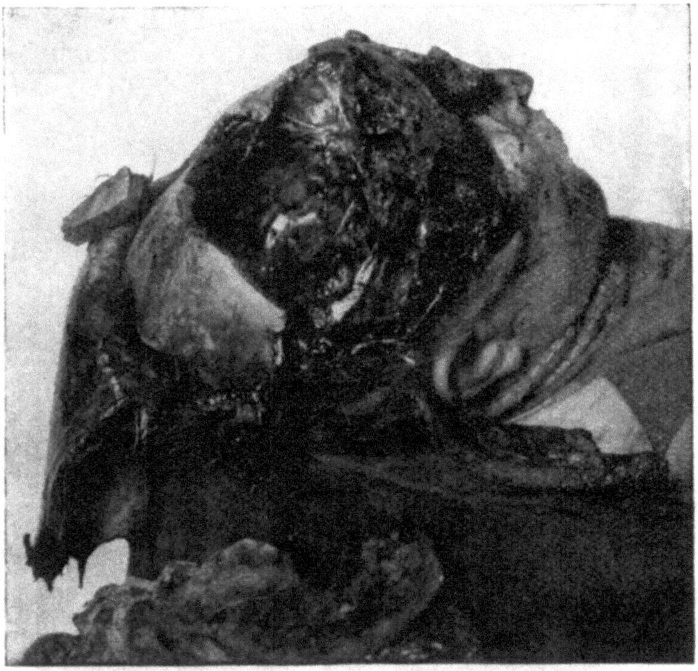

Bild 67 a. Selbstmord durch Gewehrschuß (Wasserschuß), vollständige Schädelzertrümmerung. (Aus Kratter, Lehrb. d. gerichtl. Medizin, Verlag F. Enke, Stuttgart).

muß; falls der Schuß nicht tödlich wirkt, muß sein Leben durch Ertrinken ein Ende finden, oder Erschießen und Erhängen usw.

Ob Eigen- oder Fremdtötung vorliegt oder Fahrlässigkeit seitens dritter Personen, wird sich bei genauer Erhebung aller Umstände wohl immer und unschwer feststellen lassen.

Fall 113. Fahrlässige Tötung durch Schrotschuß. (Bild 68.) Das 20jährige Hausmädchen wurde aus einer Entfernung von etwa 6 Schritt durch Unachtsamkeit von einem Mitbediensteten mit Schrot angeschossen. Die Angeschossene starb nach 3 Tagen im Spital. — Befund: Oberhalb der rechten Brustdrüse befinden sich ungefähr in der Ausdehnung von einem Handteller zerstreute, etwa 40 kreisrunde Gewebstrennungen. Eine Verunreinigung mit Pulverschmauch, Brandsaum oder eine Einsprengung von Pulverkörnern wurde nicht vorgefunden. (Es war durch die Kleider geschossen worden.) Der Durchmesser der einzelnen

Verletzungen beträgt 1 mm. Aus ihnen sickert Blut. Die Muskulatur der rechten Brustwand ist im Bereich der 4. und 5. Rippe von Gewebstrennungen (Schußkanäle) durchbohrt. 4. und 5. Rippe zersplittert. Im rechten Brustfellraum etwa ¼ Liter etwas übel riechendes Blut vorhanden. Die rechte Lunge zeigt unter dem mittleren und Unterlappen zahlreiche kreisförmige Gewebstrennungen, ihre Oberfläche ist mit leicht zerreißlichen faserstoffigen Auflagerungen bedeckt (Kratter).

Fremdes Verschulden — Mord — ist anzunehmen, wenn:

1. die über dem Einschuß befindlichen Kleidungsstücke durchschossen sind,

2. der Einschuß an einer Körperstelle liegt, die von

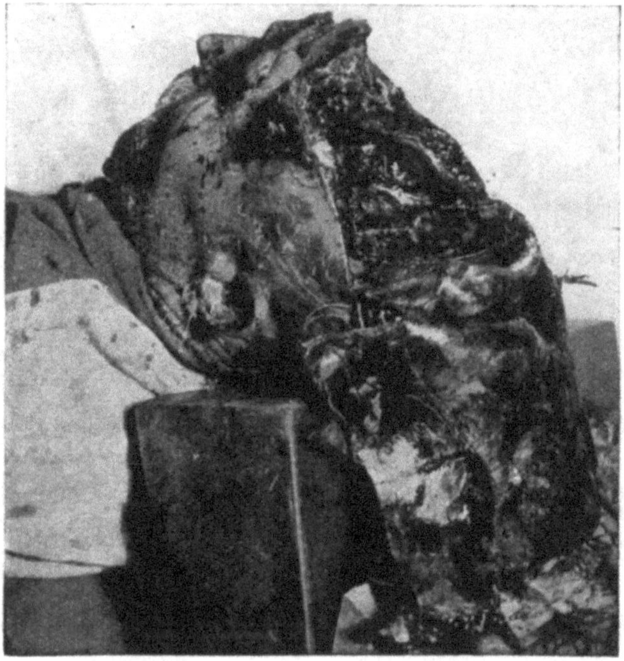

Bild 67 b. Selbstmord durch Gewehrschuß (Wasserschuß), vollständige Schädelzertrümmerung. (Andere Aufnahme).

der eigenen Hand kaum getroffen werden kann (z. B. Rücken),

3. wenn der Schuß sichtlich als „Fern"-Schuß zu bezeichnen ist, denn: **Fernschuß schließt Selbstmord aus.**

Fall 114. Frau M. wurde eines Abends in ihrer versperrten Wohnung tot aufgefunden. Sie lag ausgestreckt auf dem Bett, hatte eine Schußverletzung in der Herzgegend. Ein sechsläufiger Revolver lag neben ihrer herabhängenden rechten Hand auf dem Fußboden. Alles sprach für Selbstmord. — Mit diesen polizeilichen Angaben wurde die Frau dem Gerichtlich-medizinischen Institut eingeliefert. Da aber die Kleider durchschossen waren, mußte schon nach dem äußern Befund — im Gegensatz zur polizeilichen Mitteilung — der dringendste Verdacht auf Mord ausgesprochen werden. Der Verlauf des Schußkanales mit der Richtung von der Herzspitze nach aufwärts, also eine bei eigener Handanlegung fast unmögliche Schußrichtung, mußte die Annahme fremden Verschuldens zur Gewißheit verdichten. Man verfolgte nunmehr die Spur eines flüchtigen der Tat verdächtigen Mannes, eines 27jährigen Schreinergehilfen und Hausfreundes des Ehepaares M., eines Josef L., der auch bald nach seiner Einlieferung auf Grund des Sachverhaltes ein Geständnis ablegte (Kratter).

Fall 115. Mord durch Erschießen. Bild 69a: rechte Gesichtsseite 2 Einschüsse (Nahschüsse), Bild 69b: 1 Einschuß an der linken Stirne. Die Frau wurde von ihrem Geliebten erschossen. Befund: 2 Querfinger unterhalb des rechten äußeren Augenlides und 4 cm in der gleichen Höhe nach rückwärts zu ist je eine mit einem 1 mm breiten Brandsaum umgebene runde, blutverunreinigte Öffnung. Erstere führt in einen unter der Jochbrücke endenden blinden Kanal, aus dem ein Geschoß hervorgeholt wird. Letztere führt ebenfalls

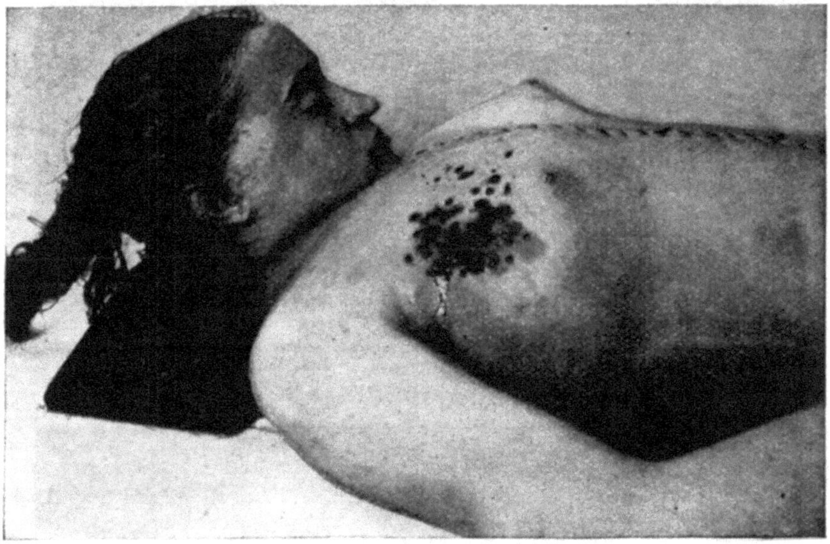

Bild 68. Schrotschuß in die rechte Brustgegend. (Aus Kratter, Lehrb. d. gerichtl. Medizin, Verlag F. Enke, Stuttgart).

in einen waagrechten nach rückwärts durch den Ansatz der linken Ohrmuschel verlaufenden und dortselbst gerissenen Kanal, der hinter dem Ohr mit einer Rißwunde frei endet. In der Umgebung der stark blauschwarz verfärbten Lider des rechten Auges sind in einem Durchmesser von 6 cm zahlreiche in die Haut eingesprengte Pulverkörner. Etwas oberhalb der Haargrenze des linken Stirnanteiles über dem Höcker ist eine ebenso beschaffene Wunde vorhanden. Diese führt durch einen nach innen abgeschrägten Durchschlag durch den Knochen in das Gehirn. Aus dieser Wunde quillt Gehirnmasse hervor. (Die tödliche Verletzung). (Kratter).

5. Tod durch stumpfe Gewalt.

Hieher gehören insbesondere: **Tod durch Abstürzen und Überfahrenwerden.**

Es kann eigenes Verschulden (Selbstmord), Verunglückung (Arbeiter stürzt vom Gerüst) bzw. fremdes Verschulden vorliegen; welche dieser drei Möglichkeiten gerade vorliegt, wird sich auch hier fast immer feststellen lassen (mitunter allerdings erst bei der

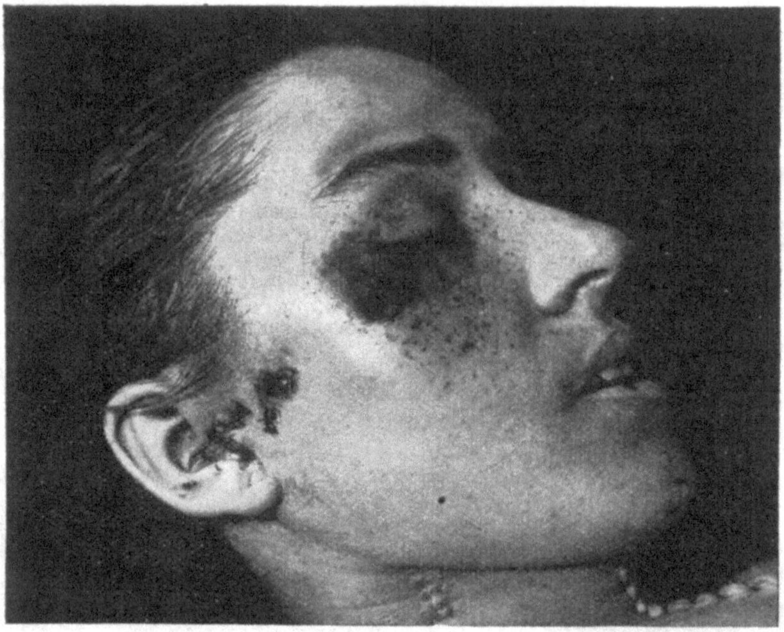

Bild 69 a. Mord durch Erschießen. 2 Einschüsse auf der rechten Gesichtsseite. (Aus Kratter, Lehrb. d. gerichtl. Medizin, Verlag F. Enke, Stuttgart).

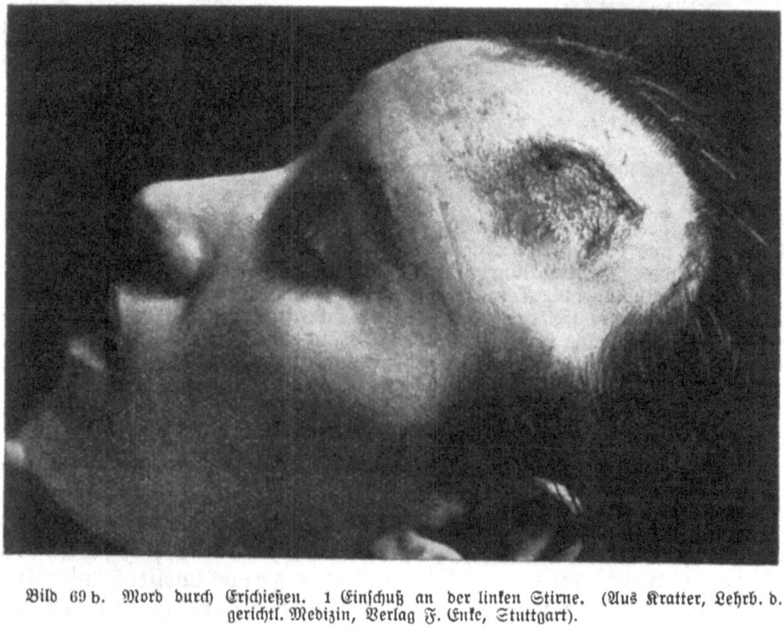

Bild 69 b. Mord durch Erschießen. 1 Einschuß an der linken Stirne. (Aus Kratter, Lehrb. d. gerichtl. Medizin, Verlag F. Enke, Stuttgart).

Leichenöffnung). Auch hier ist genaues Erheben aller äußeren Umstände unbedingt erforderlich!

Wenn **Selbstmord durch Abstürzen** — bei Personen weib-

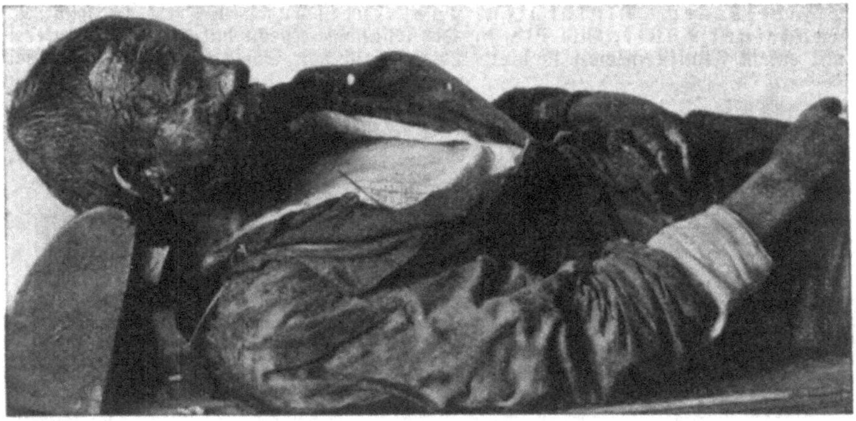

Bild 70 a. Mit einem 5 kg schweren Gewicht erschlagen. (Aus Kratter, Lehrb. d. gerichtl. Medizin, Verlag F. Enke, Stuttgart).

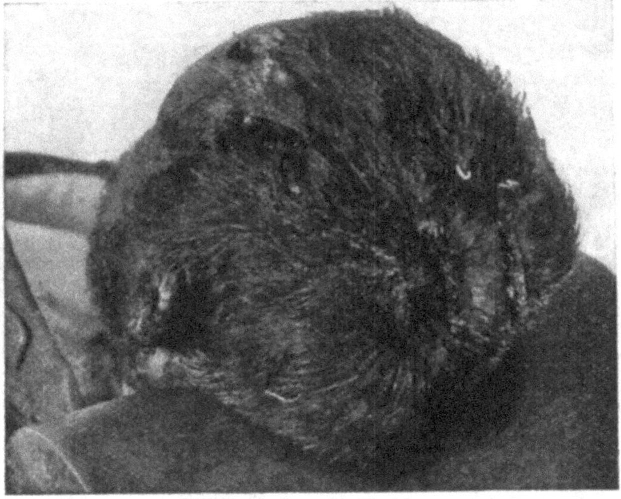

Bild 70 b. Mit einem 5 kg schweren Gewicht erschlagen. (Aus Kratter, Lehrb. d. gerichtl. Medizin, Verlag F. Enke, Stuttgart).

lichen Geschlechtes eine häufig vorkommende Todesart — angenommen werden soll, wird dies aus bezüglichen Äußerungen oder Abschiedsbriefen hervorgehen; Näheres darüber auf S. 91.

Wenn Verunglückung oder fremdes Verschulden in Frage kommen soll, dürfen keine Selbstmordandeutungen vorliegen.

Fall 116. Mit einem Fünfkilogewicht erschlagen. Gehirnlähmung infolge von Schädelbruch, Rißquetschwunden an den weichen Schädeldecken, Blutbeulen und Quetschungen des Gehirnes und seiner Häute; Bild 70 a, b. Der 33jährige Knecht hat bei einer Rauferei mit einem Fünfkilogewicht mehrere Schläge auf den Schädel erhalten, ist dabei

Bild 71. Schienenselbstmord. (Aus Kratter, Lehrb. d. gerichtl. Medizin, Verlag F. Enke, Stuttgart).

zu Boden gestürzt und tags darauf gestorben. — An äußeren Verletzungen sind vorfindlich: 1. eine bogenförmige 3 cm lange Zusammenhangstrennung der Oberhaut mit gefransten und gequetschten Rändern über der linken Augenbraue, 2. an der Nasenwurzel eine quergestellte bogenförmige ebensolche Verletzung, das knöcherne Nasengerüst ist gebrochen, aus der Nase quillt Blut, 3. entsprechend der Spitze der Hinterhauptschuppe ist eine Blutbeule und eine ebenso beschaffene

Bild 72 a. Von der Eisenbahn überfahren. (Aus Kratter, Lehrb. d. gerichtl. Medizin, Verlag F. Enke, Stuttgart).

mäßig große Zusammenhangstrennung der Kopfschwarte vorhanden. In den weichen Schädeldecken namentlich der rechten Schläfe und dem Hinterhaupt entsprechend finden sich mächtige Blutergüsse. Die Schädelkapsel ist geborsten. Der Knochensprung zieht vom rechten Scheitelhöcker nach vorne und abwärts durch das Scheitelbein und durch die großen Keilbeinflügel bis gegen den Türkensattel. Zwischen dem knöchernen Schädeldach und der harten Hirnhaut einerseits, zwischen dieser und den weichen Hirnhäuten anderseits sind mächtige rotbraune bis schwarze Blutkuchen und Blutgerinnsel vorhanden, welche die rechte große Hirnhalbkugel grubenförmig abgeplattet und eingedrückt haben. — Die zweite Abbildung zeigt deutlich, in wie hohem Maße Quetschrißwunden der Kopfschwarte Schnittwunden gleichen können. Die am Scheitel gelegenen gleichverlaufend gestellten Berstungswunden sind Beilhiebwunden sehr ähnlich. Liegt nur eine einzige solche Zusammenhangstrennung vor, so ist eine irrige Meinung über die Entstehungsursache ganz gut möglich (Kratter).

Beide Todesarten — Abstürzen wie Überfahrenwerden — dienen nicht selten zur Verschleierung der tatsächlichen Todesursache (z. B. Erwürgen, Erdrosseln, Erschlagen, Vergiften, Erschießen usw.). Während beim Tod durch Abstürzen die äußeren Beschädigungen des Körpers gewöhnlich geringfügige sind — die Todesursache liegt dann in schweren inneren Verletzungen — sind diese beim Überfahrenwerden fast immer geradezu furchtbare (vgl. die folgenden Abbildungen).

Fall 117. Schienenselbstmord. (Bild 71.) Nahezu vollständige Ab-

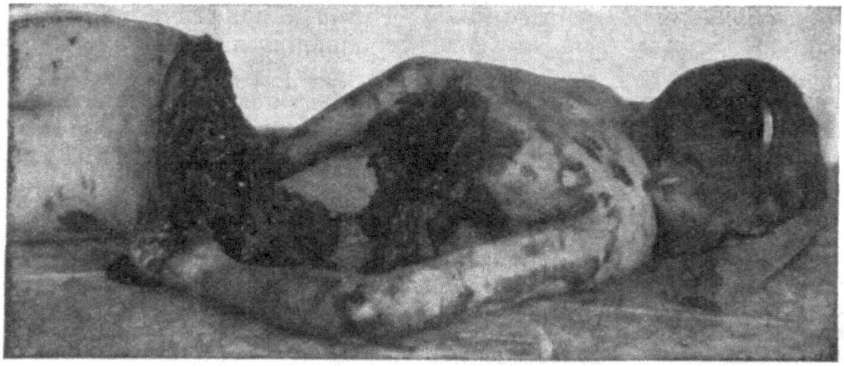

Bild 72 b. Von der Eisenbahn überfahren, Rückansicht. (Aus Kratter, Lehrb. d. gerichtl. Medizin, Verlag F. Enke, Stuttgart).

trennung des Oberkörpers vom Unterkörper. Zertrümmerung lebenswichtiger Organe, Bauchaustritt infolge Verletzung, Milz und linke Niere nicht auffindbar, Zertrümmerung der Baucheingeweide, Bruch des rechten Oberarmes, Rißwunde der Bauchhaut.

Ein Bahnwächter fand beim Begehen der Bahnstrecke auf dem Geleise einen männlichen Leichnam (Bild 71), dessen Oberkörper vom Unterkörper getrennt war. Ersterer lag zwischen den Schienen, der Unterkörper seitwärts. Nach vorhandenen Ausweisen wurde die Leiche als die des 18jährigen Privatbeamten A. O. aus der Untersteiermark erkannt. Mittel- und Stellenlosigkeit dürften den jungen Mann in den Tod getrieben haben. — Der Tod mußte sofort eingetreten sein (Kratter).

Fall 118. Von der Eisenbahn überfahren und zweigeteilt. (Bild 72.) Der 14jährige P. Sch. ist von der Eisenbahn überfahren worden. Ob Selbstmord oder Verunglückung vorlag, konnte nicht festgestellt werden[1]). Die Art der Beschädigung ist an den Abbildungen 72 a und 72 b so deutlich zu ersehen, daß sich eine Beschreibung erübrigt. Von den Befunden wäre besonders hervorzuheben eine scharfrandige, leicht bogenförmige Durchtrennung der Kopfschwarte, in deren Grund der Knochen bloßliegt. Die Wunde gleicht

[1]) Polizeiliches Erhebungsergebnis?

im hohen Maße einer Hiebwunde. Sie könnte Veranlassung geben, an vorangegangene Tötung zu denken. Allerdings ist der Knochen unverletzt. Von einer Beilhiebwunde könnte schon aus diesem Grunde keine Rede sein (Kratter.)

26. Abschnitt.

Vergiftung.

Tod durch Vergiftung kann entweder absichtlich herbeigeführt worden sein (Selbstmord, Mord), durch eigene Unvorsichtigkeit oder endlich aus Fahrlässigkeit fremder Personen erfolgt sein. Welche dieser Möglichkeiten gegebenenfalls zutrifft, wird sich bei genauer Erhebung aller Tatumstände und unter Beihilfe des Gerichtsarztes oder Gerichtschemikers wohl immer feststellen lassen. Der Nachweis eines Giftes in den Leichenteilen ist Aufgabe des Gerichtschemikers, nicht Gerichtsarztes.

Selbstmord durch Vergiftung — beim weiblichen Geschlecht die häufigste Selbstmordart, aber auch bei männlichen Personen oft vorkommend — wird man zunächst in jenen Fällen annehmen können (vgl. auch das S. 91 Gesagte), wo ein Mittel verwendet wurde, das durch Geruch oder Geschmack als „widerlich" zu bezeichnen ist, da sich ein solches Mittel zur Ausübung eines Mordes wohl nicht eignet.

Fall 119. Eine schwermütige Frau nahm in Selbstmordabsicht Lysol. Bekanntlich führt Schwermut häufig zu Selbstmord oder zu gefährlichen Angriffen gegen andere Personen, so daß schwere Körperverletzungen und Tötung durch solche Leute nicht zu den Seltenheiten gehört. Solche Angriffe zeichnen sich oft durch besondere Grausamkeit aus. Am meisten gefährdet sind bei dieser Gruppe von Irrsinnigen die nächsten Angehörigen. Im vorliegenden Falle trug die Kranke nach längerer Spitalsbehandlung sichtbar schwere Verätzungen an den Mundwinkeln, den Lippen, am Kinn und am Hals davon (Bild 73).

Giftselbstmord und Giftmord wird nicht selten mehr oder weniger gut zu verschleiern versucht. So kommt Giftselbstmord auch an öffentlichen Orten vor (Theater, Kino, Gasthaus usw.), der dann vielleicht als „plötzlicher Tod aus natürlicher Ursache" ausgegeben wird (vgl. auch das S. 36 Gesagte), andrerseits wurde Menschen, die ermordet worden sind, nachher auch Gift eingeflößt, um Selbstmord vorzutäuschen; doch kann bei der Leichenöffnung festgestellt werden, ob das Gift vor dem Tod oder nachher beigebracht worden ist.

Fall 120. Sehr bekannt und oft erwähnt ist der Fall jenes ungarischen Gutsbesitzers, den seine beiden Neffen vergiftet haben. Kaum war der Mann tot, so entkleideten ihn die Mörder vollständig, zogen ihm seine Schwimmhose an und warfen ihn in den Schloßteich, in dem er regelmäßig früh morgens zu baden pflegte. Als man dann die Leiche im Wasser entdeckte, — da war der alte Mann eben bei seinem unvernünftigen Baden ertrunken! Niemand dachte daran, seine Eingeweide auf Gift untersuchen zu lassen und so kam die Tat erst viel später durch einen Zufall auf (Groß).

Fall 121. Ein seinerzeit viel besprochener Wiener Fall: Eine hübsche Verkäuferin wurde eines Morgens in ihrem Zimmer tot aufgefunden. Auf dem Tisch stand ein Trinkglas mit dem Rest einer Lösung von arseniger Säure in Zuckerwasser. Das Mädchen, im vierten Monate schwanger, hatte häufig Besuche eines älteren Herrn empfangen, der als ihr Geliebter galt, der aber mit seinen Besuchen und seiner Person vor den Hausleuten sehr geheim tat. Endlich stellte die Polizei fest, daß dies ein wohlhabender Kaufmann war, der am anderen Ende der Stadt wohnte, verheiratet war und deshalb sein Verhältnis geheim hielt. Dieser Mann hatte nun den unglücklichen Gedanken, zu leugnen, daß er die Verstorbene gekannt, jemals besucht und namentlich den letzten Abend bei ihr zugebracht habe. Sein Verteidiger behauptete mit Recht: Wenn der Angeklagte allen Verkehr zugegeben und erklärt hätte, die Verstorbene müsse wahrscheinlich aus Verzweiflung wegen ihrer Schwangerschaft das Gift entweder in Selbstmordabsicht oder um die Leibesfrucht zu beseitigen, selbst genommen haben, hätte ihm niemand den Mord beweisen können. Da er aber alles leugnete, erregte dies — vielleicht ungerechtfertigten — Verdacht und er wurde verurteilt, obwohl eigentlich nichts bewiesen war, als daß das Mädchen an Arsenvergiftung gestorben war und daß sie der Angeklagte oft besucht hatte! (Groß).

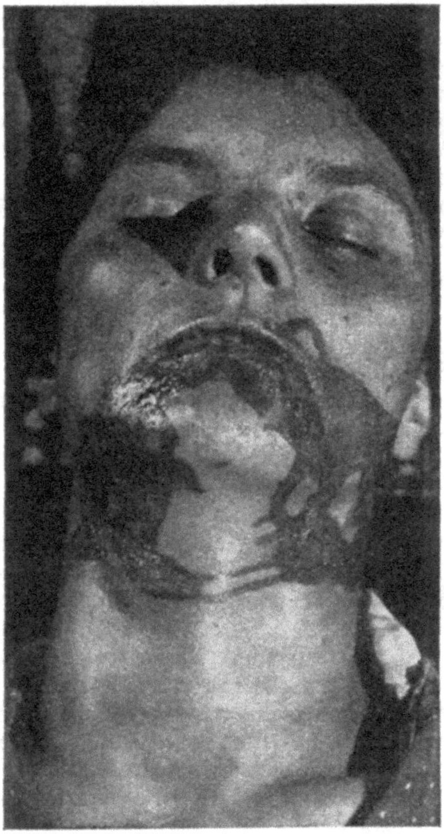

Bild 73. Lysolverätzung bei einer geisteskranken Selbstmörderin. (Aus Kratter, Lehrb. d. gerichtl. Medizin, Verlag F. Enke, Stuttgart).

Geleugnet hat er zweifellos unter dem Drucke der Ehe, um vor seiner (wahrscheinlich sehr gestrengen) Frau rein dazustehen und vielleicht auch wegen seiner geschäftlichen Lage. Zweifellos hat das Urteil den tatsächlichen Verhältnissen nicht Rechnung getragen, was auch auf die lückenhaften polizeilichen Vorerhebungen zurückzuführen sein kann. Vielleicht lag eine Verkettung unglückseliger Umstände vor. Vielleicht hatte das Mädchen einen jugendlichen Liebhaber, der der wirkliche Vater des zu erwartenden Kindes war, während es sich den alten Herrn nur des Geldes wegen beibehielt. Vielleicht hatte sie mit dem jugendlichen Geliebten eine ernste Auseinandersetzung, wobei ihr dieser das Verhältnis mit dem Ehemann vorgehalten haben kann, worauf sie Gift nahm; das „woher" war gleichfalls nicht festgestellt. Vielleicht war sie überhaupt schon tot, als sie der alte Herr besuchte usw. Von all diesen wichtigen Nebenumständen erfahren wir hier aber gar nichts! Ein Kriminalfall dieser Art bedarf wirklich genauester

Vorarbeit, wenn darauf ein so schwerwiegendes Urteil gegründet werden soll!

Als Giftmörder wird vorwiegend eine Person in Betracht kommen, welche mit den Lebens- und sonstigen Verhältnissen des Opfers gut vertraut ist, daher meist eine Person aus nächster Umgebung.

Vergiftungstod aus eigener Unvorsichtigkeit oder Fahrlässigkeit fremder Personen kommt auch häufig vor. Nicht selten ist es die Unkenntnis oder Verwechslung giftiger Mittel (giftige Pilze, giftige Kräuter, giftige Früchte usw.) mit Nahrungs- und Genußmitteln. Auch durch Fleischwaren sind Massenvergiftungen wiederholt eingetreten. Giftige Mittel, wie sie in jedem Haushalte zu finden sind (z. B. Lysol, Benzin, Phosphorzünder usw. können durch ungenügende Verwahrung und Kennzeichnung in die Hände von Kindern, blödsinnigen Personen gelangt sein und so Vergiftungen hervorgerufen haben. Aberglaube und Dummheit der Bevölkerung wird (z. B. zur Behandlung von Krankheiten, Wunden, Behebung der Schwangerschaft usw.) von gewissenlosen Leuten ausgenützt und manches angeraten und verabreicht, was mehr oder minder giftig ist. Da der Aberglaube aber auch heute noch eine große Rolle spielt, sei auf den bezüglichen Abschnitt S. 77 hingewiesen. Die Kenntnis wenigstens der einheimischen Gifte und ihrer Wirkungen ist zur Lösung vieler Vergiftungsfälle geradezu unerläßlich!

Auffallende äußere Merkmale der Vergiftungen, an denen sie vielfach schon erkennbar sind:

1. besondere Hautfärbung (z. B. hellrot bei Kohlenoxydgasvergiftung[1]), Gelbfärbung bei Phosphorvergiftung usw.);

2. verschorfte (= verbrannte) Lippen und Mundwinkel besonders bei Vergiftung mit ätzenden Flüssigkeiten (Lysol, Schwefelsäure usw.);

3. verfärbte Mundschleimhaut;

4. lederartig vertrocknete, vom Mundwinkel gegen Kinn und Hals herabziehende braune oder gelbe Streifen, als Folge des Überfließens der ätzenden Flüssigkeit (vgl. Bild 73);

5. auffallender (stechender) Geruch der Leiche, z. B. nach Lysol, bitteren Mandeln usw. zeigt sich besonders bei Eröffnung des Magens[2]);

6. besondere Farbe des erbrochenen Mageninhalts;

7. nicht vergessen, daß manche Gifte chemisch nicht nachweisbar sind, z. B. viele Pflanzengifte.

Bei Verdacht auf Vergiftung ist womöglich im Beisein des

---

[1]) Einen noch lebenden Verletzten oder seine Angehörigen, Nachbarn wird man fragen, ob der Vergiftete vielleicht nach dem Genusse von Speise oder Getränk erkrankt ist, ob der Verdacht einer Vergiftung durch auffallenden Geschmack, Geruch der Speise, Knirschen zwischen den Zähnen gerechtfertigt erscheint, ob Haustiere, die vielleicht davon gefressen oder getrunken haben, erkrankt oder sogar eingegangen sind u. dgl. m.

[2]) Zur Feststellung einer Kohlenoxydgasvergiftung eignet sich ganz besonders das schon bestbekannte Taschen-Spektroskop Nr. 192 der Optischen Werke C. Reichert, Wien XVII.

Arztes (Gerichtschemikers) sorgfältig nach den zur Vergiftung verwendeten Mitteln zu suchen, also nach allem, was sichtlich Gift ist, Gift sein oder enthalten kann, insbesondere auch nach restlichen Flüssigkeiten in Trinkgläsern, Fläschchen usw., etwa erbrochenem Mageninhalt, Stuhl, Harn usw., Pulver usw. Solche fragliche Reste sind in reinen Gläsern mit eingeriebenem Stöpsel zu verwahren und unter genauer Legende raschest dem Gerichtschemiker zu übergeben.

Nichtbesitz eines Giftes kann unter Umständen gerade beweisen, daß dieses Gift verwendet wurde und deshalb nicht mehr da ist. In solchen Fällen muß durch Erhebungen, Zeugen usw. nachzuweisen sein, daß der Täter früher einmal im Besitze eines solchen Giftes war. Muß eine Hausdurchsuchung wegen besonderer Dringlichkeit ohne Sachverständigen vorgenommen werden und ist man im Zweifel, ob ein bestimmtes Mittel Gift ist oder nicht, dann soll lieber mehr als „bedenklich" angesehen und sichergestellt werden, als immerhin Fragliches zurückzulassen und sich damit eines nicht beschaffbaren Beweismittels zu begeben.

27. Abschnitt.

Erstickung.

Erstickung ist die Aufhebung der Atmung. Sie kann durch äußere wie durch innere Ursachen veranlaßt werden. (Wir befassen uns hier nur mit den ersteren).

Als Formen der Erstickung unterscheiden wir: a) die Strangulation (Tod durch Erhängen, Erdrosseln, Erwürgen), b) Tod durch Ertrinken und c) andere Arten der gewaltsamen Erstickung (Tod durch Verschluß der Atemöffnung, Tod durch Verstopfung der Atemwege und Tod durch Behinderung der Atembewegungen).

A. Strangulation.

Strangulation ist Erstickung durch Zusammendrücken der Luftwege am Hals. Je nach der Art und Weise, wie das Zusammenschnüren der Kehle erfolgt, unterscheidet man 3 Arten: das Erhängen, das Erdrosseln und das Erwürgen.

1. Tod durch Erhängen.

Tod durch Erhängen erfolgt dadurch, daß das angelegte Würgeband durch das Gewicht des mehr oder minder hängenden Körpers zusammengezogen und so die Atmung unterbunden wird. Dadurch tritt zunächst Bewußtlosigkeit auf, weil der Blutkreislauf im Schädel durch Kompression der Halsgefäße unterbunden wird, schließlich der Tod.

Äußere Verletzungen des Erhängten.

Etwaige äußere Verletzungen, wie sie der Körper des Erhängten nicht selten zeigt, müssen stets genau beachtet und aufgeklärt werden, da sie oft einen wichtigen Anhaltspunkt oder Beweis erbringen können. Solche Verletzungen können entstanden sein:

1. von der eigenen Hand des Selbstmörders, wenn er sich zuerst auf andere Weise (z. B. durch Hieb-, Stich-, Schußwunden) zu töten versuchte und als dieser Versuch mißlang, sich noch erhängte. Auch Fesselung der Hände und Füße kommt bei Selbstmördern vor;

2. von fremder Hand absichtlich beigebracht;

3. als Zeichen geleisteter Gegenwehr;

4. auf natürliche Weise ihre Erklärung finden: der Leichnam kann beim Abschneiden (Abnehmen) des Strangmittels — namentlich wenn die Personen, die dies machten, sehr aufgeregt oder ungeschickt waren — mitunter sehr beträchtliche Verletzungen erlitten haben (selbst Knochenbrüche und Muskelzerreißungen sind dabei schon vorgekommen);

5. auch durch Zufall zustandegekommen sein z. B. dadurch, daß der Körper infolge Windwirkung — wie dies bei im Freien oder auf dem luftigen Dachboden Erhängten vorkommt — an feste Gegenstände streifte oder anschlug, oder

6. durch Tiere (Mäuse, Ratten usw.) benagt worden sein.

Nicht unerwähnt soll bleiben, daß u. U. auch die Art, wie das Strangmittel geknüpft ist (z. B. „Weber"-Knoten, „Schiffer"-Knoten — Näheres S. 30 — wichtig sein und einen Anhaltspunkt für eigenes oder fremdes Verschulden (Täter) liefern kann.

Selbstmord durch Erhängen gehört zu den häufigsten Selbstmordarten beim männlichen Geschlecht, ist aber auch beim weiblichen Geschlecht sehr häufig; vgl. auch die Tabellen S. 89 und 90.

Mord durch Erhängen, also Aufhängen des noch lebenden Opfers ist ebenfalls möglich und zwar in erster Linie an mehr oder minder wehr- und bewußtlosen Personen (Kinder, Gelähmte, Berauschte usw.); es kann auch eine mehrfache Todesart vorliegen; Näheres S. 93.

„Zufälliges Erhängen", das heißt Tod durch Hineingeraten in eine Schlinge, erwähnt Prof. Haberda als beim Kinderspiel häufig vorkommend.

Um lediglich auf Grund der äußeren[1]) Anzeichen sagen zu können, ob eigene oder fremde Handanlegung vorliegt, ist besonders auf folgendes zu achten:

1. ob der Erhängte dritten Personen gegenüber Selbstmordabsicht geäußert oder etwa Abschiedsbriefe zurückgelassen hat; Näheres auf S. 91;

2. ob der Erhängte von selbst hat in die Schlinge geraten können[2])? Dies ist in sehr vielen Fällen direkt richtunggebend;

---

[1]) Aufsuchen und Erklären der inneren Merkmale am Halse Erhängter ist eine rein gerichtlich-medizinische Aufgabe, mit der wir uns hier nicht zu befassen haben.

[2]) Dazu ein Beispiel: Ein Leichnam wird an der Zimmerwand hängend gefunden. Der Abstand zwischen Fußsohle und Boden beträgt etwa ½ m. Zu seinen Füßen ist ein umgeworfener Sessel. Der Hergang ließe sich bisher auf natürliche Weise erklären: der Selbstmörder hat den Sessel bestiegen, um in die Schlinge zu

3. ob das verwendete schmale oder breite, harte oder weiche Strangmittel zur erzeugten Strangfurche paßt und wie letztere verläuft? Eine außergewöhnliche Verlaufsrichtung würde Verdacht erregen;

4. ob diese Todesart mit dem Beruf des Erhängten in gewissem Einklang steht; Näheres S. 92.

Selbstmord durch Erhängen — vgl. auch das auf S. 91 Gesagte — wird anzunehmen sein, wenn:

1. die betreffende Person sich selbst so erhängen konnte; findet sich eine Stellung, die man am besten mit Sichhinsinkenlassen" bezeichnen kann, von wo aus ein Aufrichten des Körpers möglich ist, wenn nicht sofort Bewußtlosigkeit eingetreten wäre[1]);

2. die Strangfurche (Strangrinne, Strangmarke)

a) von dem verwendeten Strangmittel sichtlich erzeugt wurde oder wenigstens erzeugt worden sein konnte. Die Strangfurche ist ein mehr oder minder deutlicher Abdruck des verwendeten Strangmittels[2]).

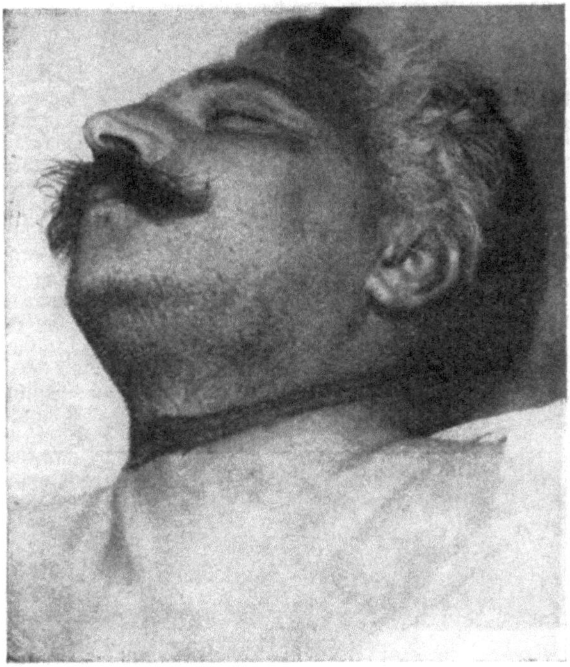

Bild 74. Selbstmord durch Erhängen. 3fache Strangfurche. (Aus Kratter, Lehrb. d. gerichtl. Medizin, Verlag F. Enke, Stuttgart).

So wird ein weiches Strangmittel stets eine

---

kommen und diesen dann beiseite gestoßen. Würde aber der Sessel fehlen, dann wäre in diesem Falle Selbstmord ausgeschlossen, da der Erhängte von selbst nicht in die Schlinge hüpfen konnte!

[1]) So erklärt sich auch mancher sonst unverständliche Tod durch Erhängen bei einfältigen Leuten, wo man weder Selbstmord noch fremdes Verschulden annehmen kann; sie wollten einfach einmal versuchen, welches Gefühl man so beim Erhängen hat, und konnten, weil inzwischen bereits bewußtlos geworden, nicht mehr zurück! Solche Selbstmorde werden dann z. B. in sitzender, liegender, hockender Stellung gefunden.

[2]) Man unterscheidet weiche und harte Strangmittel. Zu den weichen gehören alle Gattungen Tücher, Hosen, Strümpfe usw.; zu den harten gehören: Stricke, Schnüre, Drähte usw. — Weibliche und verweichlichte Menschen wählen gewöhnlich weiche Strangmittel.

breite, bisweilen nicht besonders deutlich ausgeprägte, ja vielleicht für das freie Auge nicht einmal kenntliche Strangrinne erzeugen. Das ist besonders dann der Fall, wenn ein weiches Strangmittel verwendet wurde, der Körper nur ganz kurze Zeit gehangen ist, abgenommen und in liegende Stellung gebracht (z. B. ins Bett gelegt) wurde, oder wenn bereits Fäulnis eingetreten ist. Ein hartes Strangmittel dagegen (z. B. Strick, Draht) — oft doppelt oder mehrfach umwunden — wird immer nur tiefe und schmale, unvergängliche Strangrinnen entstehen lassen.

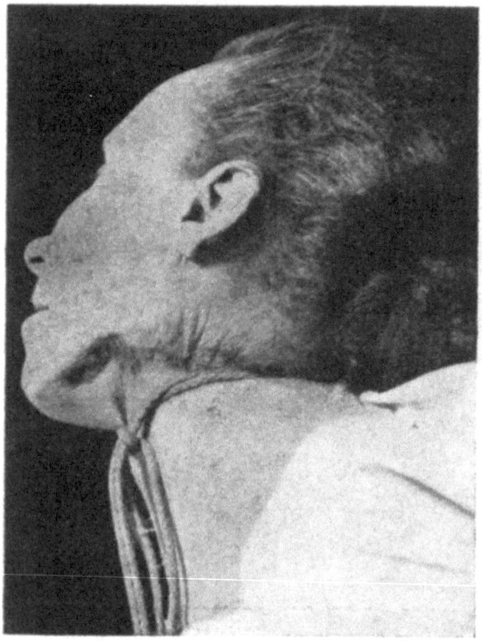

Bild 75 a. Selbstmord durch Erhängen. Außergewöhnliche Strangfurche. (Aus Kratter, Lehrb. d. gerichtl. Medizin, Verlag F. Enke, Stuttgart).

Fall 122. Selbstmord durch Erhängen. Dreifache Strangfurche (Bild 74). Am Halse findet sich beiläufig in der Mitte der Schildknorpel eine $2^1/_2$ cm breite strangförmige, lederartig vertrocknete Rinne, die nach rückwärts zu aufsteigt und sich in der behaarten Kopfhaut verliert. Dieselbe setzt sich aus drei linearen kleinen Furchen zusammen, zwischen denen gequetschte Hautkämme liegen. Das Strangwerkzeug ist starke sog. Zuckerschnur gewesen (Kratter).

Fall 123. Selbstmord durch Erhängen. Außergewöhnliche Strangfurche (Bild 75). Selbstmord war durch Erhebungen außer Zweifel gestellt. Der doppelt gelegte Strick verläuft um den Nacken und bildet vorne links unter dem Kinn eine Schlinge. Nach Lockerung des Strickes gewahrt man eine breite, lederartig vertrocknete Drucknarbe am horizontalen Ast des Unterkiefers und eine Fortsetzung der Strangfurche bis zur Spitze des Kinns in Form eines Doppelstreifens, dem eine sehr schmale Hautfalte eingelegt ist. Der Kopf war äußerst nach rückwärts gebogen, eine Lage, die durch die Herabnahme der Leiche sich wesentlich verändert hat (Kratter).

b) unmittelbar unter den Kieferknochen liegt und gegen den Nacken zu bergan steigt, ausgenommen bei nahezu liegender Stellung, wo sie den Hals kreisrund umläuft;

3) wenn keine Anzeichen geleisteter Gegenwehr vorliegen. Im Zweifel ist doppelte Vorsicht geboten!

Mehrfacher Selbstmord, wobei eine Todesart das Erhängen ist, kommt nicht selten vor (z. B. Adernöffnen und Erhängen, Schuß und Erhängen, Vergiften und Erhängen usw.); siehe auch das dort Gesagte.

Fall 124. Ein Mann, der erhängt gefunden wurde, hatte außerdem eine blutende Wunde am Hals. In einem andern Raum fand sich eine große Blutspur und daselbst lagen in einer geöffneten Lade blutbefleckte Stricke, woraus zu schließen war, daß der Mann zuerst versucht hatte, sich den Hals abzuschneiden und als dies mißglückte, mit seinen blutigen Händen einen Strick aus jener Lade nahm, um sich daran zu erhängen (Haberda).

Da der Erhängte mit dem Augenblick, wo sein Körpergewicht die Schlinge anzieht, das Bewußtsein verliert, kann er sich begreiflicherweise bei mehrfachem Selbstmord nicht mehr erstechen, erschießen usw. Das Erstechen, Erschießen muß also vorangegangen sein, was zu wissen oft auch wertvoll sein kann.

Fall 125. In einem Wiener Fall, den Prof. Haberda erwähnt, hatte der Erhängte einen scharf geladenen Revolver in der Hand. Offenbar wollte er sich gleichzeitig erschießen, konnte jedoch diesen Plan wegen der plötzlich eingetretenen Bewußtlosigkeit nicht mehr ausführen. Ähnliche Fälle sind wiederholt vorgekommen.

Fall 126. Selbstmord durch Erhängen und Kopfschuß. (Bild 76.) Ein 42jähriger Beamter hat sich angeblich aus Furcht vor völliger Erblindung entleibt. Er wurde hängend und bereits totenstarr aufgefunden mit einer Schußwunde in der rechten Schläfe. Mit den Füßen stand er auf dem Fußboden auf, der Revolver lag daneben. Der Leichnam lehnte also.

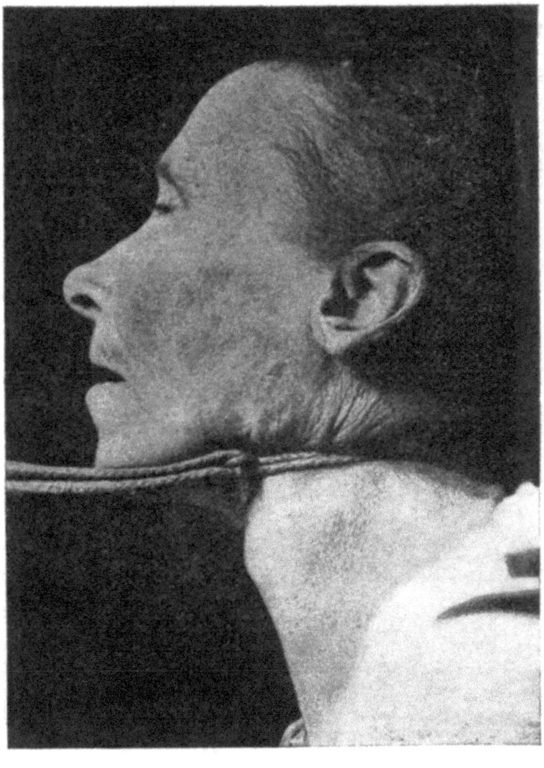

Bild 75 b. Selbstmord durch Erhängen. Außergewöhnliche Strangfurche. (Aus Kratter, Lehrb. d. gerichtl. Medizin, Verlag F. Enke, Stuttgart).

Befund: Schuß in die rechte Schläfe. 1. In der rechten Schläfe ist eine schlitzförmige, 3½ cm lange und 1 cm weit klaffende Hautverletzung, die Ränder sind gequetscht, mit Blut verunreinigt, die Haare der Umgebung versengt. Diese Einschußöffnung setzt sich in einen Kanal fort, welcher Schläfenmuskel, Knochen, die Hirnhäute und das Gehirn durchsetzt, wobei der Anfang des Kanales noch bis zur harten Hinterhaut hinein starke Pulverschwärzung zeigt. Im rechten Stirnhirn findet sich eine Zertrümmerung des Gehirngewebes, von welcher ausgehend sich ein Kanal quer durch beide vordere Stirnlappen verfolgen läßt. Von der Austrittsöffnung am Stirnhirn ausgehend zieht sich nach rückwärts durch den linken Scheitel- und Schläfenlappen ein mit Gewebstrümmern ausgefüllter Gang, an dessen Ende das 7 mm Geschoß liegt. 2. Dicht über dem Schildknorpel ist eine tief einschneidende, lederartig vertrocknete, rotbraune 0,8 cm breite Strangfurche, die sich rückwärts in der behaarten Kopfhaut verliert. Die

Halsorgane sind unverletzt. Ausgesprochene Erstickungsbefunde an Lunge und Herz (Kratter).

Fall 127. Selbstmord durch Erhängen nach versuchtem Halsabschneiden und Adernöffnen. (Bild 77). Die 63jährige Taglöhnerin M. P. ist blutüberströmt als Leiche hängend aufgefunden worden. Am Hals und an den Händen waren zahlreiche Wunden vorhanden.

Befund: Rund um den Vorderhals verläuft zwischen Zungenbein und Kehlkopf eine tief eingezogene harte Furche. 1 cm unterhalb derselben findet sich eine quergestellte 3 cm lange scharfrandige Zusammenhangstrennung der Haut und des Unterhautzellengewebes genau über dem Kehlkopf, sichtlich aus mehreren Einzelschnitten bestehend. An der Beugeseite des Vorderarmes, nahe dem Handwurzelgelenk, zwei quergestellte, oberflächliche, scharfrandige und spitzwinkelige Zusammenhangstrennungen der Haut, 2½ bis 3 cm lang. In der Mitte des Handrückens der rechten Hand ist eine durch 5 nebeneinandergestellte gleichartig verlaufende Querschnitte erzeugte oberflächliche Zusammenhangstrennung der Haut vorhanden, 2½ cm lang. An der Beugeseite befinden sich über dem linken Handwurzelgelenk eine 4½ cm lange, ziemlich scharfe und spitzwinkelige Zusammenhangstrennung. Drei Knorpelringe der Luftröhre sind durchschnitten, die Schleimhaut ist eben nicht mitverletzt. Das große Horn der rechten Schildknorpelplatte ist quer abgebrochen. Ausgesprochene Erstickungsbefunde. — Die *zahlreichen quergestellten, nicht kraftvollen gleichverlaufenden Schnitte kennzeichnen das versuchte Adernaufschneiden und Halsabschneiden; lauter sichere Zeichen dafür, daß Selbstmord vorliegt.*

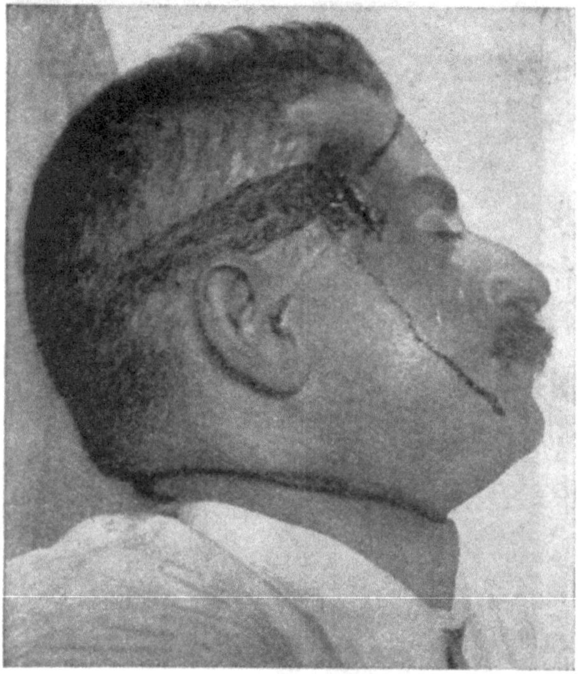

Bild 76. Selbstmord durch Erhängen und Kopfschuß. (Aus Kratter, Lehrb. d. gerichtl. Medizin, Verlag F. Enke, Stuttgart).

Wenn die Halsgefäße nicht sofort zusammengedrückt werden, kann es auch zu *hochgradigen Stauungserscheinungen im Gesicht* kommen (z. B. wenn der Knoten weit vorne liegt, wenn ein weiches Strangmittel [Tuch] verwendet worden ist). Solch ungenügender Verschluß der Luftwege hat Austritt von Schaum vor Mund und Nase im Gefolge.

Der aufliegende Strick oder die stark eingetrocknete Strangrinne kann bei verbrannten Leichen vor der Flammenwirkung schützen, so daß dann die Furche erhalten bleibt. Dieser Umstand könnte dann besondere Bedeutung haben, wenn man bei einer solchen Leiche mit derartigem Befund auf ein verübtes Verbrechen (erst Tod durch Erhängen, dann Verbrennenlassen) schließen kann.

Fall 128. Im Sommer 1920 wurde in Wien die Leiche einer 31jährigen kräftigen Frau auf einem Stuhl, der auf einem Tische stand, sitzend aufgefunden, mit einem Strick um den Hals, der an einem in der Zimmerdecke steckenden Lampenhaken befestigt war. Neben dem Tisch stand ein zweiter Stuhl, so daß es schien, als habe die Frau diesen benutzt, um den Tisch zu besteigen. Da die Leiche einige kleine Verletzungen aufwies und im Hause bekannt war, daß die Frau von ihrem Manne schlecht behandelt wurde, hegte man Verdacht. Die Leichenöffnung ergab Befunde, die für Erwürgen sprachen. Der Mann gab daraufhin die Tötung der Gattin und Aufhängung ihres Leichnams zu (Haberda).

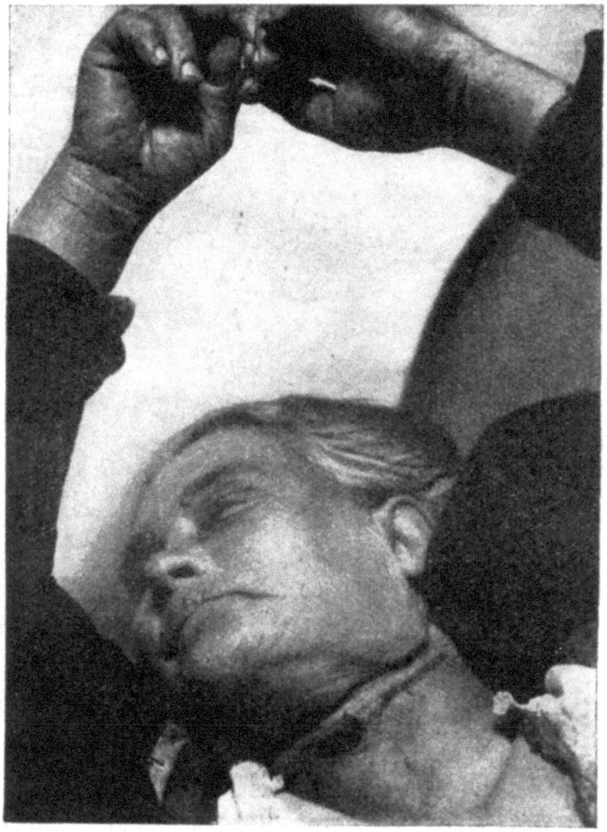

Bild 77. Selbstmord durch Erhängen, vereint mit Pulsadernaufschneiden. (Aus Kratter, Lehrb. d. gerichtl. Medizin, Verlag F. Enke, Stuttgart).

Wenn Selbstmord durch Erhängen auf Grund sorgfältigster Erhebungen ausgeschlossen werden kann, dann erübrigt nur, daß das Opfer noch zu Lebzeiten erhängt, zuerst auf andere Art (z. B. durch Erdrosseln, Erwürgen, Vergiften, Erschießen) bewußtlos gemacht oder schon getötet und dann als Leiche zur Verschleierung der wirklichen Todesursache noch aufgehängt wurde.

2. Tod durch Erdrosseln.

Beim Erdrosseln wird der Hals durch Zusammenschnüren des angelegten Würgebandes herbeigeführt, also nicht durch die Eigenschwere des Körpers ausgelöst, wie beim Erhängen; beim Erwürgen geschieht dieses Hemmen der Atmung durch den Druck der Hand (Hände), also ohne Würgeband.

Ob Tod durch Erdrosseln oder Erhängen vorliegt, läßt sich schon auf Grund des äußeren Befundes nahezu mit voller Sicherheit sagen; ausschlaggebend ist hiefür die Tiefe und Lage der Strangfurche:

1. beim Erdrosselten verläuft die Strangfurche kreisrund, waagrecht um den Hals; steigt also nicht — wie beim Erhängten — im Nacken nach oben zu an;

2. die Strangfurche ist im Nacken fast ebenso tief eingesenkt wie im

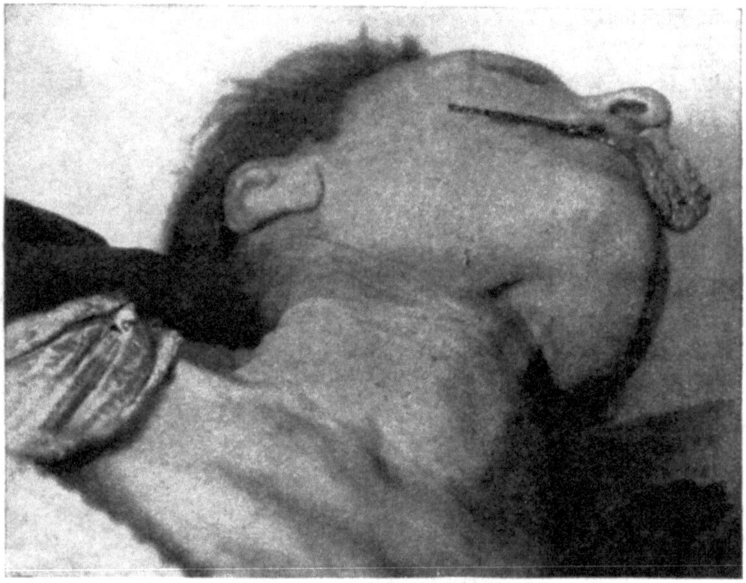

Bild 78. Selbstmord durch Erdrosseln mit breitem weichem Würgeband. (Aus Kratter, Lehrb. d. gerichtl. Medizin, Verlag F. Enke, Stuttgart).

Vorderhals und — was allerdings nicht immer genau zu unterscheiden ist;

3. die Strangfurche liegt näher dem Rumpf zu, also nicht so hoch wie beim Erhängten.

Tod durch Erdrosseln kann sowohl durch eigene wie durch fremde Hand oder durch eine andere Kraft von ähnlicher Wirkung erfolgen. Zur Lösung der Frage, ob eigenes Verschulden, fremdhändige Tötung oder tödliche Verunglückung vorliegt, ist auch die sorgfältigste Erhebung aller Begleitumstände erforderlich.

Selbstmord durch Erdrosseln ist selten, doch vermögen geisteskranke Selbstmörder manchmal Unglaubliches zu vollbringen. Selbstmord wird anzunehmen sein, wenn:

1. der Knoten am Vorderhals liegt (beim Erhängten wohl ausnahmslos rückwärts), und

2. keinerlei Verletzungen am Kopf oder an den Händen ersichtlich sind.

Fall 129. Selbstmord durch Erdrosseln. (Bild 78.) Die 49jährige Private H. P. wurde in ihrer versperrten Wohnung mit einer Schnur, 4fach um den Hals gedreht, tot am Fußboden liegend, mit blutigem Schaum vor dem Munde, aufgefunden. Die Leiche zeigte äußerlich keine Zeichen einer stattgehabten Gegenwehr. Da anfänglich Geld zu fehlen schien, wurde die Wahrscheinlichkeit eines Raubmordes angenommen und die gerichtliche Leichenöffnung angeordnet. Später fand sich das Geld im Ofen, wohin es die geistesgestörte Selbstmörderin offenbar versteckt hatte, um einen Raubmord vorzutäuschen. — Befund: Weiche Strangfurche, keine Zeichen stattgehabter Gegenwehr. Am Halse finden sich je zwei 1,5 cm breite, blasse Hautstreifen, zwischen denen Hautwülste von dunkelvioletter Farbe sich vorwölben. Diese Furchen liegen in der Höhe des Zungenbeines am Vorderhals und verlaufen nach rückwärts zu ziemlich waagrecht, sind jedoch in der Nackengegend recht undeutlich ausgesprochen. (Anhaltspunkte für fremdes Verschulden konnte bei der Leichenöffnung nicht gefunden werden).

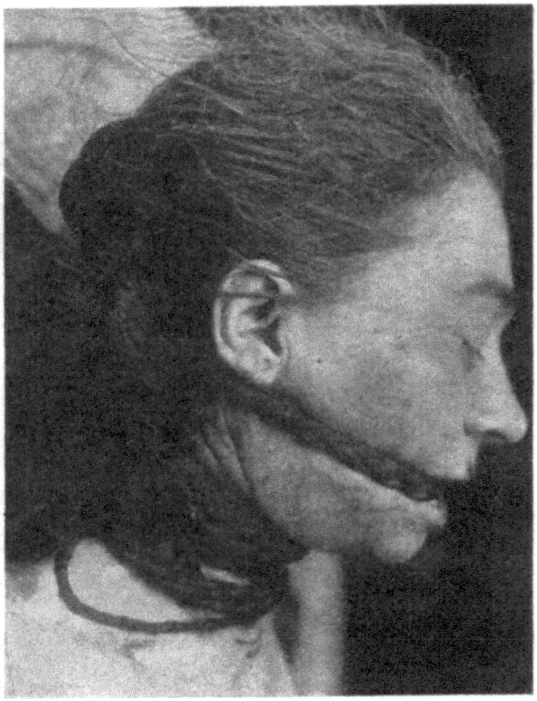

Bild 79. Mord durch Drosselung; eine Strangtour geht durch den Mund. (Aus Hofmann-Haberda, Lehrb. d. gerichtl. Medizin, Verlag Urban & Schwarzenberg, Berlin-Wien).

Auch mehrfacher Selbstmord, also verschiedene Todesarten können bei einer und derselben Person vorkommen; Näheres auf S. 93, 112.

Mord durch Erdrosseln kommt namentlich an neugeborenen Kindern und Frauen vor, ferner an wehr- und bewußtlosen, sowie schlafenden Personen. Es kann aber die Drosselmarke auch nur schwach ausgeprägt sein oder überhaupt fehlen; letzteres dann, wenn ein weiches Würgeband (z. B. Tuch) verwendet wurde. Vielfach wird das Opfer zuerst gewürgt und dann (im bewußtlosen Zustande) noch erdrosselt. Die Erdrosselung kann mit oder ohne Betäubung ausgeführt werden. Betäubt werden vor der Erdrosselung erfahrungsgemäß gewöhnlich Erwachsene und zwar durch Kopfhiebe, die sich auch an mehr oder minder bedeutenden äußeren Verletzungen erkennen lassen. **Zeichen geleisteter Gegenwehr und Kopfverletzungen müssen nicht immer vorhanden sein.**

Fall 130. Drosselung; eine Strangwicklung geht durch den Mund. (Bild 79.) Prof. Haberda bringt folgenden sehr lehrreichen Fall: Im Mai 1918 wurde in einem der vornehmsten Hotels der inneren Stadt Wiens die 40jährige Gesellschaftsdame eines reichen alten Ehepaares als Leiche in ihrem Blute aufgefunden, nachdem sie etwa eine halbe Stunde vorher aus dem Safe des Hotels eine Ledertasche behoben hatte, in welcher ihre Dienstgeberin kostbaren Schmuck und mehrere tausend Kronen in Papier und Gold aufbewahrte.

Das Gesicht, der Oberkörper und die Kleider der Leiche waren mit Blut besudelt, viel Blut war um den Kopf und den Rücken angesammelt, zum Teil auch verspritzt. Um den Hals der Leiche waren mehrmals ein daumenbreiter fester Traggurt, der an einem Ende einen eisernen Ring trug und darunter eine Rebschnur geschlungen, deren freies Ende unterhalb des Gurtes zu sehen war. Eine Tour des Gurtes ging durch den Mund nach dem Hinterkopf, und zwar am Abrutschen durch den am Hinterkopf befindlichen Haarknoten gehindert (Bild 79). Am unteren Teil des Vorderhalses lagen 4 Schnitte, zwei seichte knapp oberhalb der Kehle, zwei tiefe darüber unterhalb der Würgwerkzeuge. An der linken Seite des Vorderscheitels fand sich überdies eine den Knochen bloßlegende etwas bogige Quetschwunde, welche zweifellos von einem Schlage mittels einer unter dem Bette, neben welchem der Leichnam lag, aufgefundenen, mit einem Stiel versehenen Holzkeule, in Form einer Handgranate, herrührte.

Bild 80. Tatort mit der Leiche des Knaben Hammer. (Loock).

Die Leichenöffnung ergab unterhalb der Quetschwunde eine mäßige Blutunterlaufung, die im Vergleiche zu den infolge der Strangulation zustandegekommenen Stauungsblutungen in und unter der Kopfschwarte und unter der Schläfemuskelhülle gering zu nennen war, woraus sich schließen ließ, daß sie vor der Drosselung gesetzt worden war. Das gedunsene Gesicht war über und über mit kleinen Erstickungsblutungen besät, die an den Bindehäuten der Augen zu größeren Blutflecken zusammenflossen und sich in reicher Zahl auch in der Schleimhaut des Schlundes und Kehlkopfes fanden. Beide oberen Kehlkopfhörner waren abgebrochen und die Bruchstelle blutunterlaufen. Die Halswunden durchtrennten die Luftröhre zwischen den obersten Ringen an 2 Stellen fast völlig und an einer dritten Stelle vollständig, schnitten die Schilddrüse zweimal an und an einer Stelle völlig durch, so daß Äste beider oberen und unteren Schilddrüsenarterien durchtrennt waren, aus welchen sich so viel Blut ergossen hatte, daß die inneren Organe, namentlich jene der Bauchhöhle, blutarm geworden waren. Die Lunge war von angesaugtem Blute überschwemmt. Darnach war zu schließen, daß die schwächliche Frau, an deren Leiche Abwehrverletzungen nicht bestanden, zuerst durch einen Schlag mit der Holzkeule auf den Kopf zu Boden gestreckt und betäubt, dann, als sie am Boden lag, gedrosselt wurde, worauf sie erst die Schnittwunden am Hals erlitt. Hierbei war auch die Rebschnur vorne angeschnitten worden. Die Halsschnittwunden hatten durch Blutansaugung und Blutverlust zunächst den Tod herbeigeführt.

Als Täter wurde ein 17jähriger Bursche, der Untergebene des mit dem Ehepaare nach Wien gekommenen vornehmen Neffen der reichen Dame ermittelt, der über Anstiften dieses Neffen nach einer von beiden getroffenen sorgfältigen Vorbereitung den Mord begangen und dann die Ledertasche samt dem reichen Inhalt geraubt hatte. Der Neffe hatte die Gesellschafterin veranlaßt, die Tasche in Abwesenheit der Tante zu beheben, angeblich um ihm Gelegenheit zu geben, in derselben nach der Abschrift des Testamentes der Dame, in welchem er bedacht zu sein vorgab, zu suchen und Einblick in dieses zu nehmen. Während die Gesellschafterin die Tasche behob, ließ er den Mörder in das Zimmer ein. Dieser stürzte sich aus seinem Versteck mit geschwungener Keule auf die arglos Zurückgekehrte, streckte sie durch einen Schlag nieder, um sie mit den bereitgehaltenen Strängen zu drosseln und durchschnitt ihr schließlich über Wunsch des Neffen, der während der Tötung wiederholt ins Zimmer trat, noch mittels eines Rasiermessers den Hals. Der Versuch, den Leichnam in einem vom Mörder mitgebrachten Reisekorb zu verbergen und so fortzuschaffen, mußte, da der Korb zu klein war, aufgegeben werden. Der Korb fand sich mit Blut bespritzt am Tatort.

Bild 81. Drosselungsmarke am Hals des ermordeten Knaben Hammer.

Im folgenden wieder ein voller Erfolg der Auswertung der „Sachbeweise" durch Feststellung der Art des Mordes, der Person des Täters mit dessen darauffolgendem Geständnis:

Fall 131. Im Stadtwald zu K. wurde die Leiche eines Knaben mit einer abgeschnittenen Schlinge um den Hals gefunden. (Bild 80.) Ein in der Nähe des Fundortes der Leiche befindlicher Baumast trug die anscheinend zu dieser Schlinge gehörige Schnur. Diese wurde in der Weise festgehalten, daß das auslaufende Ende unter die letzte Umdrehung der Schlinge gesteckt war. In einiger Entfernung vom Tatort wurde eine Wachstuchdecke aufgefunden, in welche u. a. verschiedene Stücke eines neuen Strickes von gleicher Beschaffenheit wie diejenige der Schlinge eingewickelt waren. Bild 80 zeigt den Tatort; an der Stelle des Kreuzes (×) befindet sich der Ast mit einem Teil der Schlinge. Bild 81 läßt deutlich die Drosselungsmarke an dem Hals des Ermordeten erkennen.

Da die Untersuchung der Leiche und der Kleider derselben die Annahme eines Lustmordes ausschlossen, anderseits von den obduzierenden Ärzten die Möglichkeit offen gelassen wurde, daß der Knabe erdrosselt und dann aufgehängt worden war, so erschien es von besonderem Werte, festzustellen, ob nach der Beschaffenheit der Rinde des Astes angenommen werden konnte, daß überhaupt die Leiche längere Zeit an dem Aste gehangen, ob die Schlinge zerrissen oder durchschnitten war und ob aus den ganzen Untersuchungsergebnissen vielleicht die Art des Mordes ermittelt werden konnte.

Auf Bild 82 sind zu sehen: die Enden der einzelnen aus drei dünnen Schnüren zusammengedrehten Schnur der Schlinge mit den zugehörigen Teilen der Schnur des Astes sowohl wie diese mit einem Stück Schnur zusammengestellt, welches an die Schnur des Astes geknotet war.

Nach dem Ergebnis der fachmännischen Untersuchung konnten bezüglich der Zusammengehörigkeit der Schnur von dem Ast und derjenigen der Schlinge von dem Halse des Ermordeten keine Zweifel bestehen. Aus dem Lichtbildbefund ergab sich weiterhin mit Bestimmtheit, daß die Schnur nicht zerrissen, sondern mit einem Messer durchschnitten war. Da die kleine Schlinge, welche zur Bildung der großen Schlinge erforderlich gewesen war, in ihrer äußeren Umhüllung an der Reibungsstelle derart verletzt worden war, daß die drei Einzelschnüre bloßgelegt waren und bei der großen Schlinge eine Zerreißung einer der drei

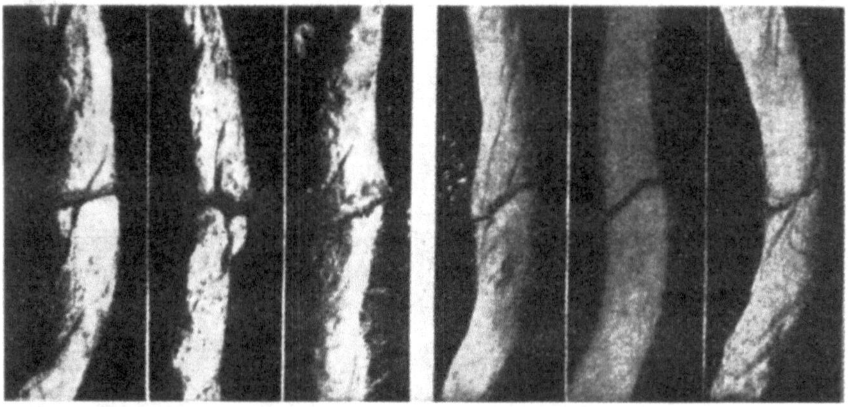

Bild 82. Die zusammengedrehten Schnüre mit den besonderen Merkmalen. (Loock).

Schnüre nachgewiesen werden konnte, so mußte aus diesem Umstand in Verbindung mit der stattgefundenen Durchschneidung und den nicht erheblichen Eindrücken in der Rinde des Astes an der Stelle, wo sich die Schnur befand, gefolgert werden, daß die Schlinge tatsächlich zur Erdrosselung Verwendung gefunden hat, daß diese dann um den Ast gewunden, aber unmittelbar hinterher wieder durchschnitten wurde.

Wenn durch diese Untersuchung somit die Art des Mordes festgestellt worden war, so diente ein unleserlicher, jedoch auf chemischem und photographischem Wege leserlich gemachter Vermerk auf der Rückseite einer in der Nähe des Tatortes gefundenen Wachstuchdecke dazu, den Besitzer derselben und damit anderseits den Mörder zu ermitteln, welcher als Hausbursch beim Besitzer der Decke bedienstet war. In gleicher Weise, wie bei dem Seite 81 besprochenen Fall, konnte ferner aus der mikroskopischen Beschaffenheit des Schmutzes der Fingernägel des Ermordeten geschlossen werden, daß dieser mit der Joppe des Mörders in innige Berührung gekommen sein mußte. Hier handelte es sich um sogenannten Lodenstoff, der aus hellblau und schmutzigrün gefärbten Fasern bestand, in welche vereinzelt gefärbte Wollfasern eingestreut waren. Genau die gleiche Beschaffenheit besaßen die Fasern aus dem Schmutz der Nägel des Ermordeten. Auf Grund dieser Untersuchungsergebnisse gestand nunmehr der Mörder seine Tat ein. — Die „Sachbeweise“ haben ohne jeden Zeugen auch in diesem Falle vollen Erfolg gebracht!

3. Tod durch Erwürgen.

Tod durch Erwürgen liegt vor, wenn das Unterbinden der Atembewegungen durch den Druck der Hand (oder beider Hände) auf den Hals erfolgt ist. Die krallenförmig gebogene Hand umklammert dabei den Kehlkopf. Infolge Verschlusses der Atemwege tritt in wenigen Minuten der Tod durch Erstickung ein.

Selbstmord durch Erwürgen ist ausgeschlossen; es bleibt also bei dieser Todesart nur fremdhändige Tötung möglich.

Tod durch Erwürgen kommt besonders an Personen weiblichen Geschlechtes und an Kindern[1]) vor und ist an folgenden Kennzeichen zu erkennen:

1. stark blaurotes Gesicht,

2. deutlich sichtbare zahlreiche Hautabschürfungen und Blutunterlaufungen, Würgespuren sind immer vorhanden, und zwar:

a) am Hals — auch im Gesicht — ferner hinter den Ohren, manchmal auch in der Gegend der Schlüsselbeine blutige Kratzwunden[2]) und Spuren der eingedrückten (halbmondförmigen) Fingernägel. Kennzeichnend sind solche Druck- und Kratzspuren im Gesicht des Opfers durch Zuhalten von Mund und Nase. Diese Kratzwunden und Nagelspuren können mitunter und zwar namentlich an Opfern weiblichen Geschlechtes fehlen, wenn des Täters Hand nicht unmittelbar den Hals des Opfers berührte, sondern Kleidungsstücke (z. B. Kopf- oder Halstücher, insbesondere Röcke, Schürzen u. dgl.) über das Gesicht emporgeschlagen waren;

b) am Rumpfe des Opfers als Folge des Aufkniens auf die Brust (möglicherweise mit Rippenbrüchen im Gefolge);

c) am Kopf, als Folge der Betäubungsschläge.

Aus der Verteilung der Anzahl der Würgespuren kann man manchmal eine Vermutung dahin ableiten, ob der Täter ein Rechts- oder Linkshänder ist. Prof. Kratter sagt diesfalls: das Würgen geschieht fast immer mit der rechten Hand, so daß der Daumen des Täters an die rechte, seine übrigen Finger an die linke Halsseite des Opfers zu liegen kommen. Es wird also die größere Anzahl dieser Druckspuren an der linken Halsseite, die kleinere rechts am Vorderhals liegen. Würde also dieses Verhältnis umgekehrt gegeben sein, das heißt, würde die größere Anzahl dieser Druckspuren an der rechten Halsseite, die kleinere links am Vorderhalse liegen, so wäre die Annahme gerechtfertigt, daß der Täter ein Linkshänder sein müsse.

Mitunter wird es zur Verschleierung der wahren

---

[1]) Vielfach aus geschlechtlich-abwegiger Einstellung!

[2]) Kratzwunden sind längliche, meist in der Mehrzahl vorhandene und dann in der Regel gleichverlaufend gestreifte Abschürfungen der Haut — ein wichtiges Zeichen geleisteter Gegenwehr! Bei Kratzwunden ist (für die fachmännische Untersuchung durch den Mikroskopiker) der Schmutz hinter den Fingernägeln des Täters und Opfers sicherzustellen, wodurch wertvolle Beweise erbracht werden können.

Todesursache auch vorkommen, daß das ursprünglich erwürgte Opfer nachher noch aufgehängt wird, um Selbstmord durch Erhängen vorzutäuschen. Dazu bringt Prof. Kratter einen besondern Fall:

Fall 132. Tod durch Erwürgen mit nachfolgender Aufhängung des Leichnams. (Bild 83). Zahlreiche Kratzwunden am Hals und im Gesicht, zahlreiche innere Blutungen.

Die Leiche wurde abseits vom Dorf auf einem Weidenbaum hängend im freien Felde aufgefunden und zwar freischwebend, nur die Füße streiften an eine dreisprossige Leiter an. Schon bei der äußeren Besichtigung durch die Gerichtsärzte des Tatortes ergab sich der Verdacht einer Ermordung mit nachfolgender Aufhängung.

Bild 83. Erwürgt und aufgehängt. (Aus Kratter, Lehrb. d. gerichtl. Medizin, Verlag F. Enke, Stuttgart).

Befund. Äußerlich: Im Gesichte sind namentlich der Nasenrücken und die linke Gesichtsseite abgeschunden, blaurot verfärbt; ebenso sind abgeschürfte und verfärbte Stellen an der Stirne, dann in der linken Schläfengegend vorhanden, an allen diesen Stellen Blutunterlaufungen durch Einschnitte feststellbar. Am Halse ist außer einer Strangfurche, die wie eine gewöhnliche Drosselfurche verläuft, noch eine zweite Windung des Strickes, die durch den Mund hindurchgeht, so daß die Mundwinkel aufgerissen sind. Nach Entfernung des Strickes gewahrt man am Vorderhals zahlreiche streifige, gleichverlaufende Abschindungen an der linken Halsseite, während rechts tiefere, aber weniger zahlreiche, z. T. deutlich bogenförmige, mit vertrockneter Blutborke bedeckte Abschindungen der Oberhaut vorhanden sind (Nagelspuren). — Innerlich: Der linke Schläfenmuskel ist ganz durchblutet. Von den Halsorganen ist der linke Kopfnicker in seiner Scheide sowie in seinen beiden unteren Köpfen stark blutig durchtränkt. Außerdem sind zahlreiche Blutaustritte zwischen den Muskeln des Vorderhalses, namentlich auch an den äußeren Kehlkopfmuskeln, ferner Blutungen um die vergrößerte Schilddrüse bemerkbar. Die Spitzen der großen Schildknorpelhörner sind quer abgebrochen und blutig verfärbt und ist besonders um das linksseitige Horn ein starker Bluterguß vorhanden. In der Mitte des Brustbeines befindet sich, schon äußerlich bemerkbar, eine umfängliche Hautabschürfung, unterhalb welcher ein fast handtellergroßer Bluterguß vorhanden ist, welcher sich von da fast über den ganzen rechten Brustmuskel und zwischen dessen Faserbündeln hineinerstreckt.

Der vorstehende Fall ist kennzeichnend für das Erwürgen eines wehrfähigen erwachsenen Menschen. Das Opfer wurde erst überwältigt und niedergerungen und dann auf dem Boden liegend erwürgt. Der Angreifer mußte auf dem Überfallenen gekniet sein; anders ist der umfangreiche Blutaustritt über dem Brustbein und dem rechten großen Brustmuskel nicht zu erklären. Der Täter wies zahlreiche Kratzspuren am Rücken beider Hände und an den Fingern auf, die er für Beschädigungen beim Holzspalten ausgab. Am Halse waren zweierlei Strangfurchen vorhanden, während der Leichnam an einem einfachen Strick gehangen ist. Die Untersuchung hatte ergeben, daß der Überfall und Mord im abseits vom Wohnhaus des Ermordeten gelegenen Keller stattgefunden hat. Der schwere Leichnam wurde etwa 20 Minuten weit fortgeschleppt und in der am Bild 83 ersichtlichen Weise aufgehängt (Kratter).

B. Tod durch Ertrinken.

Tod durch Ertrinken tritt ein, wenn die Atemwege durch Flüssigkeit verschlossen sind. Oft genügt eine seichte Wasserlache, eine Pfütze, in der Kinder, Hilflose, Bewußtlose (Berauschte) ertrinken können.

Selbstmord durch Ertrinken kommt beim weiblichen Geschlecht viel häufiger vor als beim männlichen (vgl. auch die Aufstellungen S. 90). Es kann auch mehrfacher Selbstmord vorliegen: um ja sicher aus dem Leben zu scheiden, bringt sich der Selbstmörder zuerst Hieb-, Stich-, Schnitt- oder Schußverletzungen, z. B. am Rande eines Flusses bei, und fällt dann als Verletzter ins Wasser. Es kommt erfahrungsgemäß dabei vor, daß sich der Selbstmörder Hände und Füße fesselt und mit Steinen beschwert.

Mord durch Ertränken kommt bei erwachsenen Personen nur selten vor, dagegen viel häufiger bei Neugeborenen und Kindern der ersten Lebenszeit, ferner auch bei wehr- und bewußtlosen Personen denkbar.

Tödliche Verunglückungen im Wasser kommen wiederholt vor: der Betreffende kann im berauschten oder bewußtlosen Zustande ins Wasser geraten und so zugrunde gegangen sein; er kann z. B. beim Baden einen Schlag-, Ohnmachts- oder epileptischen Anfall erlitten haben, an Herzlähmung gestorben sein, kurz, er kann auch eines natürlichen Todes gestorben sein.

Der anscheinend Ertrunkene kann auch eines anderen gewaltsamen Todes gestorben sein (z. B. erstochen, erschlagen, vergiftet, erschossen worden sein) und zur Verschleierung dieser Todesursache nachträglich noch ins Wasser geworfen worden sein.

Gerade Wasserleichen zeigen bisweilen ganz bedeutende Verletzungen, deren Entstehungsursache nach Möglichkeit festgestellt werden muß; Näheres über Verletzungen an Wasserleichen siehe S. 52.

C. Andere Arten der gewaltsamen Erstickung.

Hierher gehören:

1. Tod durch Verschluß der Atemöffnungen. Dieser Verschluß wird von außen herbeigeführt und zwar durch Zuhalten von Mund- und Nasenöffnungen mit der Hand oder durch abschließende Ein-

hüllung oder Bedeckung dieser Öffnungen (mit Tüchern, Decken, Kissen — ja auch Mutterbrust beim Stillen).

Selbstmord ist hier so gut wie ausgeschlossen.

Mord kommt auf diese Weise bei Neugeborenen und Kindern der ersten Lebenszeit nicht selten vor; ist auch möglich bei wehr- sowie tiefbewußtlosen Personen (Zustand der Berauschung).

Gewaltsamer Verschluß der Atemöffnungen durch Druck mit der Hand erzeugt um Mund und Nase nicht zu verkennende Druckspuren in Form von Blutunterlaufungen und Hautabschürfungen. Tod infolge Bedeckens der Atemöffnungen mit weichen Gegenständen ist äußerlich kaum erkennbar.

Im Bette tot aufgefundene Kinder können entweder durch das Beisammensein mit Erwachsenen (in einem Bett) erdrückt oder eines natürlichen Todes gestorben sein.

2. Tod durch Verstopfung der Atemwege.

Selbstmord ist hier so gut wie ausgeschlossen.

Mord (z. B. durch Einstopfen von Knebeln, Tüchern u. dgl. in den Mund) kommt selten vor. Dabei ist es wahrscheinlich, daß das Opfer den Angreifer in Finger oder Hände beißt, welcher Umstand für die Nachforschung bzw. Überweisung des Täters wichtig ist.

Plötzlicher Erstickungstod (besonders bei Kindern und Berauschten) durch in die Luftröhre geratene Speisestücke und Fremdkörper kommt vor.

3. Tod durch Behinderung der Atembewegungen. Die Atembewegungen werden in diesem Falle durch einen auf dem Brustkorb lastenden Druck unmöglich gemacht.

Selbstmord so gut wie ausgeschlossen. Dagegen kommt **Verunglückung und fahrlässige Tötung** häufiger vor. Fälle dieser Art sind Erdrücktwerden[1]) (besonders bei Paniken) und Verschüttetwerden. Das Gesicht der auf diese Weise Getöteten ist gedunsen und hochgradig blaurot verfärbt.

4. Tod durch Erstickung im engen Raum.

Fall 134. Ein Knabe hatte sich beim „Versteckenspielen" mit andern Mitschülern in einer Kohlenkiste verborgen, in der er schließlich erstickt gefunden wurde.

Andere gewaltsame Körperbeschädigungen und Todesarten.

28. Abschnitt.

Verhungern.

Wie lange der Mensch ohne Zufuhr von Nahrung leben kann, ist verschieden. Diesfalls spielen Alter, Ernährungszustand und vor allem der Umstand eine wesentliche Rolle, ob ihm auch Wasser ent-

[1]) **Fall 133.** In einem großen Eisenmagazin, das nur schmale Gänge frei ließ, war ein Arbeiter von einem rutschenden Bund schwerer Eisenstäbe erdrückt worden, bevor Hilfe kam. Der baumdicke, zwei Meter hohe Bund hatte sich ihm auf die Brust gelegt und den Mann zugleich an andere Eisenvorräte gedrückt, so daß er in dieser Stellung sein Leben ließ.

zogen ist. Ohne jedes Getränk vermag auch der bisher gesunde Mensch nicht länger als eine Woche zu leben. Die sog. Hungerkünstler haben da oft unglaubliche Ergebnisse gezeigt (allerdings auch viel geschwindelt oder wenigstens zu schwindeln versucht).

Tod durch Verhungern ist entweder:

1. absichtlich an der eigenen Person herbeigeführt, sog. **Selbstmord durch Verhungern, „Hungerstreik"** oder

2. absichtlich von einer fremden Person veranlaßt worden (bes. Kindesweglegung und sog. „Engelmacherei") oder

3. unbeabsichtigt und zufällig erfolgt, wie bei Verschüttung, Schiffsbruch, Verirrung usw.

Welche dieser Möglichkeiten gegeben ist, wird sich bei genauer Erhebung aller Begleitumstände an Hand der Angaben des Arztes wohl immer und unschwer feststellen lassen.

29. Abschnitt.

Temperaturwirkungen.

1. Die Wirkung zu hoher Temperatur.

a) Verbrennung ist die Wirkung zu hoher Temperatur auf den Körper. Verbrühen nennt man die Verbrennung durch heiße Flüssigkeiten und heiße Dämpfe. Der äußere Befund der Leiche hängt von dem Verbrennungsgrad, der Ursache der Verbrennung und von der Zeit ab, die von der Verbrennung bis zum Tod verstrichen ist. **Brandwunden dritten Grades verlaufen meist tödlich.**

Selbstmord durch Verbrennung ist äußerst selten, vgl. Fall 78 S. 93. **Unfälle** mit Verbrennungstod kommen dagegen häufiger vor.

Fall 135. Tod in den Flammen. (Bild 84 und 85.) Die Professorswaise v. Sch. hat nach deutlich gehörten Hilferufen in ihrer Wohnung um Mitternacht den Tod in den Flammen gefunden. Die versperrte Wohnungstür wurde aufgebrochen. Gleich hinter der Türe lag am Boden ausgestreckt der verkohlte Leichnam der Wohnungsinhaberin. Das Wohnzimmer stand in hellen Flammen, dichter Rauch erfüllte alle Räume. Der Arzt stellte fest, daß der Tod schon vor einiger Zeit eingetreten war. Am Leichnam hingen noch Reste von verbranntem Gewebe. Die Frau bewohnte die Wohnung allein. Beim Ofen gefundene Papiere lassen darauf schließen, daß sich die Dame noch in der Nacht dort zu schaffen machte. Der Ofen war geheizt und so dürften ihre Kleider Feuer gefangen haben. In der brennenden Kleidung lief sie zum Fenster, um Hilfe rufend, von dort zurück durch das bereits in Flammen stehende Zimmer ins Vorzimmer, um durch die Wohnungstüre zu entkommen. Diese Türe war aber versperrt. Es fehlte der Dame wohl schon an Kraft, die Türe zu öffnen; sie stürzte dort nieder und erstickte im Rauche, wobei sie teilweise verbrannte. Den einzig sichern Rettungsweg durch die vom Feuer verschonte Küche auf den ganz sichern Wirtschaftsbalkon fand sie nicht. Die Einrichtung des Wohnzimmers war vom Feuer vollständig verzehrt worden.

Die Dame, die auch mit den Hausbewohnern wenig in Verkehr trat, war sehr furchtsam, ließ niemanden (auch ihre Verwandten nicht) in ihre Wohnung und hatte die Gewohnheit, trotz versperrter Tür noch Sessel und einen Tisch zum Schutz gegen Diebe vor die Türe zu stellen. Um Mitternacht erwachte die unterhalb wohnende Familie aus kurzem Schlummer und hörte ein unheimliches Geräusch, ein Knistern, wie wenn ein Gegenstand aus Holz in Brand geraten wäre. Sie legte diesem Geräusch aber keine Bedeutung bei. Mittlerweile fielen bereits die in Brand geratenen Fenster- und Türstöcke in den Hofraum des Hauses. Die Wirtin machte Lärm und suchte mit den Hausbewohnern der in der Wohnung Eingeschlossenen Hilfe zu bringen.

Fräulein v. Sch. war ein weiblicher Sonderling und lebte ganz zurückgezogen. Die Verwandten versuchten es oft, sie zur Pflege in eine Anstalt zu geben, was sie jedoch rundweg ablehnte. Wegen ihres sonderbaren Benehmens wurde sie auch einmal zur Untersuchung ihres Geisteszustandes nach der Beobachtungsanstalt gebracht, jedoch von dort als nicht krank wieder entlassen.

Als Ursache des Brandes wird vermutet, daß sich die Verunglückte wegen eines Unwohlseins Tee kochen wollte und der Brand durch einen Zufall oder ungeschicktes Umgehen mit dem Spiritus entstanden sei. Jedenfalls suchte sie sich zu retten, weil ihre Leiche bei der Eingangstüre zur Wohnung gefunden wurde.

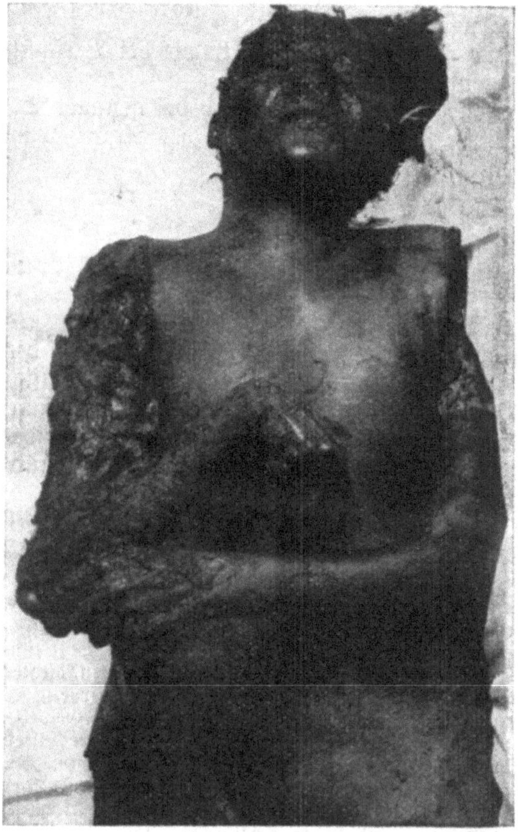

Bild 84. Tödliche Verunglückung durch Verbrennung. (Aus Kratter, Lehrb. d. gerichtl. Medizin, Verlag F. Enke, Stuttgart).

Befund: Der Körper der vollständig verkohlten Leiche, bei welcher nur einige spärliche, verbrannte und halbverkohlte Reste von Wäschezeug gelegen sind, ist 176 cm lang. Die Stellung ist derart außergewöhnlich, daß der Kopf sehr stark nach rückwärts gestreckt ist, während die oberen Gliedmaßen im Schultergelenk gewöhnlich gelagert sind, im Ellenbogengelenk aber stark gebeugt erscheinen. Ebenso sind alle Fingergelenke und das Handgelenk der rechten, stärker gebeugten Hand eingebogen. Das rechte Bein ist ziemlich stark gestreckt, das linke dagegen leicht gebeugt. Die Körperoberfläche ist derart verändert, daß die Weichteile des Gesichtes und des Hirnschädels in eine schwarze, brüchige Masse umgewandelt sind. Entsprechend der Stirne und der linken Schläfe sind zahlreiche scharfrandige und spitzwinkelige Berstungen der Weichteile vorhanden, in deren Grunde der weiße Knochen sichtbar ist. Die Haut des rechten Armes ist bis auf spärliche Überreste vollständig zerstört, die Muskeln gleichfalls oberflächlich verbrannt, zum Teil als stärker zusammengezogene brüchige Wülste frei vorliegend. In ähnlicher Art sind die Muskeln des Vorderarmes sichtbar. Am linken Arm erstreckt sich die Zerstörung der Haut am Schultergelenk und bis in die Mitte des Oberarmes nur bis zum Unterhautfettgewebe, während an der linken Hand die Knochen bloßliegen.

Eine besonders ausgebreitete Zerstörung der Haut und des Unterhautfettgewebes sowie oberflächlicher Muskelteile findet sich an der rechten unteren Gliedmaße, so daß von der Hüfte an die Außen- und Rückseite in der geschilderten Weise zerstört ist, während an der Innenseite noch etwas stark gebräunte Haut vorliegt. Am rechten Unterschenkel liegt das Schienbein verkohlt vor. Das rechte Sprunggelenk ist eröffnet, ebenso das Mittelfußgelenk. Die Zehen sind fast vollkommen zerstört.

Am linken unteren Fuß ist eine bis zur Verkohlung gediehene Verbrennung nur über dem Kniegelenk vorhanden und von hier aus die Haut nach aufwärts zu scharf bis zum unteren Drittel des Oberschenkels hin geborsten. Die übrigen spärlichen Hautreste am Körper sind hochgradig geschwärzt und oberflächlich in eine kohlige Masse umgewandelt. — Auf Vornahme der gerichtlichen Leichenöffnung wurde verzichtet, weil fremdes Verschulden ausgeschlossen ist (Kratter).

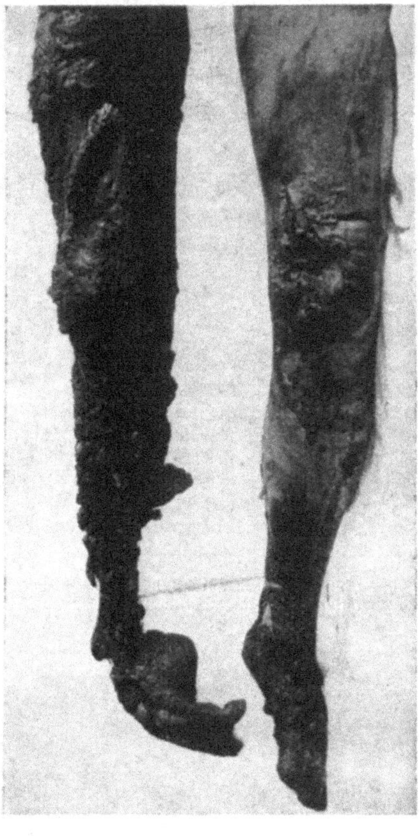

Bild 85. Hochgradig verbrannte Beine. (Aus Kratter, Lehrb. d. gerichtl. Medizin, Verlag F. Enke, Stuttgart).

Mord durch Verbrennen (um ein anderes Verbrechen zu verschleiern) ist selten. Die im Schrifttum aufgezählten Fälle betreffen hauptsächlich Frauenspersonen als Täterinnen, die ihre berauschten Männer mit Brennstoff übergossen und dann angezündet haben. In solchen Fällen handelt es sich um die Frage, ob die Verbrennung zu Lebzeiten oder erst nach dem Tode (als Leiche) geschah und ob Anzeichen dafür zu finden sind, daß zuerst eine andere Todesart vorgelegen hat.

b) Sonnenstich und Hitzschlag.

2. **Die Wirkung zu niederer Temperatur.**

Erfrieren. Kinder sind sehr empfindlich gegen Kälte. In den meisten Fällen liegt wohl Verunglückung vor.

30. Abschnitt.

Körperverletzung und Tod durch Elektrizität.

Wir unterscheiden da die Wirkung des Blitzschlages und die des elektrischen Starkstromes. Die Auswirkungen in beiden Fällen sind im Wesen gleich.

A. Blitzschlag.

Verletzungen durch Blitzschlag, ob tödlich oder nicht tödlich, sind erfahrungsgemäß nicht selten.

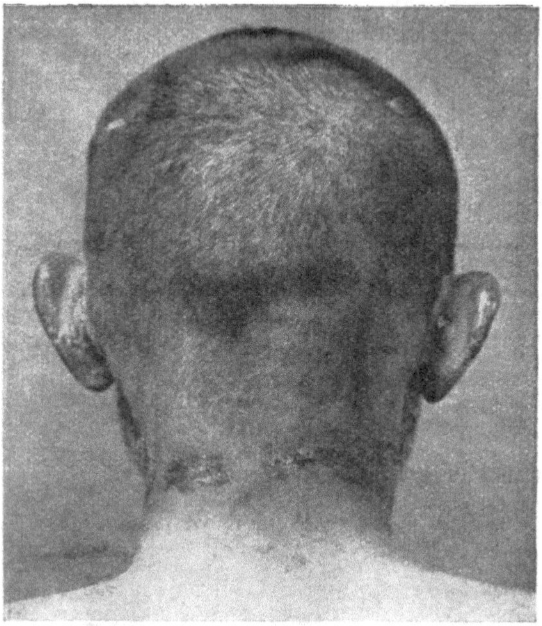

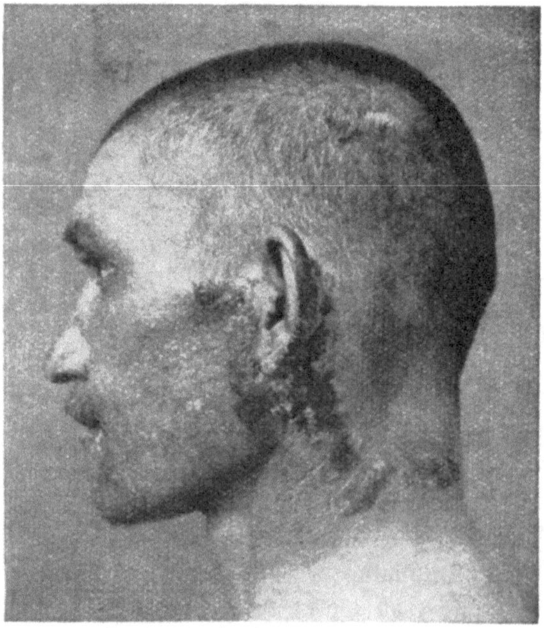

Brandwunden durch Blitzschlag (zu Bild 86).

Bei tödlichen Blitzverletzungen zeigen sich folgende Veränderungen am Körper des Getroffenen:

1. **Verbrennung der Haut und der Haare.** Die Eintritts- und zumeist auch die Ausgangsstelle der elektrischen Kraft sind durch Verbrennung gekennzeichnet. Schußähnliche Durchlöcherungen sind namentlich an der Sohlenhaut wiederholt beobachtet worden. Meist bandartige Brandwunden, Brandstreifen auf der Brust, auch auf Armen, seltener an den Füßen, oder es sind Brandflecke an verschiedenen mitunter weit voneinanderliegenden Körperstellen.

Fall 136. Ein Feldarbeiter hatte anläßlich eines Gewitters Schutz unter einem Baum gesucht. Gerade in diesen Baum schlug der Blitz ein, der den Mann niederstreckte, so daß er bewußtlos am Boden liegend, blau im Gesicht, aufgefunden und ins Spital gebracht wurde. (Aus der Krankengeschichte; diese ist absichtlich näher mitgeteilt, um sich das kennzeichnende Krankheitsbild besser einzuprägen): außer Verbrennungen im Genick war äußerlich nichts Besonderes wahrzunehmen. Der Mann erholte sich bald, war aber längere Zeit sehr hinfällig und unbesinnlich und konnte nur langsam antworten. Hinter dem rechten Ohr, von da nach unten sich erstreckend, hierauf bis zur Mitte des

Halses abgesetzt, gleichverlaufend mit den Falten der Haut, vier ungefähr 3 cm lange, etwas erhabene gerötete Stellen, auf denen kleine, wie stecknadelkopfgroße, mit klarer Flüssigkeit erfüllte Bläschen stehen; die gleichen Veränderungen an der Haut der linken Seite. Die Spitzen der Haare am Hinterkopfe angebrannt (vgl. Abbildungen 86). Den dem Blitze folgenden Donner hatte der Mann nicht mehr gehört. Er sei erst später wieder zu sich gekommen. Das Fehlen der Erinnerung habe für ungefähr $^3/_4$ Stunden nach dem Blitzschlag bestanden.

2. **Blitzfiguren** sind bandartige oder baumartig verästelte, nicht selten zickzack über die Körperoberfläche dahinlaufende Rötungen der Haut, die in blattartige Zeichnungen ausstrahlen. Sie geben ein kennzeichnendes Bild und können daher mit keiner anderen Veränderung verwechselt werden, sind daher für Blitzschlag unbedingt beweisend. Sie verschwinden bei Lebenden meist nach einigen Tagen oder blassen ab. Verbrennungen brauchen überhaupt nicht vorhanden zu sein. Verbrennung und Erfolg eines Blitzschlages stehen in gar keinem Zusammenhang. Bei tödlichen Blitzschlägen kann jede Verbrennung fehlen, bei nicht tödlichen sind oft tiefe und ausgedehnte Verbrennungen der Haut vorhanden (Kratter). Um so wichtiger sind daher etwa außerhalb der Leiche vorhandene

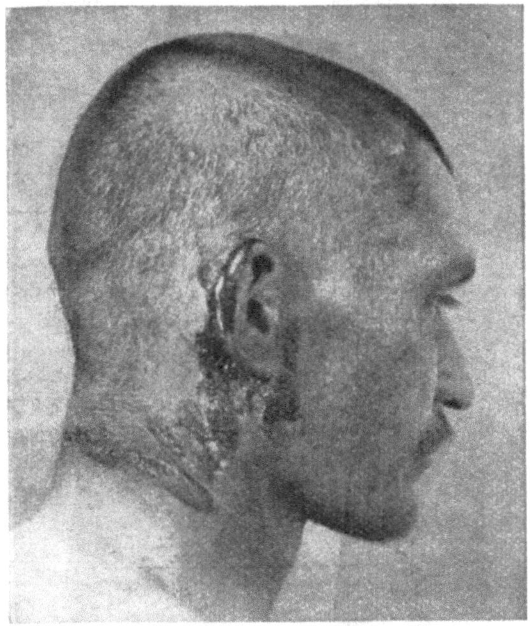

Brandwunden durch Blitzschlag (zu Bild 86).

3. **Nebenbefunde an Kleidungsstücken und Gegenständen des Blitzverletzten.** In einzelnen Fällen kann es vorkommen, daß äußere Merkmale der vorliegenden Todesart gänzlich fehlen, also weder Brandwunden noch Blitzfiguren vorhanden sind. Dann werden Zerreißungen, Versengungen und Verbrennungen an Wäsche und Kleidungsstücken nachweisbar sein, auf die sehr zu achten ist, da sie auf die Entstehungsart untrüglich hinweisen. Ferner können sich an metallenen Gegenständen, welche Blitzgetroffene bei sich haben, Abschmelzungen oder Zusammenschweißungen vorfinden, das sind so charakteristische Wirkungen, daß sie auch bei vollkommenem Fehlen anderer Veränderungen am Körper die Todesart vollkommen sicherstellen. Eisen- und Stahlgegenstände (Schlüssel, Messerklingen usw.), welche Blitzgetroffene bei sich hatten,

werden magnetisch, was ebenfalls ein wichtiges Kennzeichen bildet.

B. Starkstromwirkungen.

Bei tödlichen Unfällen finden sich folgende Befunde: Äußerliche Verbrennungen sind an der Eintrittsstelle immer vorhanden, an der Austrittsstelle können sie fehlen. Am gefährdetsten sind Hände, Kopf und Hals. Brandwunden verraten durch eine längliche Form den Leitungsdraht. Es können sich aber auch gerissene Leitungsdrähte spiralenförmig um Hals und Hände schlingen und dort tiefe, kreisrunde Brandwunden hervorrufen.

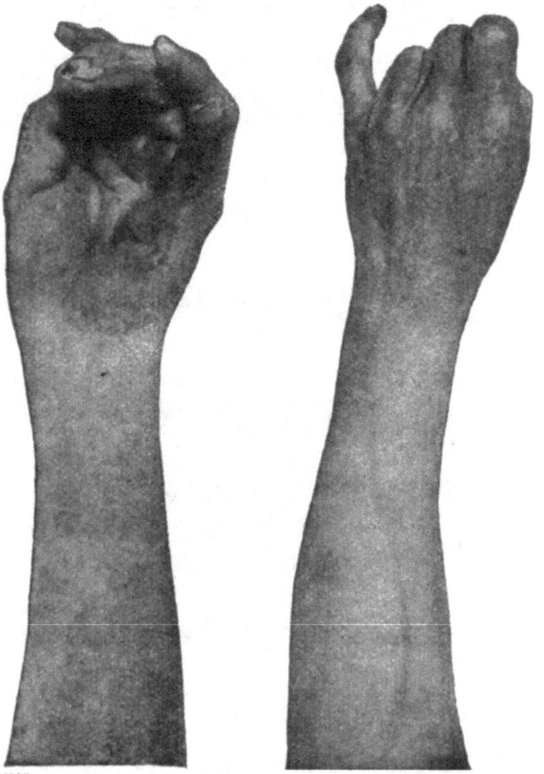

Bild 87. Linke Hand eines elektrisch Verunglückten. (Aus Kratter, Lehrb. d. gerichtl. Medizin, Verlag F. Enke, Stuttgart).

Selbstmord durch Elektrizität, sog. „elektrischer Selbstmord", wird nur von Männern begangen.

Fall 137. Ein 27jähriger Arbeiter ist durch elektrischen Starkstrom getötet worden. Am linken Unterarm entsprechend der Elle findet sich eine 10 cm lange, lederartige Vertrocknung der Haut, an deren Rändern die Oberhaut in Fetzen und Blasen abgehoben und in deren Innern das Gewebe leicht verschorft ist. Am Kleinfinger und Daumenballen ist die Haut in größeren Blasen abgehoben und gleichfalls angebrannt. Dasselbe gilt für die Beugeseite der übrigen Finger (vgl. Bild 87). An der rechten Hand findet sich nur auf der Streckseite des Daumens eine kleine blasenförmige Abhebung der Oberhaut. Beide Hohlhände sind geschwärzt. Im übrigen keinerlei Verletzungen vorfindlich. Gesunde Innenorgane, ausgesprochene Erstickungsbefunde (Kratter).

Mord durch Elektrizität (Hinrichtung auf dem elektrischen Stuhl) wird die vorgenannten Erscheinungsformen ähnlich wie bei Selbstmord bzw. Verunglückung in Erscheinung treten lassen.

Körperbeschädigungen und Tod durch seelische Einwirkungen.

Heftige Gemütsbewegungen, wie Angst, Schrecken, Zorn, aber auch Freude können Erschütterungen auslösen, die zu schweren Erkrankungen des Nervensystems, ja selbst zum Tode führen. Die Zahl solcher Todesfälle ist aber gering und erfolgt der Tod eines vollkommen gesunden Menschen durch seelische Einwirkungen wohl kaum.

31. Abschnitt.

Verkehrsunfälle.

Schließlich noch einige Worte über die Amtshandlung bei Verkehrsunfällen, zumal diese infolge der gewaltig ansteigenden Anzahl leider eine sehr beachtliche Rolle spielen, so daß im Deutschen Reich eigene Dienststellen für Verkehrsunfälle errichtet wurden, die sich bestens bewähren.

Rasches, zielbewußtes Handeln des Beamten wird hier erfahrungsgemäß meist früher zum Erfolg führen, als es langwierige schriftliche Erhebungen vermögen. Der Beamte wird trachten, Spuren aller Art, die durch den Verkehrsunfall verursacht worden sind, besonders wenn sie der Vernichtung (durch Witterung usw.) unterliegen, für die spätere Verhandlung als Unterlage zu erhalten. Es wird also Rad-, Schleif-, Gleit-, Bremsspuren besonders von Kraftfahrzeugen, Beschädigungen von Personen und Sachen u. dgl. photographisch und zeichnerisch aufnehmen (lassen) unter Angabe der Fahrtrichtung, Geschwindigkeit usw., die erforderlichen Entfernungen, Maße abnehmen und verzeichnen. Da die Spuren der Räder beim gewöhnlichen Fahren gänzlich verschieden sind von denen beim plötzlichen Bremsen, läßt sich aus Länge und Farbe der Bremsspur Wesentliches einwandfrei feststellen (vgl. auch das auf S. 60 Gesagte).

Handelt es sich um einen möglicherweise oder sichtlich schweren Verkehrsunfall durch ein Kraftfahrzeug, dann wird zur Tatbestandsaufnahme auch ein Sachverständiger auf dem Gebiete des Kraftfahrwesens zugezogen (Beamte der amtlichen Prüfstelle für Kraftfahrzeuge). Die rascheste Mitarbeit eines eigens geschulten Beamten dieser Dienststelle wird den ersten Beamten entlasten und die rasche und sichere Erledigung der Amtshandlung fördern.

32. Abschnitt.

Zurechnungsfähigkeit des berauschten Täters.

Ein Abschnitt, der seiner besonderen Wichtigkeit wegen in diesem Zusammenhang behandelt werden muß, betrifft die Frage der Strafbarkeit Berauschter. Maßgebend sind für das Deutsche Reich diesfalls besonders die §§ 330 a, 42 b und c StGB. In solchen Fällen muß auch der Gerichtsarzt gehört werden. Er allein kann hier entscheiden. Was sagt nun der psychiatrische Sachverständige?

„Rausch ist eine vorübergehende Geistesstörung, die durch den vereinzelten Genuß größerer Mengen von alkoholischen Getränken zustandekommt. Man kann eine Erregungsstufe (Exzitationsstadium) und eine Stufe der Niedergeschlagenheit (Depressionsstadium des Rausches) unterscheiden. Im Exzitationsstadium treten bei der Mehrzahl der Menschen in steigenden Graden seelische Veränderungen auf, wie wir sie auch als Anzeichen einer Geistesstörung, der Manie, kennen lernen: Hebung der Stimmung bis zur Ausgelassenheit und zum Übermut; Beschleunigung und Erleichterung des Vorstellungsablaufes mit Steigerung der Phantasietätigkeit, aber bald umschlagend in einen überstürzten und ungeordneten Gedankenablauf; erleichterte Auslösung von Handlungsantrieben mit Steigerung des Kraftgefühls und des Selbstbewußtseins; erhöhte Reizbarkeit und Steigerung des Trieblebens. Man spricht daher allgemein davon, daß der Alkohol Wegfall von Hemmungen bewirkt.

Allmählich geht das Exzitationsstadium in das der Depression oder richtiger, Betäubung, über, in dem die Gedankengänge ganz ungeordnet und unzusammenhängend, die Sinneswahrnehmungen immer unbestimmter und lückenhafter werden, so daß die Auffassung der Lage und die Fähigkeit der Überlegung mehr und mehr verloren gehen, während die Reizbarkeit und das Triebleben immer ungehemmter zur Geltung kommen. Kennzeichnend für diese Stufe des Rausches ist, daß bei den meisten Menschen ein Zustand eintritt, der sich besonders in Schwerfälligkeit des Sprechens bis zum Lallen und in Bewegungsunsicherheit, Taumeln, äußert, bis endlich der Berauschte in einen Zustand gerät, aus dem er auch durch Rütteln, Schreien und ähnlichen Eindrücken nicht oder nur unvollkommen erweckt werden kann und der dann in einen mehrstündigen Schlaf übergeht. Es sind in den seelischen Veränderungen, die der Rausch mit sich bringt, mehrfache Umstände gelegen, die zu strafgerichtlichen Handlungen Anlaß geben können. Schon die besonders heitere Stimmung kann Bedenken gegenüber Antrieben zu strafbaren Handlungen nicht aufkommen lassen und so die Überlegung beeinträchtigen, eine Gefahr, die durch die Flüchtigkeit und Überstürztheit aller Gedankengänge noch gesteigert wird. So finden kriminelle Antriebe, die der Reizbarkeit, Schimpf- und Streitlust des Betrunkenen sowie der erleichterten Bewegungsauslösung mit Neigung zu Gewalttätigkeit und der Steigerung des Trieblebens (Genußsucht, Eigentumsverbrechen, geschlechtliche Ausschreitungen) entspringen, kein genügendes Gegengewicht.

Der Zustand der Berauschung spielt in der Kriminalität eine sehr große Rolle. Es läßt sich nachweisen, daß die Mehrzahl von gewissen Straftaten in mehr oder weniger trunkenem Zustand verübt werden, so besonders Ehrenbeleidigungen, Raufhändel, Körperverletzungen bis zum Totschlag, Sachbeschädigungen. Aber auch bei Eigentumsverbrechen, unzüchtigen Handlungen, Brandstiftungen, spielt der Rausch eine beträchtliche Rolle. Dies ergibt sich aus der immer wieder statistisch zu erhebenden Tatsache, daß gewisse Straftaten in überwiegender Häufigkeit an bestimmten Wochentagen begangen werden, nämlich Sonnabends und Sonntags, wo für viele Menschen (Lohnauszahlung, Arbeitsruhe) die Versuchung und Gelegenheit zu Trunkexzessen in besonderem Grad gegeben ist.

Der Gesetzgeber scheint einen berauschten Menschen erst von dem Zeitpunkt an als unzurechnungsfähig anzusehen, von welchem an dessen Unterscheidungsvermögen als gänzlich aufgehoben oder wenigstens hochgradig getrübt anzusehen ist. Dies ist der Fall in den höheren Graden des Depressionsstadiums des Rausches; es unterliegt jedoch keinem Zweifel, daß schon in den früheren Stadien des Rauschzustandes das Unterscheidungsvermögen beeinträchtigt ist und schon bezüglich gewisser, dem menschlichen Gefühl nicht in hohem Grade widerstrebender Handlungen das Bewußtsein der Strafbarkeit erloschen sein kann (Schimpfreden, leichte Gewalttätigkeiten oder Unzüchtigkeiten), während es bezüglich schwererer Vergehungen noch erhalten sein mag. Man wird daher nicht bloß den Grad der Berauschung an und für sich, sondern stets nur mit Beziehung auf die Art der vorliegenden strafbaren Handlung in Betracht ziehen müssen. Es entspricht eine solche Auffassung auch dem allgemeinen Rechtsempfinden. Es ist ja aus dem Gebaren Berauschter unschwer zu erkennen, daß der Einfluß des Alkohols sich überhaupt früher in Verminderung der Selbstbeherrschung und in Veränderung des Gefühlslebens bemerkbar macht als in Mängeln der Intelligenz.

Im allgemeinen wird angenommen, daß die Störungen, welche Intelligenz und Selbstbestimmungsfähigkeit im Rausch erleiden, hinlänglich bekannt sind, so daß Staatsanwalt und Richter allein, ohne Beiziehung eines psychiatrischen Sachverständigen imstande sind, sich über das Vorhandensein derselben und ihren Einfluß auf die Zurechnungsfähigkeit selbst ein Urteil zu bilden, so daß in der Regel, wenn bloß Trunkenheit des Täters in Frage kommt, eine ärztliche Beurteilung des Geisteszustandes des Täters nicht gefordert wird. Doch ist die Beurteilung solcher Fälle keineswegs leicht, einerseits wegen der fließenden Übergänge, die zwischen vollkommener und bereits beeinträchtigter Selbstbestimmungsfähigkeit, sowie noch mehr zwischen letzterer und vollkommener Aufhebung derselben bestehen, anderseits weil schon unter gewöhnlichen Verhältnissen eine Reihe persönlicher und äußerer Umstände die Stärke der Alkoholwirkung beeinflußt, so z. B. von ersteren das verschiedentliche Vertragen und die Gewöhnung an Alkohol, von letzterem die Beschaffenheit des Getränkes, die Zeit, in der eine bestimmte Menge getrunken wurde, die Temperatur des betreffenden Raumes, anderweitige Aufregungen usw.

Auch gibt es keine Erscheinung im Verlauf des Rausches, solange der Betreffende überhaupt noch handlungsfähig ist, deren Auftreten für sich allein die Grenze zwischen bloß geminderter und bereits aufgehobener Selbstbestimmungsfähigkeit bezeichnen würde. Viel Gewicht wird in dieser Richtung auf das Verhalten der Erinnerung gelegt. Der Nachweis des Ausfalles der Erinnerung (Amnesie) ist aber auf rein sachlichem Weg nicht leicht zu führen, höchstens manchmal der Nachweis ihres Fehlens, wenn der Beschuldigte vor Gericht sich an Dinge nicht zu erinnern behauptet, über die er anderen nachweisbar Mitteilung gemacht hat. Vorsicht in dieser Beziehung ist um so mehr angezeigt, als bei Menschen, die im Rausch irgendeine strafbare Tat begangen haben, nichts gewöhnlicher ist als die naheliegende Behauptung der fehlenden Erinnerung. Die Beurteilung der Echtheit einer Amnesie schon für den Sachverständigen oft nur unsicher zu treffen, ist für den Laien vollends eine unlösbare Aufgabe.

Andererseits schließt Erinnerung an das Vorgefallene eine Unfähigkeit zur Selbstbestimmung nicht aus, besonders wenn man sich vor Augen hält, daß die Beurteilung mit Rücksicht auf die gegebene Straftat erfolgen soll. Aber auch bei nachgewiesener Amnesie ist gegebenenfalls zu erwägen, ob der dazu führende Grad der Berauschung schon zu der Zeit vorhanden war, als die strafbare Tat erfolgte. Denn der Täter kann ja nach Begehung derselben noch weiter getrunken haben und dann eingetretene Amnesie kann als rückläufige auch die aus früheren Stufen der Berauschung stehenden Eindrücke ausgelöscht haben.

Das Verhalten in der Tat ist bei Berauschten nicht immer gleich. In vielen Fällen bleibt das Gebaren des Betreffenden auch nach der Tat ein dem Vorangegangenem entsprechendes und das Andauern der Anzeichen der Trunkenheit oder gar die Zunahme derselben ist von bestimmender Bedeutung; von noch größerer das etwa bald auftretende Verfallen in jenen tiefen Schlaf, der schwere Rauschzustände abzuschließen pflegt. In anderen Fällen folgt aber der Tat eine gewisse Ernüchterung, infolge welcher der Betreffende die Bedeutung seiner Tat erkennt und sich danach zu benehmen vermag. Fälle dieser Art sind ungleich schwieriger zu beurteilen, um so mehr, wenn die betreffenden Handlungen die Zeichen von Gemütserregungen haben und in dieser Richtung begründet erscheinen. Hier ist es besonders angezeigt, sich nicht nur an einzelne Merkmale, Ursachen usw. zu halten, sondern sämtliche Tatsachen in ihrem Zusammenwirken einer sorgfältigen Würdigung zu unterziehen, um zu einer richtigen Abschätzung des Geisteszustandes des Betreffenden im Augenblicke der Tat zu gelangen.

Schon aus den bisher angeführten Gründen ist es etwas Bedenkliches, die Beurteilung des Geisteszustandes eines Berauschten dem Laien (Staatsanwalt, Richter) ohne Beratung durch einen Sachverständigen zu überlassen. Dieses Bedenken wird aber noch gesteigert, wenn man berücksichtigt, daß es Rauschzustände gibt, deren Erkennung in vielen Fällen dem Laien ganz unmöglich ist. Es sind das die sogenannten pathologischen Räusche.

Solche krankhafte Rauschzustände können bei gewissen krankhaften Veranlagungen (Schädelverletzungen, Hirnerkrankungen, Fallsucht spielen dabei eine große Rolle) schon nach verhältnismäßig geringen Alkoholmengen auftreten, die erfahrungsgemäß bei gesunden Menschen nicht oder nicht schwer berauschend wirken. Andererseits sind die Anzeichen der Alkoholvergiftung in diesen Fällen ganz anders als beim gewöhnlichen Rausch.

Es fehlen im krankhaften Rausch bestimmte Zeichen wie das Lallen, Taumeln, die Unsicherheit der Bewegungen, das unzusammenhängende verworrene Reden, die den natürlichen Rausch auch dem Laien leicht erkennbar machen. Daher sind die Betreffenden imstande, sich mit Kraft und Sicherheit zu bewegen, verständlich und zusammenhängend zu reden und mit einer gewissen Folgerichtigkeit zu handeln. Anderseits aber treten wahnhafte Auffassungen der Lage und Umgebung auf, welche Verkennungen entweder unter dem Einfluß heftiger Gemütserregungen (Zorn, Angst, Vorstellung von Gefahr) oder Triebregungen zu meist sehr erregten stürmischen Auftritten führen oder in Form eines Dämmerzustandes zu Handlungen veranlassen, deren Gründe wahnhafter Natur sind.

Diese krankhaften Rauschzustände sind deswegen von großer gerichtlicher Bedeutung, weil sie besonders häufig zu schweren Gesetzesverletzungen (Gewalttaten bis zur Tötung, Eigentumsverletzungen, unzüchtigen Handlungen) *führen.*

Für die Annahme eines krankhaften Rausches ist der Nachweis der fehlenden Erinnerung für die Zeit der Störung erforderlich. Doch können vereinzelte Erinnerungsinseln erhalten bleiben. Auch kommt es besonders beim krankhaften Rausch vor, daß im Verlauf desselben eine gewisse Ernüchterung eintritt, in der volle Erinnerung vorhanden ist und so z. B. ein *Geständnis abgelegt* werden kann, während nach dem, den Rausch abschließenden Schlaf die Erinnerung an das im Rausch Vorgefallene mit Einschluß des Geständnisses verloren gegangen ist; *ein Umstand, der geeignet ist, beim Laien das größte Mißtrauen zu erwecken, von einem gewissenhaften Sachverständigen aber doch berücksichtigt werden muß.*

Der Übergang einer leichten Berauschung in einen krankhaften Rausch erfolgt oft ziemlich plötzlich unter Einwirkung äußerer Einflüsse, z. B. jäher Temperaturveränderungen (z. B. beim Verlassen einer warmen Gaststätte bei strenger Winterkälte) oder Gemütserregungen. Besonders letztere, die bereits vor der Alkoholausschreitung vorhanden waren, führen bei so veranlagten Menschen leicht zu krankhaften Rauschzuständen" (Haberda).

Die Einschaltung dieser vorzüglichen Ausführungen, von denen für die Zwecke des Kriminalisten nur das Wesentlichste hier übernommen wurde, war, wie jedermann erkennen wird, eine Notwendigkeit. Der Jurist wird aus diesen Darlegungen für seinen Beruf sicher viel entnehmen können.

Schlußwort.

Inwieweit das Bestreben des Verfassers, Brauchbares zu leisten, erreicht worden ist, wird die Aufnahme des Buches zeigen.

Der Inhalt des vorliegenden Werkes war durch den Titel gegeben: Behandlung dessen, woselbst es sich um Sachbeweise (auch im weitern Sinne des Wortes) handeln kann.

Zum Schluß dieser Arbeit sei übereinstimmend mit Altmeister Prof. Groß gesagt: Verf. behauptet gewiß nicht, daß das Vorliegende erschöpfend sei; er möchte damit eigentlich nur eine Anregung für künftige Arbeit gegeben haben. Er glaubt aber, daß ein Werk in dieser Richtung vollständig werden könnte, wenn sich die beteiligten Kreise mit Eifer der Sache annehmen und einzelne Gebiete der Kriminalistik selbständig bearbeiten oder wenigstens Mitteilungen, Verbesserungen und Ratschläge an Verf. übersenden wollten. Verf. verhehlt sich ja nicht, daß ihm mancher wichtige Abschnitt, der bearbeitet werden sollte, gar nicht eingefallen ist, daß trotz Sorgfalt mancher Irrtum unterlaufen sein kann, daß manches von andern besser oder ganz verschieden beobachtet wurde und daß es noch vielfach Hilfsmittel und Handgriffe gibt, die dem Staatsanwalt usw. seine Arbeit erleichtern können und die dem Verf. unbekannt waren oder an die er nicht gedacht hat. Für jede Mitteilung, Mahnung oder Verbesserung in Wort oder Bild wird er dankbar sein, sie prüfen und aufnehmen, wenn etwa weitere Auflagen nötig werden sollten. Jeder Leser ist gebeten, keine Wahrnehmung, die er gemacht hat, für unwesentlich zu halten — wie in allen andern Richtungen so kann auch hier das scheinbar Unbedeutende zu einer wichtigen Anregung werden.

Wenn auch diesem Buch nur annähernd jene günstige Aufnahme beschieden ist, wie sie seinen Vorgängern zuteil wurde, dann ist der Zweck des Buches und der Wunsch seines Verfassers erfüllt.

Schrifttums-Verzeichnis.

Amoedo, Die gerichtliche Medizin in der Zahnheilkunde.
Anuschat, Die Augenscheinseinnahme im Deutschen Reichsstrafprozeß.
— Die Gedankenarbeit des Kriminalisten.
Archiv für Gynäkologie.
Archiv für Kriminologie (H. Groß' Archiv).
Ärztliche Sachverständigen-Zeitung.
Aschaffenburg, Das Verbrechen und seine Bekämpfung.
Baer, Der Verbrecher in anthropologischer Beziehung.
Becker, Die Simulation von Krankheiten und ihre Beurteilung.
Beiträge zur gerichtlichen Medizin.
Berliner klinische Wochenschrift.
Bischoff, Lehrbuch der gerichtlichen Psychiatrie.
Bloch, Das Sexualleben unserer Zeit.
Bornträger, Der Geburtenrückgang in Deutschland.
Bresler, Greisenalter und Kriminalität.
Brosch, Der Selbstmörder.
Bumm, Lehrbuch der Geburtshilfe.
Cramer, Gerichtliche Psychiatrie.
Daake, über die Kriterien des Nahschusses.
Delbrück, Gerichtliche Psychopathologie.
Dennstedt, Chemie in der Strafrechtspflege.
Deutsche medizinische Wochenschrift.
Deutsche Strafrechts-Zeitung.
Deutsche Zeitschrift für die gesamte gerichtliche Medizin.
Dittrichs Handbuch der ärztlichen Sachverständigentätigkeit.
Euler, Naturwissenschaftlich-kriminalistische Untersuchungen an Zähnen.
Forel, Die sexuelle Frage.
Friedreichs Blätter für die gerichtliche Medizin.
Goltdammers Archiv.
Götz, über Erektion und Ejakulation bei Erhängten.
Gretener, Zurechnungsfähigkeit.
Gröningen, Der Schock.
Groß, H., Archiv für Kriminologie.
— Gesammelte kriminalistische Aufsätze.
— Kriminalpsychologie.
Groß-Höpler, Handbuch für Untersuchungsrichter.
v. Gruber, Ursachen und Bekämpfung des Geburtenrückganges im Deutschen Reich.
Güntsch, Forensische Sperma-Untersuchungen.
Handwörterbuch der Kriminologie.
Heindl, Berufsverbrecher.
— System und Praxis der Daktyloskopie.
Hellwig, Psychologie und Vernehmungstechnik.
Hirsch, P., Verbrechen und Prostitution.
Hirt, Die Krankheiten der Arbeiter.
v. Hofmann-Haberda, Lehrbuch der gerichtlichen Medizin.
Hoppe, Alkohol und Kriminalität.
— Erklärung der Sinnestäuschungen.
Hübner, Lehrbuch der forensischen Psychiatrie.
v. Jagemann, Handbuch der gerichtlichen Untersuchungskunde.
Jellinek, Atlas der Elektro-Pathologie.
— Der elektrische Unfall.
— Elektro-Pathologie.

Jeserich, Chemie und Photographie im Dienste der Verbrechensaufklärung.
v. Krafft-Ebing, Grundzüge der Kriminalpsychologie für Juristen.
— — Lehrbuch der Psychiatrie.
— — Psychopathia sexualis.
— — Psychosis menstrualis.
Kratter, Gerichtsärztliche Praxis.
— Lehrbuch der gerichtlichen Medizin.
Landois, Lehrbuch der Physiologie.
Leibig, Kriminaltechnik.
Lesser, Atlas der gerichtlichen Medizin (Bildmaterial!).
Lewin, Die Fruchtabtreibung durch Gifte und andere Mittel. (Reiche Kasuistik!)
v. Liszt, F., Deutsches Strafrecht.
Locard, Die Kriminaluntersuchung und ihre wissenschaftlichen Methoden.
Lochte, Gerichtsärztliche u. polizeiärztliche Technik.
Loock, Chemie und Photographie.
Mager, Schriften- und Urkundenfälschungen und deren Erkennen.
Marx, Praktikum der gerichtlichen Medizin.
Merkel-Walcher, Gerichtsärztliche Diagnostik und Technik.
Michel, Verbrechensursachen und Verbrechensmotive.
— Lehrbuch der forensischen Psychiatrie.
Mitteilungen der Internationalen kriminalistischen Vereinigung.
Moll, A., Handbuch der Sexualwissenschaften.
Moll-v. Krafft-Ebing, Psychopathia sexualis.
Monatsschrift für Geburtshilfe und Gynäkologie.
— für Kriminalpsychologie.
— für Unfallheilkunde.
Münchener medizinische Wochenschrift.
Niceforo-Lindenau, Die Kriminalpolizei und ihre Hilfswissenschaften.
Ortloff, Lehrbuch der Kriminalpolizei.
Oesterlen, Das menschliche Haar und seine gerichtsärztliche Bedeutung.
Paul, F., Handbuch der Kriminal-Photographie.
Pfeiffer, H., Der Selbstmord.
— Der Verbrühungstod.
— Vorschule der gerichtlichen Medizin.
Polzer, W., Gauner-Wörterbuch für den Kriminalpraktiker.
— Handbuch für den praktischen Kriminaldienst.
— Kriminal-Index.
— Praktischer Leitfaden für kriminalistische Tatbestandsaufnahmen.
Pressel, Über den Tod durch Überfahrenwerden.
Redlich u. Lazar, Über kindliche Selbstmörder.
Reuter, F., Lehrbuch der gerichtlichen Medizin.
Richter, Gerichtsärztliche Diagnostik und Technik.
Roscher, Handbuch der Daktyloskopie.
Schmidt, C., Die Photographie im Dienste der wissenschaftlichen Forschung.
Schneickert, Die Verstellung der Handschrift und ihr graphonomischer Nachweis.
— Der Beweis durch Fingerabdrücke.
— Kriminaltaktik und Kriminaltechnik.
— Leitfaden der gerichtlichen Schriftvergleichung.
— Signalementslehre.
Schrenck-Notzing, Kriminalpsychologische und psychopathologische Studien.
Schultze, E., Psychiatrie und Strafrechtsreform.
Schweizer medizinische Wochenschrift.
Straßmann, F., Lehrbuch der gerichtlichen Medizin.
Tramm, Brandstiftungen und Brandursachen.
Ullmann-Oppenheim, Schädigungen der Haut durch Beruf und Gewerbearbeit.
Urban, Kompendium der gerichtlichen Photographie.
Utitz, Psychologie der Simulation.
Vierteljahresschrift für gerichtliche Medizin.

Virchows Archiv.
Vogel, Brandstiftungen und ihre Bekämpfung.
Weingart, Handbuch für das Untersuchen von Brandstiftungen.
— Kriminaltaktik.
Wetzel, Massenmörder.
Wiener klinische Wochenschrift.
Wiener medizinische Wochenschrift.
Wilmanns, Verminderte Zurechnungsfähigkeit.
Winter, Der künstliche Abort.
Wolff, J., Der Geburtenrückgang.
Wulffen, E., Der Sexualverbrecher.
— Psychologie der Verbrecher.
Zeitschrift für die gesamte Strafrechtswissenschaft.
— für die gesamte Anatomie.
— für die gesamte Psychiatrie.
— für Geburtshilfe und Gynäkologie.
— für Medizinalbeamte.
— für Sexualwissenschaft.
Zentralblatt für Gynäkologie.

Sachverzeichnis.

(Die beigesetzten Ziffern bezeichnen die Seitenzahlen).

Q.

R.

S.

Vom Verfasser dieses Behelfes sind bisher erschienen:

Praktischer Leitfaden für kriminalistische Tatbestandsaufnahmen. Für Kriminal- und Sicherheitsbeamte. Herausgegeben von **Wilhelm Polzer**, Polizeikommissär in Wien. 3. Auflage. 8°. 146 Seiten. 1921. Geb. RM. 1.40.

Ein Urteil:

Die Polizei, Zeitschrift für das gesamte Polizei- und Kriminalwesen, Berlin, (1921, Nr. 7): Das Buch, auf das wir schon bei seinem Erscheinen empfehlend hingewiesen haben, hat sich rasch eingeführt und wird sich immer mehr bei der Kriminalpolizei einführen.

Deutsche Strafrechtszeitung 1918, H. 9/10; 1922 H. 5/6: Das dem Andenken von Hans Groß gewidmete Buch von Polzer versucht die von dem Begründer der kriminalistischen Wissenschaft geschaffene Lehre von der Tatbestandsaufnahme für das Verständnis und den Dienst der Exekutivbeamten darzustellen. Für diesen Zweck ist die Arbeit Polzers in ihrer knappen, flott geschriebenen Form wohl geeignet, zumal die handliche Ausstattung auch die Verwendung am Tatort selbst erleichtert. Sehr zweckmäßig ist die vom Verfasser einbezogene Verarbeitung der wichtigsten kriminalpsychologischen Kenntnisse und der daraus sich ergebenden praktischen Lehren.

Handbuch für den praktischen Kriminaldienst. Von **Wilhelm Polzer**, Polizeikommissär in Wien. 8°. XII, 273 Seiten. 1922. Geb. RM. 2.80.

Schweizerische Zeitschrift für Strafrecht 1921, H. 3: Polzers Bücher, welche aus reicher Praxis heraus Erfahrungstatsachen vermitteln, werden den Kriminalbeamten gute Ratgeber sein; sie werden auch die Erkenntnis des Juristen fördern.

Gaunerwörterbuch für den Kriminalpraktiker. Von **Wilhelm Polzer**, Polizeikommissär in Wien. 8°. 108 Seiten. 1922. RM. 1.40.

Internationales Kriminalpolizeiblatt 1922 Nr. 8: Ein Werkchen, ebenso praktisch wie auch wissenschaftlich wertvoll und interessant. Ein rechtzeitig erhaschtes und richtig gedeutetes Gaunerwort löst oft die verwickeltsten Knoten in einem Sachverhalte, in dem der rechtzeitig übersetzte Gaunerausdruck eben oft Beweise hineintragen kann, welche sonst vielleicht nie hätten gebracht werden können.

Archiv für Kriminologie 1921: . . . Polzers „Leitfaden" verdient entschieden weiteste Verbreitung und würde, in fremde Sprachen übersetzt, auch dem nicht deutschen Kriminalisten gute Dienste leisten. Sein „Gaunerwörterbuch für den Kriminalpraktiker" füllt eine vom praktischen Kriminalisten oft schwer empfundene Lücke aus . . . Es sei jedem Kriminalisten aufs angelegentlichste empfohlen.

J. Schweitzer Verlag (Arthur Sellier) München, Berlin, Leipzig

Kolibri 360 GmbH
Ferdinand-Jühlke-Straße 7
99095 Erfurt, Deutschland
produktsicherheit@kolibri360.de